王寅文集　第二卷

WANGYIN WENJI DI ER JUAN

中西语义理论对比研究初探

基于体验哲学和认知语言学的思考

ZHONGXI YUYI LILUN DUIBI YANJIU CHUTAN

JI YU TIYAN ZHEXUE HE RENZHI YUYANXUE DE SIKAO

王　寅◎著

全国百佳图书出版单位

APCTIME 时代出版

时代出版传媒股份有限公司

黄　山　书　社

图书在版编目（CIP）数据

中西语义理论对比研究初探：基于体验哲学和认知语言学的思考 / 王寅著. -- 合肥：黄山书社，2023.12

（王寅文集；第二卷）

ISBN 978-7-5737-0219-7

Ⅰ. ①中… Ⅱ. ①王… Ⅲ. ①语义学—对比研究—中国、西方国家 Ⅳ. ① H030

中国版本图书馆 CIP 数据核字（2022）第 122168 号

王寅文集 · 第二卷

中西语义理论对比研究初探：基于体验哲学和认知语言学的思考　　王　寅　著

出 品 人　葛永波
责任编辑　秦矿玲
装帧设计　三仓学术
出版发行　黄山书社
地　　址　安徽省合肥市蜀山区翡翠路 1118 号出版传媒广场 7 层　　邮编：230071
印　　刷　武汉鑫佳捷印务有限公司
版　　次　2023 年 12 月第 1 版
印　　次　2023 年 12 月第 1 次印刷
开　　本　787mm × 1092mm 1/16
字　　数　370 千字
印　　张　27.75
书　　号　ISBN 978-7-5737-0219-7
定　　价　198.00 元

服务热线　0551-63533706

销售热线　0551-63533761

官方直营书店（https://hsss.tmall.com）

《王寅文集》总序

——兼贺王寅先生七十大寿

欣闻我的好友，四川外国语大学资深教授王寅先生倾其毕生心血的语言学研究文集即将出版，又悉在2019年即将迎来他的七十大寿，双喜临门，谨在此表示衷心祝贺。

我闻王寅先生大名在先，相识在后。1993年我在书店买到他编著的《简明语义学词典》，翻阅后思想上顿时产生了震动。作为改革开放后外语界第一代语言学教师，我一直满足于理论语言学、词汇学、句法学、语音学的教学，唯独对语义学总感到力不从心，敬而远之。不仅是我们这些半路出家的语言学教师有如此想法，国际上一些著名的语言学权威也以不同形式公开表态，如著名的生成语言学家乔姆斯基宣称他的转换生成语言学只研究结构形式，即句法，不考虑语义学；我的老师，系统功能语言学家韩礼德在 *An Introduction to Functional Grammar*（《功能语法导论》）第二版的序言中承认把该书定名为“功能语法”，而不是“功能语义学”，因为他的理论在语义学方面的研究还不够充实。其次，有关语义学的专业词汇一般都收入语言学词典，只是作为其中的一个范畴。如今我从未见过面的王寅先生居然能把语言学中的一个范畴扩编成一部词典，说明他阅读语义学书籍较多，研究颇为深入。买这部辞典，成了推动和引导自己进一步学习语义学的动力。那个时期语义研究尚属空白，王先生这部词典算是第一步，本身就具有意义，“为国人迎接语义功能的转向做出了基础性铺垫”（参见我为王先生《认知语言学探索》所作的序言）。

1995 年第一届全国系统功能语法会议在北京大学召开，我曾期待王寅先生亲临指导，最后他因有事没有出现。我从来自山东的与会者了解到他从政做外事工作了，正在惋惜一位研究语言学的优秀人才从此要转行之时，又听说他被引进到了他的母校——苏州大学，我才在那里得以与王寅先生初次见面。此后，我对他产生了亦喜亦忧的复杂心情：喜的是他能回到母校从事教学和学术研究，忧的是他担任了外国语学院院长。做行政工作，必然会耽误学术研究，占掉不少时间，我深有体会。但可喜的是，他竟然能一手做好行政工作，带领他的团队为苏大外国语学院争取到了博士点；另一手还未耽搁科研，于 2001 年在上海外语教育出版社出版了《语义理论与语言教学》，并写出了在我国外语界产生重大影响的专著《认知语言学》的初稿。这部书稿先作为研究生教材试用于多所院校，后在此基础上不断修改，并于 2002 年申请到了国家社科基金项目，2007 年在上海外语教育出版社正式出版。其出版后，每年重印一次，直至 2018 年已是第 11 次印刷了，成为学界的一本专业畅销书，实在难得，对我国语言学界的研究生教育发挥了十分重要的作用。他于 2004 年被四川外国语大学引进，在那里勤奋读书，笔耕不辍，又出版了十多本在国内叫好的语言学专著。到目前为止，王先生已出版专著和教材 50 多部，发表论文 300 多篇，总字数有 1800 多万，这样的科研成果在国内语言学界稳居前列。

我有幸应邀为他的四部著作写过序：《语义理论与语言教学》（上海外语教育出版社，2001），《认知语言学探索》（重庆出版社，2005），《认知语言学》（上海外语教育出版社，2007），《构式语法研究》（上海外语教育出版社，2011）。就我个人的认识来说，我认为王寅先生治学很有特色，值得自己学习，主要表现在六个方面。

（1）领域逐步拓宽，一步一个脚印，步步深入。如他能从最初对语义学的研究，进入认知语言学、语言哲学、语篇分析、隐喻理论、符号学、传播学等学科，在创新的道路上不断取得重要成果。他在认知语言学理论框架中所论述的像似性理论引起国内外很多学者的深切关注，曾一度有不同声音，但随着认知语言学的普及和推广，学界已接受了这一观点。他的汉语功底还较为扎实，这与他的家学渊源有密切关系，听说他父亲是研究训诂学的。王寅先生率先在外语界进行了一项前无古人（但愿后有来者）的研究，将西方的语义理论与中国的训诂学进行了对比研究，于 2007 年在高等教育出版社出版了《中西语义理论对比研究初探——基于体验哲学和认知语言学的思考》一书，在学界引起很大的反响。我们知道，汉语界鲜有学者熟悉西方的语义理论，外语界更无研究训诂学的人，王先生依靠自己的优势将这两者进行对比，且运用体验哲学和认知语言学的有关理论来加以论述，确实填补了学界的一项空白。

（2）掌握信息全面、清晰，不拘泥于一派之见。他于 2011 年在上海外语教育出版社出版了《构式语法研究》（上下卷），有 100 多万字，正如我在为这本书作序时说："这是一部呕心沥血之作，阅后惊叹不已！……没有为事业献身的钻研精神和废寝忘食的巨大毅力，是难以完成的。他为我们树立了治学的榜样，这样的学者在我国高校为数不多。"他在书中先后讨论了 Langacker（蓝纳格）、Fillmore（菲尔莫尔）、Goldberg（戈德伯格）、Croft（克劳夫特）等学者的观点，并进行了系统的综观比较。这种不拘一派之见、博采众家之长的立场，使得我们获得巴赫金所倡导的多声部的经验感受。特别是在下卷，他将上卷所阐发的理论较好地运用于英语和汉语具体语料的对比分析之中，为广大学者（包括研究生）如何运用构式语法理论进行英汉对比研究提供了可资参考的极好样板。

（3）对所研究的专题进行评论，指出存在问题，并提出自己的想法和观点，这就是他反复强调的“既有继承，更有发展，重在创新，意在应用”的科研思路。如对双宾动词的语义分类，能在 Pinker（平克）、Goldberg 和徐盛桓等学者的分类基础上提出“五分类法”，很有见地（详见王寅 2011：下卷 98）。又如，他对狭义认知语言学能提出自己的定义，即“坚持体验哲学观，以身体经验和认知为出发点，以概念结构和意义研究为中心，着力寻求语言事实背后的认知方式，并通过认知方式和知识结构等对语言做出统一解释的、新兴的、跨领域的学科”。值得注意的是，定义中的“统一”二字令人印象深刻。有些人写文章（包括写书），常常堆砌理论，未能将它们贯穿成线，而王先生能基于上述定义，统一地解释各种认知策略和分析语言各个层面，这才是研究之正道。

（4）理论与实践相结合，中西结合，洋为中用，这是他著作的又一明显特点。如在构式语法研究中，他对比研究了汉语的双宾构式、动结构式、动名构式、明喻成语等，这无疑对于英汉语对比研究和语言教学具有较大的指导意义。他还运用构式语法理论论述了汉语中的副名构式、动结构式（特别是 BD 组词方式）①、拷贝构式等，擅长用国外的理论来分析汉语的具体情况。从《语义理论与语言教学》这本书的书名可知，他不仅较

---

① 参见王寅．构式语法研究［M］．上海：上海外语教育出版社，2011：217．

好地梳理了国外有关语义学的理论，而且将其较好地运用到语言教学中来。他在《构式语法研究》一书中提出的“构式程序分析图”不愧为语法教学的一个极好方案。在他的其他著作中，这种理论结合应用的研究可谓比比皆是。

（5）他基于“哲学是语言学的摇篮（罗宾斯）”，与钱冠连先生一道大力推动语言学界的同仁学好哲学和语言哲学，努力发展他所倡导的“中国后语言哲学”，将其作为中国的一个语言学理论来打造和建设，在国际上也产生了一定的影响。他是国内外较好地打通哲学和语言学之间关系的著名学者，十分清晰地梳理了西方哲学和语言哲学的简史、主要内容和研究方法。近来王先生还提出了“哲学与语言学互为摇篮”的观点，认为不仅哲学为语言研究提供了很多理论基础，语言学（特别是认知语言学和体认语言学）也帮助哲学家解决了很多未解或难解的命题，这一全新观点得到了学界的高度赞许。

（6）以马克思主义的历史唯物论和辩证唯物论来分析语言问题，如在论述形式 VS 意义、理论 VS 应用、任意性 VS 像似性、点性意义 VS 线性意义等之间关系时，强调其间的对立统一关系。特别是近年来他尝试将国外的“认知语言学”本土化为“体认语言学”，亦已引起国内外学者的重视。“认知”二字所含内容较多，凡经过心智加工的都可用此术语，就连乔姆斯基本人也称自己为认知语言学家，为能有所区分，王先生力主用汉语已有的词组“体认”来揭示语言之成因，解释语言各层面的诸多现象，且可贯穿到语言的教学实践之中。“体”指对现实世界的互动体验，“认”指在感觉经验基础上的认知加工，这既强调了马克思主义的唯物论立场，也突显了“人有主观能动性”的观点。用王先生本人的话来说，唯物论重新回到了语言学研究的殿堂，而语言学界的两位国际大师都是基于唯心主义哲学来建构语言理论的，索绪尔持语言先验观，乔姆斯基持语言天赋观。他的这一研究在我国语言学界，乃至全世界的语言学领域，都具有领先的地位和重大的意义。

王寅先生在学术上的成就已得到国内外学术界的充分肯定，他不仅在国内多所高校兼职和讲学，还多次应邀去境外讲学，是一位名副其实的著名语言学家、一位勇攀学术高峰的奇才。他的学术生涯可谓绚丽多彩。王先生从语言教学到语义学，又到认知语言学和像似性，接着是构式语法和对话句法，还在研究语言哲学的基础上提出了具有我国特色的“体认语言学”新理论，真可谓一步一个脚印，步步深入，一直行走在学术前沿，发挥了学界的“引领性”作用，为我国语言学事业做出了重要贡献。2008 年在由中国科学技术信息研究所信息资源中心与万方数据股份有限公司推出的《中国期刊高被引指数》的“学科高被引作者榜”语言文字类中，王寅先生名列前三，在 2009 年名列第二。在学术团体中，他被选为中西语言哲学研究会第二任会长，曾当选全国语言符号学研究会副会长、中国英汉语比较研究会副会长、中国认知语言学研究会副会长，在我国语言学界产生了较大的影响。

王先生还具有乐于助人的优良品质，我深有感触。我本人在写《英语语法及其发展史》（《北京第二外国语学院学报》2017 年第 5 期）一文时，就英语语法与不同时期哲学思想的关系方面向他请教。他不但帮助我进行了梳理，而且提供了较多新信息。听人说他有一句名言：谁愿意学习他就帮助谁。他是一个有名的热心人，一接触到国内外的新理论、新观点，不仅会马上搬进研究生课堂，还适时转告给各位同仁，将这些新文章发给他们，带动大家一起做科研，这就是他常说的一句话：“做科研一定要有团队。”他在四川外国语大学带出了一个认知团队，将认知语言学和体认语言学的基本理论扩展到了翻译学、语篇学、英汉对比研究、地名学、传播学、政治学、诗学等领域。

时光荏苒，当年的壮汉王寅先生居然亦将步入 70 岁的高龄。令人喜悦的是他给我们留下了多达 1800 万字的作品，这都是他多年来埋头伏案、努力奋斗、不断探索、志在追求的成果，再次表示祝贺，同时也愿他在安度晚年时还能为我国语言学的发展继续发挥引领作用。我也想利用这个机会，感谢四川外国语大学的领导和同事对王寅先生教学科研的关心和支持！也感谢苏州大学能培养出像王寅先生那样的优秀人才！如今《王寅文集》（20 卷）的出版不仅是他个人的成就，也是他对学术界和社会的重要贡献和积极回报。当然，这也是语言学界在庆祝改革开放 40 周年时应给予充分肯定的一项杰出成果。

胡壮麟

北京大学外国语学院

2018 年 10 月

再论王寅现象：序《王寅文集》

以强烈的哲学意识自觉地研究语言学，是王寅教授早期所走之路；后期的他又提出了“哲学与语言学互为摇篮”的观点，自觉地去推动语言哲学和语言学的跨学科研究，运用认知语言学和体认语言学的最新成果来解决哲学中的老问题，这是他近年来所探索的创新道路。他的学术生涯的前期与后期相得益彰，走出了一条令学界赞叹不已的“王寅之路”。

在他 2014 年于北京大学出版社出版的《语言哲学研究——21 世纪中国后语言哲学沉思录（上下卷）》（国家社科基金后期资助项目）中，创新性和跨学科的研究特点表现得尤为显著。他能在每一个语言学流派之后找出相应的哲学基础，深入阐述两者之间的呼应与联系，这是一项很艰难的工作，王寅教授做好了，而且真的做得很出色，这表现出他所下的横扫和竖梳的功夫，也展示了他将“史论”与“我论”相结合的眼光，更包含了他的传承与发展的智慧。我在为这本书所作的序言中指出，这本书堪称绕不过的基础教科书，不可不读，必将在学界产生深远而又重要的影响。当你读过之后，估计你再也坐不住了，会发现自己的差距，就有学哲学的紧迫感和冲动感。

王寅教授所做的研究主要有下列特点：

一、创造亮点多多

时刻不忘学术研究的着力点在于“创新”。考查一下王寅教授的全部专著和论文，不难发现其中的新观点俯拾即是，到处闪烁着新思想及独特见解。他将在国外业已成为主流的“认知语言学”本土化为“体认语言学”，强调了语言学研究中的唯物观和人本性，这就与索绪尔和乔姆斯基两位大师基于唯心论和抛弃人本性的语言学理论形成鲜明的对比。他还逐渐将体认语言学建成了一个体系相对完整的学科，实属国内外语言学界之首创，难能可贵！王寅教授以及他所带领的体认语言学团队所做出的 26 点创造性工作，充分体现出创新性和跨学科的研究特色，值得我们每位从事语言研究的人员关注、学习，现列述如下（L 代表“语言学”，CL 代表“认知语言学”，ECL 代表“体认语言学”，AS 代表“as 认知方式”[①]，ICM 代表“理想化认知模型”）：

（1）率先提出了西方哲学的第四个转向；

（2）明确指出当前世界人文社科之前沿；

（3）提出并充实中国后语言哲学的理论；

（4）分析言语行为理论在后现代的发展；

（5）将 CL/ECL 视为西方的语哲之延续；

（6）尝试提出体验人本观和体认普遍性；

（7）确立了主客主多重互动的理解模型；

① As 就是 as，“as 认知方式”即“像－认知方式”。

（8）尝试建“体认”及 AS 认知机制；
（9）较为深入地剖析了人类的认知过程；
（10）据上解释和细析物质如何决定精神；
（11）基于经典 / 原型范畴提出图式范畴论；
（12）在学界提出哲学与语言学互为摇篮；
（13）尝试给认知 / 体认语言学下权宜定义；
（14）首先用 ECL 建立我国的体认翻译学；
（15）基于 ECL 提出了我国的体认传播学；
（16）运用 ECL 和后现代理论阐释修辞学；
（17）拟构社会认知 L 和历史认知语言学；
（18）用体认语言学原理进行英汉语对比；
（19）将国外 ICM 发展为事件域认知模型；
（20）依“部代整”原则提出命名转喻观；
（21）系统地对比论述中西学者的隐喻观；
（22）基于体认语言学对比中西语义理论；
（23）对比论述了音训法与西方的音义学；
（24）首倡构式本位观、构式程序分析法；
（25）数年前论述的像似性已被学界接受；
（26）尝试健全 ECL 及各分支学科的体系。

令人惊讶！令学界惊叹！也令我们振奋！如此成就确实需要惊人的努力和惊世的智慧。

二、合拢两个两张皮

由于当今学科分得较细，文科培养出的人知识面较窄，很多有远见的学者早已发现这一问题。语言学界也是如此，虽早有学者提出“尽早走出纯语言研究之路”，但真正付诸实施的人并不多见，取得较好成绩的人更不多见。

长期以来，语言学与哲学被视为两个不同的学科，作为学科分类倒也并无大碍，但我们在学习和研究中若将它们视为老死不相往来，那就错了。王寅教授自觉地合拢了这两者，他的语言学知识得心应手地获得了哲学理论的支撑，且能自觉地从哲学层面来论述语言学中的众多观点，合拢了哲学和语言学这两张皮，从而使得他的研究成果量大而质高。

语言学界还有一种奇特的两张皮，很长时间以来汉语研究与外语研究常是泾渭分明，各顾各，对此吕叔湘先生生前多有批评。汉语界的学者多不能直接阅览国外文献；外语界的大多学者也是两不挨：一不敢挨着古代汉语，二不敢深谈汉语语法。但在王寅教授这里，汉、外两界合二而一。例如，他发表了《易经与认知语言学：语言体验观比较》《荀子论语言的认知辩证观——语言哲学再思考》等论文，2007 年高等教育出版社编撰的“中国外语知名学者文库”系列丛书中收录了他的《中西语义理论对比研究初探——基于体验哲学和认知语言学的思考》，在学界产生了十分深远的影响。对待本土资源的态度，从来都是考验外语学者是否有智慧的重要指标。王寅教授不仅有此信念，而且身体力行，充分利用本土资源。他反复强调，外语界语言学者的眼光不能仅盯住西方，而忘却宝贵的本土文化。这一教诲很有见地。

他打通了语言学与哲学、汉语与外语的两张皮，时刻不忘创新，这三个特点构建了“王寅之路”，将它们同时集于一人之身实属罕见，这才成就了王寅式的了不起成就。这些对于青年学者来说具有重要的借鉴意义。

三、深刻有趣，量大而质高

人们常哀叹语言理论抽象、枯燥、乏味，而王寅教授能将它说得深入浅出，还有机地将其与外语教学紧密结合起来，实在难得。他既能在若干语言现象中找到一个认识论上的元点，并以此为出发点，讲出一些深奥的哲学道理来，而且能用图表梳理出简史，将许多观点一目了然地呈现在读者面前，既具有科学性，也很深刻有趣！

他共出版了50多部专著和教材，发表了300多篇论文，共1800多万字，还获奖10多次，这在学界实属罕见，令人赞叹！

从“平均值”转向“大方差”，是杰出人才的必由之路。我们不缺勤奋者，也不缺优秀者，缺的是卓越人才，正是这一特质成就了他。

王寅教授是当代著名的语言学家、语言哲学家，卓越拔萃且悟性非凡！

钱冠连

戊戌深冬

文集自序

一

日月如梭，时光荏苒，转眼我已步入古稀之年，回想我这一辈子，除插队劳动之外仅从事一门职业——教师。尽管那时“文化大革命”的遗风犹存，“臭老九”很不受社会待见，但我深受家庭的影响（父亲就是一位教师），十分喜爱读书，就与父亲的职业结下了不解之缘。因此我这一生可用“读书、教书、写书”来概述，上海外语教育出版社为庆祝我国改革开放 40 周年时向我约稿，我就以此为题写出一文，收录在《往事历历，40 年回眸——知名外语学者与改革开放》文集之中。

人生始自读书，弄懂来自教书，升华乃靠写书，经过这三阶段的不断重复和循环，才有可能将一门学科吃透，也才能谈得上继承和超越。我的前二十几年主要以“读书”为主，大学毕业后开始“教书”，此时便萌发了练笔的冲动。由于教学需要不断收集和整理资料，我与夫人李弘前后花了 5 年多的时间写了长达 57 万字的《英语词形词义辨析》一书，于 1983

年在山东科学技术出版社正式出版，这算是我们较为满意的处女作。我现在依旧还能记得那时的生活场景：住在筒子楼里，走廊上每家门口放着一个煤球炉，旁边堆满了蜂窝煤，每家在分得的15平方米斗室里过日子。我们在房间里除了放置一张床、一个衣橱和两把椅子外，还别出心裁地用擀面板将写字台和圆饭桌搭连起来，上面放了一台老式打字机。我们一边写，一边抄，还要上滚筒打字，打完字后再往空行里填写汉字，时常因行间距不能对好还要重来一遍。更为恼火的是空间狭小，诸如吃、喝、睡的日常生活，再加上我们两人的学习、备课、写书都挤在一间小屋子里。小书桌上堆满了书和资料，从手写到打字再填字的流程凑合着辗转行进；一到吃饭时，就要将放着打字机的擀面板挪开；若是有客人或学生来访，只好临时挪出个空间来谈谈话。那时，我们多么盼望能有一间自己的书房啊！回想起杜甫的那句“安得广厦千万间，大庇天下寒士俱欢颜”还是颇有感触的！我们是在10年之后才分得了带有书房的居所，才算满足了读书人的简单要求。

当这本书的草稿完成后，用方格备课纸誊写了1000多页，送出版社时装订成了8大本。为能写成这本书，我们将1岁大的爱子送到老家请爷爷奶奶带了一年，心中一直为未能尽好父母之职而感到内疚。有鉴于那个年代外语资料极少，正值我国改革开放初期，学习英语之风在全国盛行，这本书还是产生了一定的影响，听说很快售罄，我们的内疚之感才得到点滴补偿。

二

为了满足教学的需要，同时为了自我提高，我们还尝试写了几本有关词汇、语法、听力、写作、阅读等方面的教材。就这样，边读书，边教书，边写书，倒也相得益彰，以书为伴，日子过得很充实。同时这也让我悟出了一个道理，汉语成语“厚积薄发”只是一个理想模式而已，勉励人们要多读书、多积蓄，慢慢地少量放出，这是有道理的！但它在当今的社会现实中不太具有可操作性。其实有些道理和体会不是读出来的，而是写出来的，不是想好了再写。有人将其理解为“先厚后发”，这是不妥的，谁敢说某人在发文章时已经“厚”了，若是按此逻辑，在高校恐怕连讲师也评不上，更不用说当教授了。回想起来，我也算是读了不少东西，但总觉得离“厚”还有很大的距离，或许我们这辈子谁都不能说自己“厚”了，但不可不写！可行之道只能是：

边积边发，积中有发，发中有积，有积有发，
以积促发，以发促积，积发相济，伴我一生。

我以此为基础订了一个学习计划，每天争取读50页专业书，或写个千把字心得，算是“以勤补拙、以恒克难”吧！我每天不看点书、不写点什么，心里总会有点“空落落”的感觉。这也应了民间的一句俗语——“好记性不如一个烂笔头”，意在勉励人要多写。我正是平时靠着这支五寸不烂之笔，让很多思想中的一闪念永久地留在了纸上，白纸黑字可让我们的思想出场，这正体现了语言哲学家的一个基本理念：“语言使人出场，使思想永恒。”这使我想起了莎士比亚18号十四行诗中的最后两句：

So long as men can breathe or eyes can see,
So long lives this, and this gives life to thee.

细细诵来，体会更深，没想到莎翁会早于语言哲学家300多年就提出了“语言使人永恒，使思想出场”的思想。这也成了我平时不断叮嘱弟子们的一句话，有了想法赶快写下来，切切别让一闪念过夜，虽不一定马上成章，但可写成一块 “豆腐干”，以备后用。有了想法若不及时记下来，过一阵子就会跑得无踪无影；特别是晚间躺在床上失眠时总会涌出些奇思妙想，不立即用纸和笔把它记下来，等一觉醒来再写会发现此时它已经gone了，正如美国著名作家玛格丽特－米切尔（Margaret Mitchell）所用书名那样：Gone with the wind。

三

胡壮麟教授在本文集序言中说：

> 王先生从语言教学到语义学，又到认知语言学和像似性，接着是构式语法和对话句法，还在研究语言哲学的基础上提出了具有我国特色的“体认语言学”新理论。

这一句话已经清楚地将我的学术之路和盘托出，现简要梳理成6个阶段。

（1）出国留学前主要写些有关词汇学习、语言教学的心得文章，1983年出版的《英语词形词义辨析》基本总结了那个时期的成果。1985年去英国留学主要学习语义学，回国后编纂了《简明语义学词典》（山东人民出版社，1993），写出《语义理论与语言教学》（上海外语教育出版社，2001）。

（2）此后我接触到认知语言学，20世纪末还分别到美国和新西兰拜会了这一领域的著名学者 Lakoff（雷科夫）、Langacker（蓝纳格）、Taylor（泰勒）等。特别是像似性[①] 理论对我的吸引力很大，因为它对于语言教学具有较大的指导意义，而它所批判的任意性对于语言教学可以说没有什么价值。我在研读国外这些新理论的过程中写出了《论语言符号象似性——对索绪尔任意说的挑战与补充》（新华出版社，1999），之后又写出《认知语言学》初稿，于 2002 年申请到国家社科基金项目，经数所高等院校试用，修改后于 2007 年在上海外语教育出版社正式出版。此时还出版了《认知语法概论》一书。

（3）当国外的认知语言学进入认知构式语法研究阶段时，我又适时地跟进，出版了《构式语法研究（上下卷）》（上海外语教育出版社，2011）。

（4）2014 年在认知语言学领域中又应运而生了“对话句法”这一研究新动向，认为句法现象不仅出现于词语横组合之时，而且在邻近语对的纵聚合层面上也可进行句法分析，特别是对话，在上下文两个语对的结构和词语中会不可避免地存在全部或部分的“对应”或“对称”现象。我与博士生曾国才于 2012 年就着手这项研究，他的博士论文讨论了以 WH-开始的疑问句及其答话之间的对话句法问题。我们于 2016 年合作发表了 3 篇有关该论题的论文。

（5）钱冠连教授于 21 世纪初就联络我，谈到了语言哲学的重要性，此后我们就携手合作召集国内志同道合者成立了中西语言哲学研究会。他原专业为语用学，我原来学过语义学，这样我们两人分别从两个角度切入并汇合，较为完整地体现出了西方语言哲学中的两大板块：理想语哲学派

---

① “像似性”即 iconicity 。这个术语曾有多种译法，在体认语言学的理论框架中更强调语言的人本性，因此本书一般译为“像似性”。本书引用的相关文献，保留原作者的译法。

（语义学）和日常语哲学派（语用学）。于2010年完成《构式语法研究》写作之后，我就在前十几年语义学、语言哲学探索的基础上开始着手写适合外语界使用的语言哲学书，于2013年申请到国家社科后期资助项目，2014年在北京大学出版社出版了《语言哲学研究（上下卷）》。

（6）我近10年来基于语言哲学和认知语言学的相关观点提出了语言的“体验人本观”，较为详细地论述了语言的体验性和人本性，后将其完善为语言的“体认观”，并在此基础上提出了建构“体认语言学”的构想，得到了一大批响应者的支持，这使我深感欣慰。

上述6个阶段基本上概括了我的学术之路，一步一步地发展而来，循序渐进，既很自然，也很充实。

四

我们于20世纪90年代初终于分得了带有书房的二居室，圆了多年的梦想。此后，生活得到较大改善，房子也越住越大，书房也变得越发宽敞。每次搬家我总会精心设计书房，以方便和实用为准。终于几年前在四川外国语大学安居小苑分得一套160多平方米的房子，我拆掉了一堵墙，将书房与一个房间连通起来，变成一个大书房兼会客室，在其四壁固定上一直通到屋顶的书架，根据书的实际大小分成恰当的隔层以便尽量多地放书，将收藏的几千册书尽收其中，又根据自己的习惯划分出不同的区域，使用起来十分方便。我在书房里还安置了一个乒乓球台，方便召集研究生前来会课，所需资料顺手可从书架上取下来。时下，我感到最舒畅的事情就是静静地坐在书房里，看自己喜欢看的书，写自己想写的东西，其乐无穷，过着“以书为伴，以教为生，以写为乐”的安逸的晚年生活。

一路走来，只觉得人生短暂，时间不够用，需要读的书很多，需要写的想法也不少。因此我一直不喜欢说“人生苦短”，我们的人生无所谓“苦”，若将读书看成一件苦差事，何以能在读书中找到欢乐，又何以能写出令人读来欣喜的书呢？以“苦”来描写人生更多地含有消极意义。所谓“苦读”中的这个“苦”字已转作隐喻用法了，意为“有耐心、尽力”，而不是那个“黄连味道”了，也无“难受与痛苦”之义了。我常以“书中自有 EVERYTHING”来勉励同学们要好好读书，不要为外界的诱惑而分心，“外面的世界很精彩，书中的世界更精彩”，既然是精彩，何苦之有呢！

我在与书为伴的旅途中虽谈不上“风尘仆仆”，也没有什么“豪情万丈”之感，但始终心怀一种乐观的人生观。尝遍读书之乐，享尽教书之乐，倍感写书之乐。若要享得其乐，理应做到：读书时要读进去，教书时要教明白，写书时要写深刻，这样才能真正体会到一种快乐。说实话，有些理论书不是读一遍就能读懂的，它有时需要读几遍才能有点感觉。有学者说“《红楼梦》不读五遍就没有发言权”正是这个道理，读一遍就有一遍的感觉。如 Lakoff & Johnson（雷科夫和约翰逊，1980）所著的 *Metaphors We Live By*（《我们赖以生存的隐喻》），不读几遍很难理解透彻。虽说他们行文时主要用的是简单句型，表达得也很流畅，但其中所涉及的理论问题是较为深奥的，特别是一些哲学命题，若无这方面的功底，就不可能很好地理解这本书所论述的哲学道理，因为约翰逊是美国著名的哲学家，他主要从哲学角度论述了隐喻的特性、功能和意义。因此，认知语言学家认为隐喻不仅是语言层面的表达问题，更重要的是它反映出人们心智中认知世界的基本方式，而且是当今哲学家所关心的命题。既然隐喻所表达的意义都与事实不相符合，属于“假话”类的言说，而哲学是以“追求真理”为旨趣的，语言中有 2/3 以上的表达都具有隐喻性，用这样的表达又何以能获得“真理”？

这就涉及哲学问题。倘若没有这方面的修养，何以能理解这本书的理论价值和历史意义之所在？这就是钱冠连先生反复强调的：从事语言教学和研究的人必须学好（语言）哲学，从哲学层次来思考语言现象必定会有另一番感受。一旦打通了语言学与（语言）哲学之间的通道，真的想通了，定能获得一种高层次的“一览众山小”的感受，这是一种前所未有的享受，正是“尽早走出纯语言研究”魅力之所在。

五

作为一个学者，自当“以恒治学，以诚从教，以心著书”。自古道，“鸟贵有翼，人贵有志”，我们自幼就接受了“要有远大志向”的教育，旨在鼓励人们要树立一个人生目标，并为其奋斗终生。作为一名教师的“志”在于：读书要贵以勤奋，教书要贵以忠诚，写书要贵以专心。

这40年来，我一直工作在教学和科研的第一线，必然要天天读书、备课、批改作业，还要写文章。说我“以恒治学”倒也谈不上，这是由教师的工作性质所决定的。若想教好书，就要忠诚于教育事业，还须读好书、读进去；若能将读书和教书的体会与心得通过写作这一环节加以提炼和升华，便会有效地反哺教学，不断改进课堂效果。

因此，作为一名教师必须不断和深入地思考“如何教好书”这一根本性课题，我在这方面还是较为认真的。如在给学生授课过程中经常使用“以纲抓线、用表小结”的方法，利用图表来归纳总结相关知识点，在语法教学中提出了“构式程序分析图”的理念，也十分实用。20世纪80年代初我就将“英语非谓语动词”这部分的众多规则，用旧挂历的反面画成了一个总表，将“不定式、动名词、分词”置于表格中间，然后向右分别标出它们作不同句法成分时的特征，向左分别标出它们所具有的动词特征，通过上下左右的对比，一目了然，基本就能宏观把握这部分内容了；还可在相应部位分别写上典型例句，这样年复一年地教下去，老师自己可牢记这部分内容，学生也能拎得清楚、说得明白、记得长久、用得正确。这张表一直用了很多年，效果甚佳。

我认为，高等教育还是要分出层次：对于英语本科生而言，主要学习诸如听、说、读、写、译等语言技能及相关知识，该背的要背，该记的要记，以吸收知识为主，为未来的工作或研究打下坚实的基础。对于研究生来说，主要应解决理论提升和联系实践的问题。所谓研究生，绝不是大学教育的纯粹延续，不是“大五”“大六”的继续教育。研究生应是“研究理论”的学生，包括理论创新和联系实践，这样才能符合研究生培养大纲上所述及的“培养创新人才”的要求。为此，在研究生阶段导师一定要将有关理论讲清楚，弄懂观点尤为重要。

如何学好一个理论、讲好一个观点，必须要有条理，一定要说明白其来龙去脉，它是针对何种观点提出的，解决了什么问题，留下什么遗憾，各路学者的观点是如何发展的。在研究生教学阶段也可用表格来作系统梳理，以实现“好学、便记、易查”的教学目标。课堂上能讲得明白，写书时就能写得清楚，我在很多作品中用了不少表格来论述多种流派、观点之间的传承与发展关系，如在《语言哲学研究（上下卷）》中画出了85个表格，尽量梳理出各种哲学观之间的传承关系（既可依据时间、人物为基线来梳理，也可依据观点、流派来梳理）。另外，我在写作时注意使用平白晓畅的语句将相关理论说清楚，尽量做到层次分明，便于读者理解。即使是艰深的哲学观点，也尝试用简单易懂的语言将其说清楚，而不必故作高深。（参见陈嘉映2014年为笔者《语言哲学研究》所撰写的序言）

六

回顾这40年的历程，谈不上辉煌，离赞誉之语“著作等身”真的还有很大差距（倘若要“等身”得有百十本再说），但也过得十分充实，在“读书、教书、写书”中度过了人生中播种与收获的季节，现将昔日所写的东西整理成一套由20卷构成的文集，汇聚出版，这个工作量还是比较大的。回头看看自己所写的东西，倒也不担心有些表述已过时或不妥，这次集中出版基本保持原貌，可真实反映作者那时的想法，不妥之处也可供同仁们批评之用；有些增添的内容就以附录的形式刊于书后，可使某一专题更为丰满，也可看出我后期的研究方向。最担心的是有部分内容难免会重复，于是在这次汇编中尽量去掉重复的段落。虽然出版社认可只要一本书与其他有30%的不同，就可作为新书出版，但我想同在一部文集里尽量还是不重复为好，若有些观点和语句不可不提及时，就在一处详细论述，而在另一处稍微带过或作略述处理，标注上详见处，便于读者互参阅读、整体把握。

此文集的出版得到许多领导、同行、学生和家人的大力支持，四川外国语大学将其作为一项标志性科研成果来认真对待，始终给予热忱关怀和全力支持，且在资金上给予慷慨赞助。学校为庆祝我70岁生日还将组织一次专题研讨会，这使我十分感激。黄山书社与我也有多年的友好合作关系，这次也给予了全力配合，编辑老师们为本文集的出版付出了很多的精力；其他几个出版社就版权问题也给予了充分的理解。胡壮麟教授、钱冠连教授一直给予我很多关照和支持，堪称我的良师益友，两位都已是耄耋老人，还欣然执笔为本文集作序，实在令我难以忘怀。刘玉梅教授、赵永峰教授以及我的部分研究生也帮我认真校阅稿件，我的妻子李弘和儿子王天翼也抽时间帮我校看清样，在此一并致谢！

今年重庆的夏季特别炎热，笔者在横山上的避暑山舍居住月余。背靠浓密的原生态松林，闻着那阵阵松涛送来的清新空气；面对一池不大不小的荷塘，鹅鸭戏水，涟漪不断；不远处还有一个水库，时而听得潺潺流水声；还有那一片片绿油油的庄稼地，时常使我想起50年前插队劳动时的场景。时而闲庭信步，时而放足田间，我享得了一份炎夏中难得的凉爽，喜获一种远离尘嚣的幽静，蛮有几分读书人的乡野情趣。手捧几本书，守着笔记本，边看边写，还有1岁多的小孙子游玩于膝下，咿呀学语，得享天伦之乐，大有“含饴弄孙”之感，令我深感欣慰和安逸，生活如此祥和，真可谓称心遂愿，读书人能有此晚年真的感到无比幸福。

读书之余偶有小感，现录如下，以抒情怀：

朝霞楼栏勤补拙，
夕阳庭院守华硕。
与文为友恒克难，
留世文稿似传说。

游学四方为解惑，
俯瞰荷塘心地阔。
荟萃众纭润心扉，
跨界探求试新拓。

王　寅

2018年8月

前　言

语义与语音、语法相比，显得更为复杂，它不但属于语言学，还涉及哲学、心理学、人类学、历史学、社会学、心理学、逻辑学、数理科学、翻译学等学科。语义学的研究与其他学科的研究息息相关，它处于各种矛盾的思潮和各类学科的汇合处，是人类研究的焦点，因此无论是在西方的语义理论中，还是在我国的语义研究中不可避免地出现了“观点众多、学派林立”的现象。单单就对意义的理解和定义，哲学家、逻辑学家、心理学家、人类学家、语言学家就有几十种论述（王寅，1992，1993）。就像这滚滚长江之水后浪推前浪一样，种种语义观在不断地相互启发、批判与继承的过程中发展至今。

语义研究不仅仅是语言层面的问题，实际上也反映了人类认知的过程，反映了不同的语言观和世界观。在语义学这个大家族之中，成员如此之多，这是其他学科所少见的现象，这充分说明了语义研究自有迷人之处，也揭示出其间深刻的内在矛盾，更反映出人们对牵涉自身生活的关切，当然也暴露出人类对语义理论研究仍不成熟的缺点。

改革开放后，我国汉语界的训诂学研究达到了一个高潮，20 世纪 80

年代出版了近 30 本训诂学专著，还成立了训诂学会。在外语界，一批学者出国留学，不断带回西方最新的语义理论，发表了大量的论文，并出版了不少介绍西方语义理论和学习体会的著作和教材。此时，中国进入了一个语义研究大丰收的高潮时期，这令西方学者刮目相看。但是我国学者在这方面的研究，受到国内整个语言学研究的影响，外语界和汉语界人士未能很好地携手共进，将中外语义理论紧密结合起来加以对比论述，而多半是在各自的学术圈中谈古说今。吕叔湘先生所说的英汉语言研究的“两张皮”问题，在语义理论的对比研究中尤为突出，这从近年来发表、出版的英汉语对比研究的各类论文、论文集、专著中可见一斑，这一情形令许多有识之士甚为担忧，认为不可再持续下去。因此，在 21 世纪进行中西语义理论的对比研究已成为当务之急。

中西方民族各居一方，风俗习惯各有特点，国情差异可谓甚大，语言也多有不同，对语义的认识和研究必定也有仁智之别，各方人士的研究自有长短，但是有一条必须引起海内外学者的高度重视：西方语义学家不可忽视我国学者在语义研究方面的丰硕成果，外语界的同事也必须避免只谈西方学者的理论，而忘却中国古人宝贵而又丰富的训诂研究，正如荀子所言“不闻先王之遗言，不知学问之大也”。同样，我国汉语界的语言学家，特别是语义学家，也应当了解西方的语义理论，兼收并蓄，洋为中用，放眼全世界，纵观海内外，努力将中西语义理论结合起来研究，才能开辟出灿烂辉煌的研究新局面。今天我们应当站在世界范围语义研究的高度，理清思路，认真对比，互补长短，为在语义研究中实现“中西合璧”的理想局面承担我们的责任，彻底破除语义研究中的“中不通西、外不兼中”的分封割据局面。

我们曾在全国性的学术会议上多次疾呼，也在各类文章中反复提醒：

语义理论研究绝不是西方学者的专利，外语界的学者切切不可忘却宝贵而又丰富的中华祖先的有关论述。当然，汉语界的训诂和语义研究，也应当借鉴西方学者的观点和理论，这样才能真正走上“互相补充、相得益彰”的学术之路。因此我们近年来不断学习，仔细琢磨，补了该补的课，读了该读的书，在中西语义理论对比方面进行了尝试，也发表了部分文章，取得了较好的效果，得到很多学者和部门的大力支持，这也促使我们更加坚定地沿着这一研究方向继续下去。我们经 10 年的努力终成此书。

本书主要从以下 11 个方面进行了初步的论述和对比，它们构成了本书的 11 个章节：

（1）语义学与训诂学之间的异同；

（2）中国学者对意义本体的论述；

（3）《周易》中的体验性认知观；

（4）能指与所指、名与实之探讨；

（5）中西学者论唯名论和唯实论；

（6）荀子论语言的体验性认知观；

（7）中西学者共论语言的体验性；

（8）西方音义学与中国的声训法；

（9）中西学者对比语义引申研究；

（10）中西学者对比隐喻认知理论；

（11）语义研究之差异的原因分析。

通过对比可见，西方语义学家所述及的许多观点在我国古代学者中早有论述，而且我国古代学者的有些观点比西方学者的观点提出的时间要早得多，论述要精彩得多。我国古代学者为语义理论研究做出了不可磨灭的贡献。

当然，我国古代学者的哲学和训诂研究，是针对中国古代社会和汉语语言现象发出的议论，是根植于我国社会、历史和文化基础之中的。他们能在那个年代提出如此深邃的观点，特别是有关语义研究方面的有关论述，虽具有一定的历史局限性，但很多观点和解释的方法还是具有一定普遍意义的，我们当站在历史唯物主义和辩证唯物主义的立场上对其加以审视、分析、研究和借鉴，坐得板凳冷，熬得寂寞苦，在古书堆中探究历史、解读先辈、滋补学养。

西方语义理论也有其自身发展的过程，特别是当代体验哲学和认知语言学，是在批判2000多年传统的客观主义哲学理论基础上提出的，严厉批判了传统认识论的绝对真理观，批判了客观真值对应论和真值条件论，接受和发展了杜威的经验自然主义、海德格尔的人文哲学、梅洛·庞蒂的知觉现象学、史密斯的新现象学、普特南的内部实在论等体验认知观，强调人的身体和认知在概念、思维、推理和语言形成过程中所起到的关键作用，建构了自己的体验哲学和认知语言学理论，形成了对整个西方哲学体系和语言理论的挑战，迎来了哲学、认知科学和语言学研究的崭新局面，为21世纪的语义研究开了一个好头，确实令我们深受鼓舞，这就需要我们以悬梁刺股的精神来认真研读他们的思想，在不断引进和介绍的基础上努力做到有所发展、有所建树、不辱使命（王寅，2005a，2005b）。

中西方的学者虽出自不同的社会背景和政治环境，研究进路各有所长，所用语言也千差万别，但很多思想有着不少相通之处。当我们站在今天人类认识的高度来回顾往昔，观察历史，我们完全可以超越时空的限制，运用对比的方法将全人类的同类观点、相关理论进行综合研究。如果要考虑时间因素的话，那就是西方思想的很多精彩观点在我们老祖宗的文本中早有表述，正是这些闪亮的思想火花构成了中国国学的精华部分，也是世界文化宝库中的一个重要组成部分，如当前哲学界所进行的庄子与海德格尔的对比研究就是一个很好的例证。

同样，我国古代学者有关语义的论述与西方学者的有关观点，也是出自不同的生活环境和历史背景，各路学者所考察的对象各有所重，研究目的也存在不少差异，时间也相差多年，立论基础和论述内容自然就会有很多不同之处，甚至大相径庭，但是他们在对语言的许多论述上还是有不少可比之处的。本书正是基于这一思路尝试性地进行了中西语义理论的对比研究，特别是在体验哲学和认知语言学的理论框架下进行了有关的对比论述，发现我国古代学者的语义研究，特别是在体验认知观、隐喻、语法化等方面的论述，确实要早于很多西方学者。我们所得出的这一结论，并不是要刻意地抬高我国古代学者的贡献，无故抒发民族自豪感，而是重在以史料为根据，以文本为基础，分层次分内容地进行对比，因此得出的上述有关结论是有根有据的，具有较强的说服力。以事实说明外语界语言学者的眼光不能仅盯住西方，而忘却宝贵的本土文化。

我们这些年来在这方面做了一点尝试，但是很不够。我国很多学者在这方面做出了很多贡献，可喜可贺！中西语义理论对比是一个大课题，需要大家的共同努力。中西方各种语义理论各有长短，不必仅信奉一家学说，学术研究需要广开思路，多开言路，兼听则明！只有如此，才可使我们融会贯通地理解语言和语义，更好地掌握语言中的哲学思想、哲学中的语言思想，全面考察西方语义理论中中国学者的声音，中国语义理论中西方学者的观点。我们相信，两条腿走路总比一条腿走得更稳，走得更快，走得更好。

语义理论研究还必须与中国的语言教学紧密结合起来，才能发挥其应有的理论联系实际的效果。

这些观点说起来十分容易，真正做起来并不那么容易，处处须付出艰辛的劳动。长期在一种理论框架中研究的学者确实难以跳出其划定的理论圈圈[①]，理论定势与兼听则明有时也难以两者兼得，这就需要不断吸收新思想，不断深入思考。

谨以此书为拙砖，希望能够引出众家之贵玉。意在强调外语界的同人应加强学习我国古代哲学和训诂学方面的知识，认真审视和考察有关史料，也希望汉语界的同人能够更多地关心和支持我们的学习和研究，加强两者的有效交流和真正沟通，确实能使我国的语言理论，特别是语义研究，真正走上中西结合、洋为中用的道路。

本书为重庆市哲学社会科学规划重点项目的成果，同时得到四川外语学院的大力支持，黄山书社的同志为该书的出版也付出了辛勤的劳动。中国英汉语比较研究会以及汉语界的许多同人一直给予我很多关怀和鼓励，特别是杨自俭教授、钱冠连教授、潘文国教授、王宏印教授、张志毅教授、李葆嘉教授、左飙教授、王菊泉教授等。在此，我向各位表示由衷的感谢！

我还要衷心感谢我父亲王振旅，他一辈子从事教育工作，严格要求子女，以“老实为人、勤奋治学”为家训，使我从小就生长在一种较为优越的学习环境之中，吸收到很多我国古代的文化知识，谨以此书献给父亲80寿辰。

编　者

2000年10月

① 正如Taylor（泰勒，2002：39）所说：Academics tend to be very territorial people，anxious to defend their disciplinary turf. Saussure was an academic，through and through.（学者们往往都是有地盘意识的人，急于捍卫自己的学术领地，索绪尔正是这样一位学者）

目　录

第一章　语义学与训诂学

本章将简要介绍西方语义学研究简史和主要内容，以及中国训诂学的研究概况，并对两者作一简单对比。

第一节　西方语义学

笔者于 1993 年出版的《简明语义学辞典》的前言中说过这样两句话：

（1）当代语言学的研究大有语义化之趋向。

（2）当代语义学的研究享有“时代的标志”之美称。

这基本上反映了当代语言学研究的总趋向。

法国学者 Michel Bréal（布雷尔，1832—1915）于 1883 年在一篇论文中首次正式使用 sémantique（为法语词语，相当于英语的 semantics）

这一术语，借用了希腊词根 séma，意为 sign，希腊词语 semainein 意为 to signify，mean。semiology 等于 semeiology，意为符号学；semantics 意为语义学。他于 1897 年出版了 *Essai de Sémantique*（《语义学探索》）一书，该书的英译本于 1900 年问世，译名为 *Semantics*：*Studies in the Science of Meaning*。自此，语义学作为一门独立的学科宣告成立。

但由于 20 世纪的哲学界逻辑实证主义占据了主流地位，开始几十年的语言学界基本处于“结构主义”年代，认为语义涉及人类思想深处十分抽象的活动规律，横跨许多学科，往往使人感到神秘莫测，难以实证，因而在语言学界一直未能得到应有的注意和重视。大多数语言学家将主要精力集中在看得见的语言结构上，而很少注意难以实证的语义方面。难怪 Bloomfield（布龙菲尔德，1933：140）认为：

> The statement of meanings is therefore the weak point in language study, and will remain so until human knowledge advances very far beyond its present state.（对语义的叙述是语言研究中的一个薄弱环节，这种状况将一直延续到人类知识大大发展，远远超出现有水平才会改变）

他的这句名言对日后的语义研究产生了极大的悲观主义影响。

国外学者对语义的悲观态度还反映在他们对语义和语义学所作的种种隐喻性描写上，例如：

（1）Leech（利奇，1974：2）曾将语义学研究比作“丧钟（the virtue death-knell of semantics）”。

（2）有的学者将之比作“泥人”，语义学被各路学者你洗一把，他洗一把，已经变成了一盆泥汤。

（3）Allen［阿仁，参见 Ullman（乌尔曼），1962：71］在剑桥大学讲学时将“意义”视为“dirty word”——令人讨厌的词。

（4）Ullman（1962：260）曾经将“意义”描述成“anathema”——遭人诅咒的词。

（5）不少学者认为语义学是位于语言学边缘的一块杂乱无章、毫无组织的知识荒地（a view of semantics as a messy largely unstructured intellectual no-man's-land on the fringes of linguistics, Leech, 1974：10）。

（6）还有学者将语义比喻成“电”，尽管我们说不清楚电是什么，但一打开开关，灯泡就亮了，马达就转了，电开始工作了。语义就像电一样，看不见摸不着，变幻莫测，但你说出一个词语之后，正常人都能理解它的意义。

（7）Leech（1974：87）曾将语义学比喻成一条航行中的“漏船（the leaking ship）”，要想在海上顺利航行，只能在航行中一块板一块板地进行修补，而不能拆船重造，因为那谈何容易。但至少 Leech 对语义学还说了点乐观的话：尽管这条漏船在某些重要的地方有残缺，但它仍旧在艰难地航行着，并取得了不少进展。

从这些隐喻性表达可见，人们似乎快到谈“义”色变的地步，语义是个十分令人棘手的领域。但是人们一般认为，语义是言语交际过程的中心所在，当你同别人交流时，你首先想到的是让自己的思想（即语义）能为别人所理解；当你阅读别人的作品时，你最关心的不是文字本身，而是作品在说些什么（即语义）。人们在口头交际和阅读中往往记住了具体的内容，而不一定能记住所用的具体词语，这也足以可见，言语的思想或作品的内容，即语义，才是人们得以交换信息、互相理解的中心之所在。没有语义，也就没有交际。既然语义如此重要，语义学也就不应受到冷落，而应成为语言研究的主要内容，甚至是重中之重。

20 世纪 30—40 年代，Korzybski［柯日布斯基，1933 年出版了 *Science and Sanity*（《科学与精神健全》）］、Chase［齐思，1937 年出版了 *The Tyranny of Words*（《词的暴政》）］等西方学者开始研究普通语义学。

20 世纪 40—50 年代，在 Russell（罗素）、Tarski（塔尔斯基）、Wittgenstein（维特根斯坦）、Kripke（克里普克）等著名学者以及 Vienna Circle① 的努力和推动下，逻辑语义学也得到了较好的发展，这对现代语义学的发展起到了很大的推动作用。

20 世纪 60 年代以后，受语言哲学和符号学的影响，越来越多的语言学家才把注意力从对语言表层结构的描写转向对构成表层结构基础的意义结构的研究。TG（转换生成语法）中的重要人物 Katz（卡茨）首次提出语言研究中应当包括语义部分，他与 Fodor（福多）和 Postal（波斯特尔）合作建立了系统的语义理论，Chomsky（乔姆斯基）于 1965 年出版的 *Aspects of the Theory of Syntax*（《句法理论面面观》）一书接受了他们的观点，形成了 TG 理论中句法学、音系学、语义学三足鼎立的格局。

此后，越来越多的语言学家和哲学家，特别是功能语言学派、认知语言学派都认识到，要真正了解语言的性质和功能、发展规律及其与思维和行为的联系，就必须深入地研究语义，分析语言与心智的关系，全面描写语义与交际功能、认知规律、概念结构、人类知识等的关系。当代许多语言学家在从小至微观层次的义素，到大至宏观层次的语篇意义的广阔范围内进行了广泛的研究。

20 世纪 80—90 年代，语义研究的潮流奔腾向前，势不可挡。随着机

---

① 维也纳学派，主要代表人物有 Schlick（石里克）、Carnap（卡纳普）、Ayer（艾耶尔）等。

器翻译、人机对话、通信技术自动化、符号学、信息论、认知科学等技术和学科的迅猛发展，语义已成为许多学科研究的中心课题，从而大大促进了语义学的迅猛发展，真可谓，诸路大军多管齐下，共创当今语义研究的辉煌。这不仅使得语义学成为与音系学、句法学相平行的重要分支，而且使之立于语言学研究之首，出现了本章开篇所说的情形。当今学者们还普遍认为，语义学的发展也必将为其他学科的前进开辟更为广阔的道路，正如 Ryle（赖尔）所说：

沉醉于意义理论成了当今英、美、奥哲学家的一种特殊职业病。（转引自伍铁平，1994：14）

难怪人们要将语义学称为“灰姑娘（Cinderella）”。

语义学作为一门学科可笼统地被定义为研究意义的科学，因此从理论上来说，语义学主要应围绕“语言的意义”本身进行系统的论述和研究，探求语义方面的理论与规律。西方学者从古希腊时代起论述语义时就不仅注意解释词语意义，而且主要是沿着“意义本体化”的沟辙行进的，注重意义本身的系统理论描述。

目前，哲学家、逻辑学家、心理学家、人类学家和语言学家对“意义”做出过十几种解释，如将语义与所指称世界中的对象联系起来（如指称论或命名说），与人们头脑中产生的意念联系起来（意念论或概念论），与命题的真值联系起来（真值对应论、真值条件论等），与语言的用法或语句功能联系起来（用法论、功用论），与实际言语交际时所处的社会情景联系起来（语境论），与听话人听到话语时所产生的反应联系起来（反应论），与言语行为及其所引起的效果联系起来（言语行为论），与语言系统内部的关系（横、纵）联系起来（关系论），与讲话人的意向或所欲达到的目的联系起来（意向论），与人们互动体验、范畴化等认知过程联系起来（认知论）。另外还有诸如成分论、替代论、现象学语义观、存在主义语义观、解释学语义观、多元论等。细细列来，让人感到眼花缭乱。这些意义观各有见解，都反映了意义的某一个或某些特点，但这些观点各有不足，互有补充，在不断地相互启发、批判继承的过程中加深了我们对语义理论的认识。

西方学者还根据不同学派的理论和观点提出了研究语义的多种方法，如用结构主义的方法来分析语义成分，用数理逻辑法来建构描写语义公式，基于上一思路尝试构造人工的语言，从现代哲学的角度来论述语言意义，从共时角度或历时角度来研究语义，认为语言表达不清楚的模糊语义学，基于体验和认知角度的认知语义学……这就形成了许多独到新鲜的观点，确立了众多的学派，互相补充，相得益彰，使得语义学具有了较为完整的理论性和系统性。他们在语义理论研究中所表现出的思辨能力确实令东方学者叹服不已，其中有许多方面是我们先辈所不及的。

但是，西方学者研究语义时都有一个共同的缺点，即未能吸收中国的语义观，究其原因不外乎以下三点：对中国古代哲学的无知，断然而采取回避的态度，时有瞧不起东方的想法。

我们认为，若在语义理论研究中不汲取、不借鉴中国古代哲学家、语言学家丰富而又深邃的语义观，总归是一大缺憾，这样的研究不足以成为世界范围内的语义理论！

第二节　中国训诂学

语义研究在我国经历了一个与西方不同的发展过程。由于受到历史、政治、文化、社会等因素的影响，特别是受到汉语本身特点的制约，我国古人一直是以语义研究为中心的，对词句意义的解释和研究在历代学者心目中一直占据着十分重要的位置，因此训诂学在我国历史悠久，著作丰富，方法众多，影响巨大。而研究语言结构形式的语法学长期以来都没有获得独立的地位，仅作为语义研究的附属品，直到 19 世纪末才正式有了汉语语法学。因此中国的语义研究也给世界语义学留下了丰富的遗产，正如陆宗达、王宁（1994：5）所说：

中国传统的“小学”是以研究意义为中心的。形和音（文字、音韵）都只是工具，意义是研究的出发点，又是研究的落脚点。……语言的意义实际上控制着语音形式和书写形式，其中蕴积着几千年民族文化的内涵，本身又有许多饶有趣味的发展规律，实在太值得深入研究了。……训诂学的核心是研究意义，而语言的意义是最直接、最密切地联系着全民族的思想和生活的。

赵振铎（2000：3—4）则认为：

音韵学大体上相当于语音学，训诂学有一部分内容和词汇学相当，但是侧重点不同。唯独西方的语法学，我国传统的语言学里没有和它相应的部门，这并不是说我国古代不研究语法，词在句子中的次序和虚词是汉语表示语法关系的两个重要方面，我国古代研究语法正是抓住这个特点，在虚词和句读方面下了不少功夫。它不像西方的语法学对语言的规则作全面的描写，而是着重于对难解的虚词和特殊的句法结构的分析。就这个意义看，它属于训诂学的范围。

中国学者对意义的研究主要反映在训诂学著作中。我国著名学者和文献对训诂学的定义、性质、优缺点做出了很多描述。

“训”者，顺也，意为词义解释；“诂”，通“故”和“古”，即本来之谓。因此“训诂”就是指，由于古今异言，要用通行的话来解释古代语言文字或方言字义。《辞海》对“训诂”所作的定义如下：

解释古书中词句的意义。

《现代汉语词典》对“训诂”所作的定义为：

对古书字句的解释。

何九盈（1998：73）指出：

训诂学的基本任务就是以今语解古语。

郭在贻（1986：1）指出：

训诂，即解释古代的语言。

洪诚（1984：4）认为：

训诂的任务是解释语言。训诂学是研究怎样正确地理解语言、解释语言，也就是讲清楚怎样注释的道理。

申小龙（1993：196）对训诂学的解释为：

释古今之异言，通方俗之殊语，道物之貌以告人。

这些论述基本勾勒出训诂学的主要内容和目的，正如苏新春（1992：475—476）所说：

训诂学是一门以诠释语言、解释语言为目的，具有强烈的功用性和实用性的工具之学。

黄侃（黄季刚）在《文字声韵训诂笔记》（参见陆宗达、王宁，1994：6）中指出：

诂者，故也，即本来之谓。训者，顺也，即引申之谓。训诂者，用语言解释语言之谓。若以此地之语释彼地之语，或以今时之语释昔时之语，虽属训诂之所有事，而非构成之原理。真正之训诂学，即以语言解释语言。初无时地之限域，且论其法式，明其义例，以求语言文字之系统与根源是也。

从上文这些论述可见，训诂学是一门解释语言（特别是古代语言）之学，是一门具有实用性的工具之学。

训诂学历史悠久，大约萌发于东周；春秋战国之后，书面训诂体式逐渐发展成熟；兴盛于两汉时期，出现了系统完整的注释书和训诂专书；魏晋南北朝至隋唐五代进入深入发展阶段；宋为变革时期；元明为衰落时期；清代为鼎盛时期，进入释难解纷与理论建设阶段；至清末，我国训诂学进入白话文注释以及学科体系建立阶段，此间章太炎、黄侃等人亦已发现这一语言理论上的断层现象，意图努力创立语义理论系统，但未得深入发展。

中华人民共和国成立后，有人认为古代训诂学作为经学的附庸，当时通称为“小学”，其研究离不开古代文献中的封建文化、政治等内容，而这些内容在极“左”思潮泛滥的年代被视为文化糟粕，因而主张取消训诂学的研究。而讨论西方语义理论又唯恐会沾上唯心主义的边，大多学者采取“敬而远之，避而不谈”的态度，因而出现了 20 世纪 50—70 年代训诂学研究的断裂。幸得改革开放之东风，中国学者重倡“百家争鸣”之风，重兴“学纳百论”之威，在语义研究上可谓“迎头赶上”。在汉语界，20 世纪 80 年代所出版的各种训诂专著就有近 30 种，还成立了训诂学会。此时，中国进入了一个语义研究大丰收的高潮时期，令西方学者大开眼界、刮目相看（详见以下各章）。

第三节　语义学与训诂学

我国学者在论述训诂学与语义学之间关系时，提出了很多观点，主要可分三种情况：大致相等，基本不等，部分等同。

我国有的学者认为中国的训诂学（不分时期）大致等同于西方的语义学，也有学者认为训诂学的某一阶段相当于语义学。例如：贾彦德（1999：2）将我国语文学时期的语义研究叫作训诂学，冯浩菲（1985：72）认为清末学者们所讲的训诂学实际上相当于语义学。

笔者通过细致比对和认真思考，认为中国的训诂学可视作一门综合性的学科，在各个时期所研究的内容和分析方法都有较大的差异，与西方语义学既有许多共同之处，也有很大出入，因此，笼统地说训诂学等于或不等于语义学，这本身并不很确当。

从上节的论述可见，训诂学强调实用性、工具性，出发点主要是为了注释古代经书，因此必然对于语义理论的论述不够，思考不深，研究不足，未能形成较为完整的理论体系。

许威汉（1988）认为：

> 传统训诂学收集编纂之功有余，归纳概括之力不足；虽长于分析，却拙于综合，研究方法不够科学，理论掩没于材料之中。

至于训诂学与其他学科的关系，陆宗达、王宁（1994：8）则认为：

训诂学实际上就是古汉语词义学。如果把它的研究对象范围扩大到各个时期的汉语，包括现代方言口语的词义，就产生汉语词义学。可见，训诂学就是历史语义学，也就是科学的汉语词义学的前身。

何九盈（1998：83）指出：

训诂学既不等于历史词汇学，也不等于历史语义学，也不能用注释学代替训诂学，它是一门独立的学科。训诂学要研究古代语言和文字的意义，也要研究古代的名物、典章、文化制度；要以释读古文献为主要任务，也要从理论探求词义的演变规律。

蒋绍愚（1989：26）也论述了训诂学与其他学科的关系：

（词汇学、语义学与训诂学）在研究的范围上还是各有侧重，三者的研究方法也不必完全划一。这三者完全可以成为相互交叉的、关系密切的，然而又是各自独立的学科，三者在它们的发展中互相促进，相辅相成。训诂学，它的重点在于具体词义的考释。……语义学的研究以词义为重点而又不限于词义，它研究的对象也不仅仅是汉语，而是要通过研究人类各种语言探求语义方面的理论和规律。

张世禄（1988）明确指出：

中国训诂学的性质，与其说它是字义学，不如说它是解释学。中国训诂学并非纯粹的字义理论，而是大部分偏于实用的研究，是读书识字或辨认词语的一种工具之学，它与 semantics 是异质的。

可见，中国的训诂学主要是以解释古代书面语言的语义为主的，也就是说，它是一门“以语言解释语言”的学问。训诂学包括解释词语、疏通文义、讲解语法、论述训诂体式、说明修辞现象等，但以语义解释为主。纵观中国上下 2000 多年训诂研究的历史，这其中包含了绝大部分语文学的内容，乃至部分语言学的内容，如文字学、音韵学、语法学、语义学、修辞学、校勘学、语源学、字典编纂学，甚至还有学者连汉外、外汉翻译，中外文辞典也都囊括在训诂学的研究范围之内（参见冯浩菲，1995：76）。

把语言文字工具书、中外辞典和跨语言翻译也囊括在训诂学之中，就把对字词的解释和定义，把跨语言翻译也当作了训诂。有学者担心，如此划分会使训诂学范围太大，不利于该学科的发展（刘坚，1998：60）。但从另一方面来说，训诂学不仅仅局限于词义方面的解释和研究，还包括许多其他内容，确实是一门具有综合性质和实用性质的注释学。

说训诂学具有综合性，是因为它所研究的内容十分广泛。纵观其整个历史，其所含的范围比起一般所说的词义研究和语义研究要大得多，除此之外，还包括对语言学其他方面的研究，几乎等同于中国语文学（狭义），乃至部分语言学的概念。

说训诂学具有实用性，是因为其在语义研究方面主要释读古文献，侧重诠释词语、解释语言，对各种注释方法、词义变化研究得较为详尽，为治理经学铺平了道路。可见，训诂学中关于释义和语义的研究，比起西方对语义的研究，历史要悠久得多，内容要广泛得多，史料要翔实得多，著作要丰富得多，这是不可否认的事实（王寅，2001：101），但这些论述大多散落在各类文章之中，因此未能形成一个理论体系。正如孙雍长

（1997：410）所说：

> 如同散钱未串，未能提升到一定的学术理论，未能形成学科系统性罢了。

这样就使得本应成为中国古代系统语义理论的训诂学，未能成为一门研究语义的系统的学科，令人大有“语义系统理论”与我擦肩而过的感觉，从而出现了中国古代学术史上一个十分令人惋惜的断层。

由于中西方对语义研究存有不同的出发点和认识，它们必然就经历了不同的方向，带有了不同的目的，运用了不同的方法，产生了不同的体例，包含了不同的内容，各自持有不同的侧重点。再加之中西文字的差异、语言结构的不同，又受社会、历史、心理等因素的影响，我国传统的训诂学与西方的语义学必然会出现一系列的偏差，各有侧重在所难免，就形成了笔者所说的“两股道上跑的车”的现象，这也是在情理之中的，不足为怪！这或许就是中国训诂学与西方语义学之间的主要异同之处。

训诂学与语义学虽有诸多差异，但也互有交叉、关系密切，可谓各有千秋。因此，笔者认为，我们外语界的学者在研究语义学时，必须避免只谈西方语义理论，而忘却宝贵的、丰富的中国语义学说。丢弃我国古代文史宝库中关于意义研究中有价值的遗产，将会是我们语义研究中的一个损失，一个重大的损失。

第二章　中国学者对意义本体的研究

西方的哲学家、逻辑学家、心理学家、社会学家、语言学家对意义本体提出了很多重要的观点，大多能在他们对“意义的定义”论述中反映出来，从而形成了各种语义理论。所有这些定义形成了一个历史的沉淀，既反映了人类的认知过程，也反映了不同的世界观和方法论。其实，对于语义的认识过程的研究，本身就对研究人类的思想史、认识史具有重要的意义。

综观西方的语义学理论，在研究语义学时总是先要给“意义”下一个定义。这一问题貌似简单，而想要对其加以确切表述，让各路学者都能接受，实在让人感到棘手，因为，对“意义”加以界定往往要涉及意义的本质，或意义的研究方法，也常常预示着一种语义理论。难怪有学者认为“意义的定义”似乎只有等把语义理论解释清楚之后，才能有较为确切的答案。

我们反复强调，语义理论研究绝不是西方学者的专利，在上述提及的有关意义的许多定义中，很多内容或类似的思想早已为我国古代学者所述，本章拟以西方学者对“意义的定义”为基本线索简略介绍中国学者的意义本体观。[①] 第一节为传统的意义本体观，包括指称论、观念论、证实论、功用论、语境论和行为论；第二节为意义的认知观。

第一节　传统的意义本体观

一、指称论

从 Plato（柏拉图，前 427—前 347）、Aristotle（亚里士多德，前 384—前 322）和 Augustinus（奥古斯丁，354—430）到 J. S. Mill（密尔，1806—1873）、Wittgenstein（维特根斯坦，1889—1951。这里指其前期的理论）和 Russell（罗素，1872—1970）都认为语言与现实之间有着直接关系，即语言形式与其所代表的事物之间存在着一种直接的指称关系。名称和对象之间存在着对应关系，句子指称情景和事件，这是一种语言事物与非语言事物之间的关系。这样，指称论就把词语的意义视为它所指称的对象，或表述成意义就是词语与所指事物之间的关系，我们可把这一基本观点表示为图 2.1。

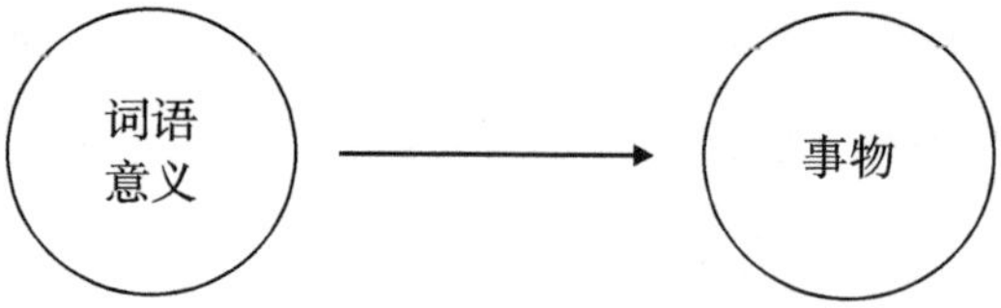

图 2.1　指称论示意图

罗素是指称论集大成者，提出了著名的“意义即指称”的理论，他在

① 这里的论述未必全面，还有待进一步挖掘，希望更多学者对此加以关注。

1903 年的《数学原理》中说过，一个词的意义就是一个对象，即一个词意指着某客体，也就是代表着一个客体。他在 1905 年《论指称》一文中将指示词语分为两类：专名和摹状词。专名指名称直接指一个对象，该对象就是它的意义，它凭自身而有这种意义，与其他词语的意义无关，若一个名称没有所指，它在命题中就没有意义。摹状词的意义则由所组成的语词的意义而定。

由于词语所指称的事物（Referent）通常是一个同类事物的集，构成了该词语的外延，因此指称论又被称为“外延论（Denotational Theory）”。

我国古代学者早就认为语言符号能使人“指实”“识物”“指事”，墨子在《经说上》中说：

所以谓，名也；所谓，实也。

“谓”可解释为“称呼”“叫作”。这句话的意思就是，用来作为称呼的就是“名”，所称呼的事物就叫作“实”。这里就说出了语言符号可用来指称事物的指称论观点。又如公孙龙在《名实论》中说：

夫名，实谓也。

这句话意思是说，名称，是对客观事物的一种称谓（参见第五章第二节）。

《庄子·逍遥游》中说：

名者，实之宾也。

这句话意思是说，名称是依附现实的，实是主，名是宾，这里就包含了先实后名、名以指实的观点。

《荀子·正名》云：

（1）制名以指实。

（2）名足以指实。

（3）故王者之制名，名定而实辨。

汉语中的“指”本义为“手指”，自然就可用以表示用手指指物的动词：指给人看、指示、指点、标指，进而可引申为“称谓”；“指”从表示动作的过程还可用来表示过程的终点，即被指事体这一“所指对象”。

“名”的本义起于“标明”，在这里是指语言单位，古谓“名”，也谓“字”；“实”是一切客观存在的事物，还可能包括社会现象（详见第四章）。“名”是用来明“实”的，语言中的词是客观事物的信号和标志，是标明各客观事物使之可以相别于他物的东西。因此古人所说的“指实”“识物”“指事”“明实”就类似于西方的“指称”。

另外，在古汉语中“名”和“鸣”也是相通的，例如《春秋繁露·深察名号》说：

古之圣人。……謞而效天地谓之号，鸣而施命谓之名。名之为言，鸣与命也。

这里的“鸣而施命”意思是，人的语言如同鸟的鸣声一样，都是用声音加给事物一个名字。“号”就是“呼”“招呼”，用声音招呼作为事物的标志就是名号。可见，古人十分清楚地阐明了语言的声音具有“指物”的功能。

二、观念论

在西方真正开始批判指称论的是19世纪末的Frege（弗莱格，1848—1925），他于1892年发表了著名论文*On Sense and Reference*（《论系统意义和外指意义》）。他从一物可有几个名称（如the Morning Star，the Evening Star），以及有意义的词语不一定都有指称（如if，not，and）等开始论述，区分了系统意义和外指意义。关于意义的研究由指称论中的一项Referent，便分成了两项内容——Sense和Reference。这样，词语和事物之间就不直接相连，而有Sense这一中介相隔和相连。1923年，Ogden（奥格登）和Richards（理查斯）在他们的著作*The Meaning of Meaning*（《论意义的意义》）中明确将这一观点用“Triangle of Signification”或叫“Semantic Triangle（语义三角）”来表示，见图2.2。

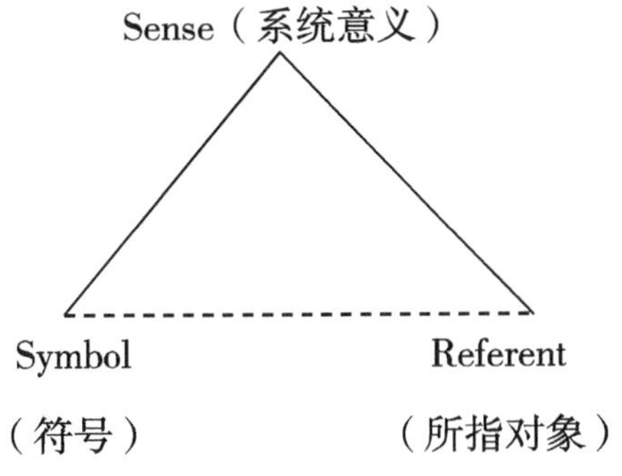

图2.2　语义三角图

现代语言学之父Saussure（索绪尔）于1916年提出了他著名的符号观：一个符号或一个词项是音响形象和概念的结合体（association between a sound image and a concept），见图2.3。

图 2.3　索绪尔符号观

这两者就构成了语言平面之内的一个词项。将索绪尔的这一观点与语义三角结合起来，语义三角图也可改画为图 2.4。

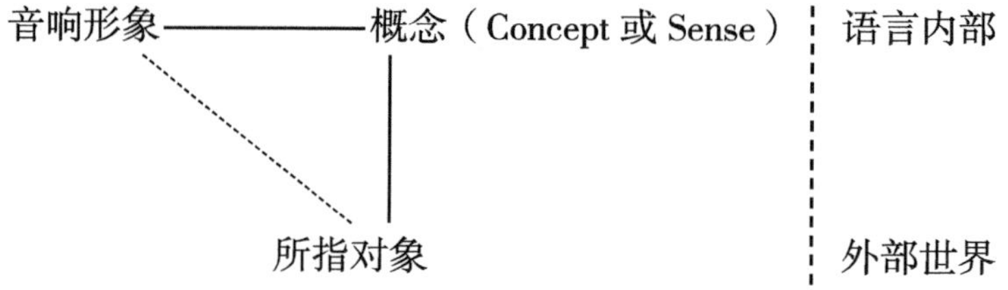

图 2.4　基于索氏的语义三角图

音响形象与概念结合起来用以指称外部世界的事物，此时就不仅仅停留在语言内部，而与外部世界发生了关系。音响形象不应仅停留在语言内部，在外部世界中也应当有实际发音。这一图形也显得不很稳定，似乎有所欠缺。丹麦语言学家 Hjelmslev（叶尔姆斯列夫）为此图添加了“一条腿”，将上图改画成图 2.5。

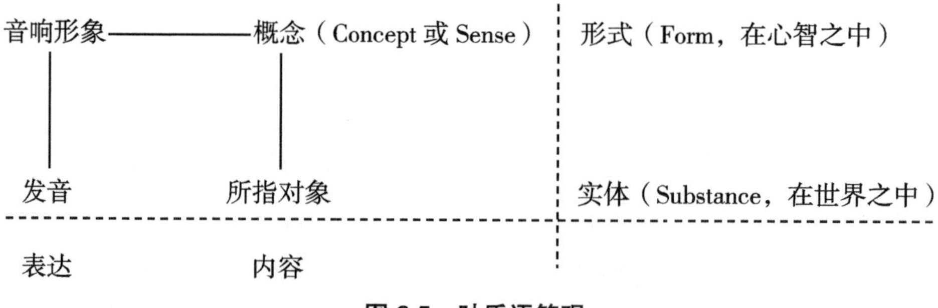

图 2.5　叶氏语符观

其实，观念论的有关想法早已为我国古人所述及。老子、庄子、墨子等早在 2000 多年以前就认识到同一概念可用不同的词表示（同实异名），同一个词（主要指语音形式一样）也可以表示不同的概念（同名异实）。

《老子》一书中常说的“异名同谓”就是指“同实异名”，例如书中将“道”既称为“常无”，又称为“常有”。“万物之始”和“万物之母”都是用来解释“道”的不同方面的，也可视为这一现象。

庄子在《知北游》中也述及了“同实异名”的现象：

周、遍、咸三者，异名同实，其指一也。

墨家的名学思想是基于“审其名实，慎其所谓”和“取实予名”的，强调应当“察实”“分物”“别非兼是”之后“以名谓实”，而后还应经过“分名”加于相应的“实”之上，以达到“以实为基准获得名，以名认识和分辨实”的效果。墨子在论述这一过程时，也涉及同实异名和同名异实的问题。他在《天志上》和《天志中》中论述了“兼”与“美”、“别”与“恶”虽是“异名”，但其所对应的却是“同实”，前两者都指圣王所为之实，后两者都指暴王所为之实。《墨辩》中还列举了“狗”和“犬”这两个词，它们是同指一物的。

墨子在《尚同上》和《尚同中》也述及同名异实，如同是“五刑”，因时间不同而有不同的所指：古代圣王的五刑指墨、劓、剕、宫、大辟，苗氏所说的五刑指刖、劓、刵、椓、黥。

古代圣王的五刑不是五杀之刑，其效果是“治其民”和“治天下”；而苗氏的五刑是五杀之刑，其效果是“乱天下”。墨子在《节葬下》中还论述过同为一个“孝子”，却可能会有不同的含义，即有不同的“实”。

在我国古代训诂学著述中对“同物异名”作注释者甚多。例如：《尔雅·释宫》："路、场、猷、行，道也。"[①]《广雅》："浒、滨、涯、浦，皆水畔之地，同物而异名也。"[②]

训诂学中还有很多对"异物同名"作注的现象，往往揭示其构词理据或方法来予以疏通。例如"蘧麦"与"陵苕"是两种不同的事物，但因为它们的花的颜色相似而都叫作"紫葳"。又如"芑"既可用以指一种菜，又可用以指一种禾。（参见冯浩非，1995：310）

特别值得注意的是，《墨子·经说上》中常被引述的一句名言就已经蕴涵了语义三角的思想：

> 所以谓，名也；所谓，实也；名实耦，合也。

通过仔细解读我们不难发现，"名"就相当于上文奥格登和理查斯语义三角中的"Symbol（符号）"，"实"就相当于"Referent（所指对象）"，将这两者连接起来的中间环节就是"谓"。这里的"谓"是指人们通过语言来实现"以名举实"或"以名拟实"的中间过程，是人们心智中的认知活动，它是沟通名与实的桥梁。而且墨子还主张"名"与"实"在"谓"的过程中应当"耦"和"合"。如此说来，奥格登和理查斯的语义三角就与墨子

---

① 《尔雅》收集了周代传下来的标准语，既可用来解读上古经典，又把各地方言统一起来，从而可避免词语称谓的混乱，是汇编型和累积型名词释义的汇总。其语言材料涉及殷商时期，是研究语言变化的标本，原有 20 篇，现存 19 篇。

② 《广雅》是中国最早的一部百科词典，是仿《尔雅》体裁编纂的一部训诂学汇编，相当于《尔雅》的续篇，共分 19 类，收 18150 个字。各篇所用的名称、顺序、说解等方式以及体例都与《尔雅》相同，有些条目的编排顺序也与之相同。《广雅》成书于三国魏明帝太和年间（227—233），集百家之训诂，采八方之殊语，详录品核，以著于篇。

的这一思想十分接近了。

唐代的孔颖达（574—648）在《周易正义·二》中也述及了指称论的致命缺陷，他认为：

先儒所云，此等象辞，或有实象，或有假象。实象者，若地上有水，比也；地中生木，升也；皆非虚，故言实也。假象者，若天在山中，风自火出，如此之类，实无此象，假而为义，故谓之假也。虽有实象、假象，皆以义示人，总谓之象也。

他认为，符号不论真假，都有自己所凝结和传达的意义。假象（虚假的符号）虽然没有自己实在的指称对象，却有意义，这比欧洲学者对指称论的批判要早1200多年。

宋代的程颐（1033—1107）将卦的义理视为意义。[①] 这是一种无形的、内在的精神性存在，它具有“无形的”“内在的”性质，这里所说的“义理”不就大致相当于“意念”吗？

清朝乾嘉年间（1736—1820）的训诂学家王念孙提出了在“名”“实”之间还存在一个重要层次——义，即“命名之义”，与“实”（所指）相区别。孙雍长（1997：129）将之称为“立意”，曲折地反映着语言学者在心理上对被命名物（实）某一特点的原始理解。这里的“义”（立意）也大致相当于欧洲学者Frege的系统意义（Sense），但Frege于1892年才提出系统意义与外指意义之间的区分，王念孙比他早了近百年。

这样，研究语义时就要涉及“名、义、实”三个要素，这三个要素就

① 他的“义理”所包含的内容十分丰富，在这里仅用其来解释意义。

相当于奥格登和理查斯提出的语义三角理论中的三个要素：符号、系统意义、所指对象。其实，关于“立意”这一思想，我国早就有人述及，如东汉刘熙《释名》中就指出：

名之于实，各有义类，百姓日称而不知其所以之意。[①]

这里的“所以之意”，指的就是“立意”。

按照孙雍长（1997：131）的观点，我国自训诂学兴起时，就采用了“声训”的手法，其法在两汉时代得到了广泛应用。“声训”，究其实质而言，便是从语音角度对词语“立意”的探求。如此说来，我国古代学者在其论述中所包含的观念论思想，要比 Frege 关于“在符号和所指之间还存在意念这一层次”的观点早了约 2000 年。

三、证实论

欧洲最早提出实证主义的当属法国哲学家兼社会学家 Comte（孔德，1798—1857），他认为一个命题是否有意义，是否能够成立，是否能够成为一个科学命题，就在于其能否被经验所证实。若能得到经验的证实，这个命题才有意义。如果一个命题找不到证实自身的方法，就没有经验内容，那它也就没有意义了。简言之，一个命题如得到证实就具有意义，如得不到证实就没有意义。

约 100 年之后盛行于欧洲的维也纳学派对实证主义进行了深入的思考，

① “类”与“律”声近义同，“义类”则指命名取义的规律、法则，是“名”与“实”的结合规律。

接受和继承了其基本原理，同时也对其做出了一定的修正。Carnap（卡纳普）和 Ayer（艾耶尔）认为，把确实的可证性作为判断命题是否有意义的标准太高了。他们在此基础上提出了逻辑实证主义（Logical Positivism）的思想。他们认为只要一个语句在逻辑上有可能通过归纳的方法得到验证，这个语句也是有意义的。

我国古代学者虽然没有明确提出什么“证实原则（Principle of Verification）”，也没有阐述什么“逻辑实证主义”理论，但在他们的著作中也少量涉及这些思想。例如，尹文子在《大道上》中指出：

名以检形，形以定名，名以定事，事以检名。

这句话意思是说，名是用来检验物形的，事物的形状又决定了名；名用来规约事，事又用它来检验名。名称应当以客观事实为依据，而且应当受到事实的验证，何来的任意性呢？他进而阐述了他的形名相应的核心观点：

今万物俱存，不以名正之，则乱；万名俱列，不以形应之，则乖。故形名者不可不正也。

韩非子（约前 280—前 233）早在 2000 多年之前也提出了类似于实证观的想法，他认为：

循名实而定是非，因参验而审言辞。（《韩非子·奸劫弑臣》）

这句话的意思为，判断是非要遵循名实相符的原则，“名”应当反映

“实”。名与实相符合就是对的，否则就是错的。判断一种言论是否正确，则要依靠“参验”（又叫“参伍”），即用概念与事实相符合来判断认识的是非，根据实际功效检验言论是否正确。经过“参验”来证明名实相符，则可：

名实相持而成，形影相应而立。（《韩非子·功名》）

名实若不符，就会导致名实乖乱、名不称实、名实不称，乃至会是非不分、赏罚混乱，其后果可能会导致国家的灭亡。

他还认为不仅要考察行事的效果，还要考察行事的过程，这就是他在《定法》中所说的：

循名而责实。

韩非子还指出：

其言大而功小者则罚，非罚小功也，罚功不当名也；群臣其言小而功大者亦罚，非不说（悦）于大功也，以为不当名也。（《韩非子·二柄》）

这句话意思是说，言语必须符合事实，做臣子的，话说过了头，所言大于所为，要罚，不是因为功劳小要罚，而是因为功劳与言说不相符合。反之也要罚。

可见，韩非子不仅持唯实论的观点，而且提出了“证实论”的思想。至今在汉语中还有“名实相副”“名副其实”“名不副实”等说法，这些都与这一思想有关。这种观点在西方到了 19 世纪才形成。

四、功用论

西方有很多学者，如 Peirce（皮尔士，1839—1914）和 James（詹姆斯，1842—1910）都论述过意义的功用观，但集大成者常被视为维特根斯坦。他（1996：31）有一句引用率很高的名言：

The meaning of a word is its use in the language.（一个词的意义就是它在语言中的使用）

这一思想成为英美分析哲学中日常语言学派的基本出发点，剑桥学派的 Wisdom（威斯顿，1904—1993）、Moore（摩尔，1873—1958）和牛津学派的 Austin（奥斯汀，1911—1960）等人建立了言语行为理论，成为西方哲学和语用学中的一项主要内容。

关于语言的功能问题，我国古代学者也早有具体的论述，如庄子（前369—前 286）在《外物篇》中说：

筌者所以在鱼，得鱼而忘筌。蹄者所以在兔，得兔而忘蹄。言者所以在意，得意而忘言。

这段话的意思为，“筌”是用来捕“鱼”的，捕到了“鱼”便忘了“筌”；“蹄”是用来逮“兔”的，逮到“兔”后便忘了“蹄”。他用此来比喻语言表达及其所表达的思想，言语（可比作“筌”和“蹄”）是用来表达心意（可比作“鱼”和“兔”）的，领会了心意之后便可忘了言语。这就突出了语言具有“筌”和“蹄”的工具性功能。

从庄子的这段论述可见，言语符号与其所表达的意义是可以分离的，人们在理解了言语所表达的意义之后，就会在记忆中丢掉言语中所用的具体词语，只保留其大意。也就是说，人们保留在大脑记忆中的是言语所传递的意义，而不是言语的形式，这里实际上也就涉及语言的功能问题。

我国古代哲人对于语言功用论的有关观点，在古代哲学史上著名的“名实之争”“言意之辨”之中亦有较多的反映，这场争辩也关涉语言符号能否“指实”，是否“尽意”的功用问题。

在“名实之争”中，老子（约前 571—前 471）和庄子都持“无名说”（详见第五章第二节），认为“道”是不能用语言来表达的，因而极力贬低语言的作用。老子的主要观点是：

圣人处无为之事，行无言之教。（《道德经》）

这一观点与其“一切顺乎自然”的说教是相吻合的。

庄子一方面认为语言符号本身能够传递和表达意义，就像“筌”和“蹄”是能逮到猎物的一样，但是他同时也认为词语不能完全代表事物，言语还可能成为遮蔽意义的东西，“道”才是一切事物的根本，用言语不可能将其表达清楚。这里不难看出他对语言的基本观点：言语能传情达意，但也有局限性，是不完善的（参见本章第二节）。

“言意之辨”中的“言”是指言辞、名词、概念、论说、著述等，“意”是指思想、义理、宗旨等。就言意两者的关系大致有两种观点：言能尽意，言不尽意。

西晋的欧阳建、唐代的孔颖达持“言能尽意”的观点。而老子、三国时的王弼持“言不尽意”的观点，他们认为“言”在表达“意”时，要么是无用的，要么是歪曲了的（李恕豪，2003：23）。庄子似乎介于这两种观点之间。

五、语境论

Frege、Strawson（斯特劳森，1919—2006）、维特根斯坦、Quine（奎因，1908—2000）等都提到过要从语言使用的具体环境来研究语言的意义。Firth（弗斯，1890—1960）、Halliday（韩礼德，1925—2018）等则更是强调了这种观点，极力主张应从社会的交际功能和语言的使用情景角度来考察语言的功能和意义，认为语言具有情景意义和形式意义，并认为语言的意义只能在具体的语境中加以确定。

我国古代学者荀子（前325—前238[①]）在《正名篇》中指出：

名闻而实喻，名之用也。累而成文，名之丽也。用丽俱得，谓之知名。

这段话的意思是，一听到词语（或名称），就能了解事物，这是词语的使用。积累词语而形成文章，这是词语的组合。词语的使用和组合得当，就叫作懂得词语了。这一段话包含了语义学中三个重要的思想：意义与用法的关系，意义与组合的关系，用法要得当。

荀子实际上就基本把词语的意义和用法等同了起来，已经包含了维特

① 我们在阅读时发现荀子的出生年代有多种注法，如前335、或前325、或前313、或前307、或前298—前238（参见附录三说明），本书将其收录在此，供学者们研究时参考，更盼望有朝一日能有一个固定和准确的说法。

根斯坦（1996：31）到1953年在*Philosophical Investigations*（《哲学研究》）才提出的“Meaning-in-use（意义用法论）”的思想。词语作为符号，以自己特有的形式代表着不同的事物和意义，若能理解词语的意义，也就懂得了其用法，或者说，若能掌握词语的用法，也就能理解其意义，两者彼此相依。

荀子在这一基础上还进一步阐述了组词成句的思想，将词语组合和积累起来，就可表达一个完全的思想，也就是荀子所说的：

兼异实之名以论一意也。

这句话的意思是，言语，就是连缀不同事物的名称来表达一个意思。

荀子进而指出，在组词成句的过程中还应当遵循“组合得当”的原则，才能将一串词语“累而成文”，表达一个确当的思想。只有将孤立的词语置于句子系统中才能有具体的意义，使得这串词语成为明确的和可读的。这里实际上说的是语义学中一个十分重要的命题——语义与搭配的问题。词语只有搭配合适才能“累而成文”“用丽俱得”，这才是语言之用的奥妙。

荀子还说：

干、越、夷、貉之子，生而同声，长而异俗，教使之然也。

这句话意思是说，出生在不同地方的孩子，先天的发音能力是差不多的，但由于后天教授的不同而掌握了不同的语言。这里就强调了后天环境对于语言学习的重要性。荀子提出的这个命题至今在许多学科中仍具有重要意义，不同学派的学者们就语言是先天就有的还是后天习得的，依旧在争论不休。荀子在2200多年前就考虑过这个问题，而且他的回答是基本正确的，他认为这其中既有一定的先天成分，但主要是后天习得的，而且后天的环境对于语言习得起着十分重要的影响。这似乎就是当今认知语言学家的先声。

作为训诂学中的根本法则——义训，就更强调了解释词义时要据文证义，也就是根据上下文来解释词义，这就反映了当今所说的“语境论”语义观。

我国古代训诂学家历来倡导训释词义时需遵循“随文释义”“因文诂义”“缘事生训”“随事为文”“互文见义”的原则，强调“属文有义，当于上下文求之”。这也是对“语境论”的最好解释。

晋代的郭璞（276—324）在《方言》（卷一）中提出了“随文为义”的思想。唐代孔颖达在《五经正义》中提出了“文势”（或“义势”）这一概念，强调对词语训释时，要“各随文势”。这里的“文”主要指书面语言的上下文，“势”是指态势、情景等。南宋朱熹（1130—1200）则明确指出：

> 解经不可便乱说，当观前后字义。（《朱子语类》卷五十九、卷十一）。

有时对词义的解释不仅仅取决于词句的上下文，还需到语言外的社会文化背景中来寻求确当的解释。苏新春（1995：239—240）举例说道：

> 《汉书·李广苏建传》中的“卫律惊，自抱持武，驰召医。凿地为坎，

置煴火，覆武其上，蹈其背以出血”中的“蹈”字作何义释？杨树达云：“心疑背不可蹈，况在武受伤时耶！而师古及《补注》并无说，余因读蹈为训轻叩之掏，文乃可通。”郭在贻云：“依鄙见，蹈似当为掏……意谓用手指掐捏其背以使淤血畅通，殆即今俗之所谓刮痧也。”徐复云：“应当是‘焰背’形近的误文。……此文正好是‘以火微熏其背以出凝血’的意思。”三位大家，所训相同，所见各异，原因何在？盖杨氏用的是逻辑推理法，郭氏用的是文字假借法，徐氏用的是文化习俗解释法。徐氏释义立足于文化背景，得出的结论自然分外妥帖，连郭氏读后亦“颇有冰释理顺之感”。

当书不尽言，言不尽意时，可以立象以尽其意。孙雍长（1997：394）认为：

以语言学而言，比喻之类的修辞手法便是一种“立象”；孟子说‘征于色，发于声，而后喻’，这就是说，以神色表情配合言语，便可以使别人明白其意，这也是一种“立象”。借助于言语结构本身，借助于修辞手法，借助于态势语，借助于各种语境因素，便足以使言尽其意。

这里也包含了“语境论”的思想。

其实，还有更早的学者阐述过“语境论”语义观。如孟子早就认识到语言学习要受到社会环境的影响，他在《滕文公章句下》中说：

孟子谓戴不胜曰：“……欲其子之齐语也，则使齐人傅诸？使楚人傅诸？”曰：“使齐人傅之。”

孟子对戴不胜说："……想使他（楚国大夫）的儿子学会讲齐国话，那么是使齐人教他呢，还是使楚人教他呢？"戴不胜说："使齐人教他。"接着孟子说道：一个齐国人教他，许多个楚国人（在旁边）吵吵嚷嚷干扰他，那就算天天鞭打他，要他学会讲齐国话，也是办不到的；要是把他领去齐国住上几年，那么你就是天天鞭打他，逼他讲楚国话，也是办不到的。

《吕氏春秋·善学》（成书于公元前3世纪）也阐述了同样的道理：戎族人生在戎地，长在戎地，不知道怎么就会说戎语的；楚国人生在楚地，长在楚地，也不知道怎么就会讲楚语的。如果使楚国人在戎地长大，戎族人在楚国长大，那么楚国人就说戎语，戎族人就说楚语了。

六、行为论

行为论者与观念论者不同，认为语言行为就是一种对某种可观察得到的、能被证实的刺激所做出的反应，力求用在实际生活环境中可观察到的行为来说明词语的意义，强调从"语言可产生的效果，对听者所产生的影响、能引起的反应"这个角度来研究语义。Austin（奥斯汀）和Searle（塞尔）所倡导的言语行为理论，对语义的理解也可划归行为论之中，他们认为说话本身就是在实施某种言语行为，人们借助于语言表达就可以完成各种各样的行为，话语（Utterance）的意义就等于说话者言语行为的意义。

意义的行为观在我国古代学者的论著中也有所反映，如《周易·系辞上》有一段话与此有关：

子曰："书不尽言，言不尽意。"然则圣人之意其不可见乎？子曰："圣人立象以尽意，设卦以尽情伪，系辞焉以尽其言，变而通之以尽利，鼓之舞之以尽神。”

孔子说：“书面文字不能完全表达作者想要讲的话，言语不能完全表达人们的思想。”那么圣人的思想就不能被完全了解了吗？孔子说：“圣人树立象（或译为‘创设象征’）以完全表达他的思想，设置卦以完全区别真假，又在卦下撰系文辞使得语言表达详尽。变化而通畅得以完全获益，鼓动和激励人们以达到最高的神妙。”

唐代孔颖达在《周易正义·十二》中对其加以解释道：

圣人立象以尽其意，系辞则尽其言，可以说化百姓之心，百姓之心自然乐顺，若鼓舞然，而天下从之，非尽神，其孰能与于此？故曰鼓之舞之以尽神也。

孔颖达对语言所产生的行为效果做出了十分精彩的论述，认为人们在动作行为上的反应是符号意义的一种外化表现，可对符号意义做出直接的解释，这种观点与当代所论述的语义行为论是十分相近的。

另外，在训诂学中对“言外之意”这一语言现象也有充分的论述，这也是当今言语行为理论所讨论的一项重要内容。诗词为达到意境深远的效果，往往十分讲究含蓄的表达手法，如旧诗在描述“喜”字时，可避而不提该字，而说成“久旱逢甘雨，他乡见故知。洞房花烛夜，金榜题名时”。《诗经》中的“兴”，一般也是“言在于此，意在于彼”。

宋代程颐（《遗书》二十五）指出：

事理一致，微显一源。

"事"指人的行为，"理"指意义，"微"也指意义，"显"意为符号。他将意义与符号之间的关系看成理和事，即意义和人的行为之间的关系。这又是一种行为论的表述方法。若按此计算，他们的观点比西方学者早了近1000年。

据载，我国明末有名的说书家柳敬亭，书说得真切无比，感人肺腑。清朝黄宗羲说道：

每发一声，使人闻之，或如刀剑铁骑，飒然浮空，或如风号雨泣，鸟悲兽骇，亡国之恨顿生，檀板之声无色。（《柳敬亭传》）

这句话的意思是，（柳敬亭）每讲一词一语，让人听起来，有的像刀枪剑戟碰撞，带甲骑兵突然冲出，飒飒作声，腾空而起；有的像狂风怒号，苦雨泣诉；有的像鸟鹊悲鸣，群兽惊骇，使人立即产生亡国之恨，令那些用檀板击节唱曲子的黯然失色。一个说书者的言语竟然能说得别人立即产生亡国之恨，可见言语所产生的影响和效果，这似乎便是言语行为理论的最好注解。

第二节　意义的认知观

人们一直为语言的起源问题所困扰，它究竟始于何处？来自何方？历史上有许多学者对其做出了种种假设和猜想。基于体验哲学的认知语言学的回答是：它既不是天上掉下来的，这就批判了上帝创造语言的观点；也不是人的头脑里固有的，这就批判了语言天赋论。语言是人们通过感觉器官在对客观世界不断体验的基础上经认知加工逐步形成的，是主客观互动的结果。认知语言学一方面认为人类的认知和语言具有体验性，另一方面也强调主客观互动，认知和语言具有一定的主观性，这就是认知语言学对语言本质的基本看法。

不仅语言如此，就连人类的范畴、概念、推理、心智、意义等都是基于体验形成的，其最基本形式主要依赖于对身体部位、空间关系、力量运动等的感知而逐步形成。因此，在讨论语言和意义时必须考虑到现实世界和人的认知因素，在现实与语义之间存在“认知”这一中介，可表示为“现实—认知—语言”。

因此，语言和语义都遵循着这一进展程序，语言表达在很多情况下是有理可据的，像似于现实中的状况和人们的认知机制，认知语言学就是要解释语言符号背后的像似性认知机制。

关于“现实”“认知”“语言”之间的关系，也是语义认知观的基础，我国古代哲人对其也早有论述。

最古老的中国文化典籍《周易》，虽然始源于占筮算卦，具有迷信成分，但也体现出大量深邃而又奇特的哲学思想，其中也论述到了语义的体验认知观，值得我们认真探索（参见第三章）。

本节主要介绍我国古代具有代表性的学者——墨子、庄子、公孙龙、荀子、韩非子、刘勰、王夫之、程瑶田、段玉裁、王念孙的论述。

一、墨子

墨子[①]为墨家代表人物，他在深刻批判儒家“正名以正政”的过程中，提出“审其名实，慎其所谓”“取实予名”的观点，主张应当在“察实”和“分物”的基础上立名，提倡“察名实之理”“名因情得”的原则（参见第五章第二节），创建了独树一帜的名家学说。

值得称道的是，他还进一步论述了“察实”和“分物”的基本途径：

惟以五路知。（《经说下》）

这就是人们常说的“五路”，即五种感觉官能：视、闻、嗅、味、触。他指出，目能视物，耳能听音，鼻能嗅出气味，口能品出食物的味道，皮肤能感知外界环境等，人们的认识就是来源于这五种官能，此为“亲智”，即亲知，直接感知。与其相对的是“说智”，即通过耳朵能听到别人言说所传递的信息。这实际上就是我们今天所讨论的“直接经验”和“间接经验”问题。

更为重要的是，墨子还论述了人们要根据以往的经验进行认识。这以往的经验是人们对自己的经历进行心智加工之后储存于头脑中的一种知识，或相当于 Piaget（皮亚杰）所说的一种“图式（Schema）”。对外界不断的新感知，与内在于心智中的经验图式相互作用，就会认知事物，了

① 墨子是墨家的代表人物，不乏后来者，固有“后期墨家”“墨离为三”一说。《墨子》一书是墨子的弟子在其死后整理而成的。其中的《经上》《经下》《经说上》《经说下》《大取》《小取》六篇被认为非墨子本人所作，代表的是后期墨家思想，被独立地称为《墨经》或《墨辩》。本书为行文方便，就不严格区分墨子和后期墨家。

解世界。墨子还反复强调了“心”的察辨作用，他在《经上》中说：

闻，耳之聪也。……循所闻而得其意，心之察也。……言，口之利也。……执所言而意得见，心之辨也。

这段话意思是说，只有通过心的察辨作用，才能知道声音的确切含义，才能知道言辞的所指意义，也才能认知事物。这就大致描画出了从“感知”到“心智”的认知过程，用现代的语言可表述为从感性到理性，用认知语言学观点就可表述为从“现实”到“认知”。

翟锦程（2005：189）还指出：

后期墨家把名纳入人的认识过程中，而且视为一个重要的环节。闻、说、亲这些知识有直接的，也有间接的，但都需要用名把它们标记和称谓出来；实是名标记和称谓的对象，名实之间必须相合，才能获得正确的知识。

翟锦程的这一分析还可通过墨子的“言，出举也”（《大取》）来得到佐证。“举”属于认知加工，其结果应当通过“言”或“名”表达出来。

如此说来，上述所总结的“现实—认知”程序还可延续为“现实—认知—语言”，当今认知语言学的基本思想就与其十分接近了。

当然，后期墨家还强调“为”这一实践环节，论述了“从获得知识到运用知识并要进行实践活动”这样一个完整的认识论程序，这主要是基于哲学研究的论述，亦已超出语言学研究的范围。

二、庄子

庄子与老子一样，有贬低语言作用的思想倾向。老子强调了“道”的奥妙，认为它是个浑然的整体，没有界限，不可切分，具有模糊性，他以此为出发点得出了“道不需要依靠语言来表述”的结论，提出了“无名说”的主张，这里实际上涉及“概念具有连续性和模糊性特征”的问题，但是他以此否认语言的作用，这明显是具有片面性和局限性的。正如上文所说，庄子对语言持有双重观点，认为它既能用于表达和解蔽意义，也可能成为遮蔽意义的东西，但庄子在论说中强调了人的因素在认识事物中可起着较大的作用，这一观点却是很有价值的，说明早在 2300 多年之前他就认识到客观主义哲学观的谬误之所在了。他指出，事物的差别并不是由事物自身的性质决定，而是由认识者的态度和看法的不同产生的（李恕豪，2003：17）。

当今认知语言学坚决反对客观主义哲学观，极力倡导体验哲学，强调人的因素在建构语言和意义过程中发挥着至关重要的作用，这一观点与我国 2300 多年前庄子的言说似有异曲同工之处！但需指出的是，庄子有时过分夸大个人主观性的作用，忽视客观外物的作用，这就可能走向了另外一个极端，因为事物之间的差别不仅仅在于人们各自主观见解的不同。

庄子还持有“言语出自意义”的观点，他在《天运》中指出：

夫六经，先王之陈迹也，岂其所以迹哉！今子之所言，犹迹也。夫迹，履之所出，而迹岂履哉?

在这里，他把语言比喻成“迹”，把“意义”比喻成“履”。因“履”

才有“迹”，“履”过才留“迹”；有“迹”是因“履”，“迹”为“履”所留。这一比喻十分形象地说明了“先有意义后有语言”的道理，这也正是当今认知语言学的一个基本观点。他能在2300多年之前提出这样的观点，可以说是有“先见之明”的，值得我们深思！

三、公孙龙

公孙龙（前320—前250）在《名实论》中指出：

审其名实，慎其所谓。

他要求人们明察名实关系，慎重对待称谓问题。他认为名实关系的实质是“谓”，其认识论基础是“知”，须对名实关系做出正确的判断。只有深入认识事物的本质并据此考察其名与实是否相符，才能实现用正确的名来呼应或对应各自不同的事物的实，此名只限于称谓此实，彼名只限于称谓彼实，达到“唯乎其彼此”的目的（王宏印，1997：94；翟锦程，2005：157）。他在这里实际上就强调了要将客观外界的“物”纳入人的认知框架（即认知结构）中来加以理解，在事物与名称之间存在“认知”这一中介。

四、荀子

荀子当算我国古代最早较为全面地论述语言体验认知观的学者，本节仅作略述。

正如上文所说，西方直到19世纪末Frege通过分析同物异名和异物同名的现象才正式提出了语义的观念论，其实荀子早就论述了“异物同名”的问题，他在《正名》中指出：

异形离心交喻，异物名实玄纽。

“异形”意为物同而形异。“离”，读“丽”，是附丽的意思。“离心”意为作用于心智。“交喻”意为相互说明、沟通。“异物”意为物异而形似。“玄纽”意为混杂交错。整个句子的意思是，物同而形异，通过心智感官而能相互沟通，如各类人虽互有不同，但都可通称为“人”；形相似而物异，则有可能“名”“实”混同而被赋予同一个名称。

荀子接着用了较大的篇幅解释了他所倡导的语言体验认知辩证观，认为事物的名称虽是“约定俗成”的，但必须经过人们的“待天官之当簿其类”和通过“心有征知”才能实现。人的五官在接触外界事物之后就可形成一定的感觉印象，经过心的验证（即对感觉印象进行分析和辨别）之后形成对该事物的认识，就可给事物确定一个正确的名称，这就叫作“稽实定数”。一方面，心智是在五官接触外界事物后形成的；另一方面，心智又具有验知外物的能力。

综上所述，荀子虽曾说过“约定俗成”的话，但他也认识到约定俗成是人们基于体验和认知之上的所为，词语反映事物时应当以对客观外物的感知为基础，同时也认识到思维器官“心”在创制词语中所起到的主观作用，这种将客观与主观结合起来论述语言和语义还是比较辩证的，充分体现出他的语言体验认知辩证观的基本思想，而与索绪尔的“任意说”相差甚远。我国长期以来将荀子视为任意说或唯名论的最大代表，这一说法似乎证据不足，我们认为他不该划归这一派（详见第六章）。

五、韩非子

韩非子继承了他的老师荀子[①]的体验认知观，他说：

空窍者，神明之户牖也。（《喻老》）

“空窍”意为“人的感觉器官”，它是人类心智的窗口，是认识的基础。这就是说，人的感官是第一性的，“神明”是第二性的。他还认为，人通过五官感知到外界事物之后，还应当对其进一步提炼加工，再根据实际效果检验有关行为和名实是否相符，这就是他在《解老》中所说的：

思虑熟则得事理，得事理则必成功，必成功则其行之也不疑，不疑之谓勇。

六、刘勰

刘勰（约465—约532）在《文心雕龙》中把美分为“自然美”与“人为美”，前者指天地日月山川以及万物皆有文采，后者指人心有感于物，发为诗文。前者先于后者，后者本于前者（参见郭晋稀注释本，2004：1）。从这一论述便可见他的朴素唯物观。基于这一世界观，他进一步指出：

仰观吐曜，俯察含章，高卑定位，故两仪既生矣。唯人参之，性灵所钟，是谓三才。

---

① 荀子有两个著名的弟子——李斯和韩非子。

他接受了《周易》的观点，进一步阐述了“空间”和“人”是人们形成概念的基础这一道理。他还进一步加以发挥，大力强调人的因素：

为五行之秀，实天地之心。

这句话的意思是，人是五行中的英秀，是天地的心脏，即人是天地间最为重要的。可见，刘勰充满了人文主义的思想，这就是他文中总结出的“唯人参之”这一经典之句，人的认知和人的作用被视为关键性因素。他紧接着又说：

心生而言立，言立则文明，自然之道也。

这句话的意思是，现实先作用于心智，由心智再产生语言。也就是说，现实是第一性的，认知和思维是基于其上形成的，然后才有语言。这一观点正是当今认知语言学所主张的基本观点——“现实—认知—语言”，但比其早了 1400 多年。上文所述王念孙的“立意”，实际上也是这一理论的反映。

七、王夫之

明末清初的王夫之（1619—1692）将符号视为：

对象表征，人心产物。（《遗书》二十五）

这“人心产物”就是从程颐的“义理”继承下来的，与“意念”相仿。

八、程瑶田

清朝的程瑶田（1725—1814）在《果蠃转语记》一文中曾以“果蠃”或“果蓏”为出发点，分析了“名之于实各有义类”的认知规律。“果蠃”原指圆而下垂的果实，只要是圆形的、下垂的，或能发出类似声音的东西，便可借用“guo luo”这个音来表示，它们后来还被扩展用来指许多其他圆形、下垂的名物和事体，这都反映了人们在创立词语时的“立意”认知规律（详见第八章第二节）。

九、段玉裁

段玉裁（1735—1815）在给王念孙的《广雅疏证》写的序言中指出：

圣人之制字，有义而后有音，有音而后有形。

这也就道出了意义（认知）与语言的先后关系。

另外，训诂学中的声训法的主要原理是声义同源，用音同或音近的字词来揭示另一个字词在命名之初的“所以然之意（命名立意之义）”，这就是程瑶田所说的：

声随形命，字依声立，屡变其物而不易其名，屡易其文而弗离其声。

就这样，声训法从语义角度解释了词语的命名之本，反映了训诂学家对语音与意义同源规律的一种朴素和直觉的体认，即主要是以语音为基本出发点对词语的“立意”做出一种语义解释。

我们知道，词语命名立意的过程，其实也就是人们对客观事物的一种认识过程，所以命名立意之义与所指义总还是有着某种关联的（孙雍长，1997：255），这其中就反映了认知语言学中的一个基本原则——“现实—认知—语言”。

十、王念孙

与程瑶田同时代的王念孙（1744—1832）也从认知角度解释了异物同名现象，他说：

凡事理之相近者，其名即相同。

这里的事理相近也是与“命名表象”“表象联想”相关的概念（孙雍长，1997：146）。

从他们的论述可见，对事物的命名起源于人们对客观事物表象的感知和认识，然后又联想到已有语言中的有关词语，逐步形成了异物同名的现象。因此从认知角度看，人们在命名取义时一般都要受到表象联想规律的支配，不同事物在人类辨识认知的过程中，会有相同或相近的表象特征。当人们感知到这些相同或相似的特征之后，在命名时自然也就会出现“同物异名”的现象。这才对此类现象从认知上做出了较为合理的解释，也是任意说所不及之处。

关于段玉裁和王念孙之后的学者做出的有关论述，参见第七章第三节。

第三节　结语

一味地崇洋媚外，看不到本土文化的价值是错误的，但不顾事实，过于夜郎自大也是断然不可取的。我们应当持一分为二的唯物辩证观来审视祖先们留给我们的遗产。

从上面的论述可见，我国古代学者确实早就对意义本体做出了许多精辟论述，其中很多观点大大早于和深于西方学者的论述。当然我们也已经注意到，我国古代训诂学中对意义本体的阐述大多散落在各类论述之中，最大的缺憾就是没能形成系统的理论。同时我们也发现，我国古代学者对于语义理论的论述比起西方学者来说，仍有很多空白之处，西方学者所论述的真值条件论、意向论、成分论、现象学语义观、存在主义语义观、解释学语义观等，在我国古代学者的著作中鲜有述及。

今天我们应当站在肩负时代责任感的高度，认真挖掘我国古代学者对意义理论的研究成果，并将这些观点不断发扬壮大，使之成为世界语义理论的一个有机部分。

第三章　《周易》与语义的体验认知观对比初探

第一节　问题的提出

笔者于20世纪90年代在国外访学时结识了认知语言学的主要代表人物Lakoff（雷科夫）、Johnson（约翰逊）、Fauconnier（福克尼艾尔）、Langacker（蓝纳格）和Taylor（泰勒）等，开始认真研读他们的著作，此后在国内率先介绍和论述了他们的哲学思想“体验哲学”，并尝试将体验哲学运用于分析语言各层面的成因。我们还基于这一理论对语言学流派进行了重新分类，以便我们能进一步厘清各语言学流派的理论基础和分析方法（王寅，2005b）。

在对西方认知语言学多路学者的著述进行认真梳理、分析和消化的基础上，笔者对狭义的认知语言学下了一个权宜性定义（王寅，2004a）：

一门坚持体验哲学观，以身体经验和认知为出发点，以概念结构和意义研究为中心，着力寻求语言事实背后的认知方式，并通过认知方式和知识结构等对语言做出统一解释的、新兴的、跨领域的学科。

这一定义大致囊括了狭义认知语言学的理论基础、基本性质、显著特点、研究中心、基本内容以及研究方法，为我国开设这门课程提供了一个可资参考的出发点。另外，我们还可从这一定义出发十分容易地推导出语言具有体验性这一重要观点。笔者（2005a）在《外语教学与研究》上以《语言的体验性》为题专文论述了语言的这一重要特征，并于同年（2005b）在《山东外语教学》上发表了《再论语言的体验性》一文，重点论述了语言体验观与语言其他性质的关系，如语言的社会性、人文性、劳动创造语言等，从一个全新的角度探讨了语言的起源问题。笔者于2006年在《中国外语》上对语言具有体验性这一重要性质分别从理论与实践两个角度又作了梳理，强调其对语言教学的指导意义。

我国古代学者对语言的体验观早有论述，笔者（2004b）在《外语与外语教学》上发表了《中西学者对体验哲学的论述对比初探》一文，着重介绍了中国古代学者有关语言体验性和隐喻性的观点，文中提到的我国古代学者有公孙龙、荀况、刘歆、扬雄、刘勰、王夫之等。近来，笔者再次重温我国古老的文化典籍《周易》，发现书中也论述了心智和语言的体验观，笔者对其作了大致的分析，这样，就将中国学者关于心智和语言的体验观论述又向前推了2000多年。

第二节　《周易》中的语言体验观

一、《周易》简介

新石器时代，始祖母华胥氏（华，原义为花）有一个儿子，名叫“伏羲”，有一个女儿，名叫“女娲”。伏羲始作八卦（由两爻“—”和“--”组成），以此代替了结绳记事。根据胡适（1999：50）和郭沫若（参见殷昆，2004：2）的观点，八卦当算作中国文字的最初始源，梁启超、刘师培等也持这一观点。

神农氏（又名炎帝、连山氏）基于八卦演绎出 64 卦，作《连山易》，以艮（山）为首卦，并作卦辞，自此，卦爻有了文字解释。轩辕氏（又名黄帝、归藏氏）作《归藏易》，也是 64 卦，但以坤（地）为首卦。周文王作《周易》，也是 64 卦，但以乾（天）为首卦。他的儿子周公为 384 爻作爻辞。

《周易》包括《易经》和《易传》（本书以《周易》统称这两部分）。《易经》又分上下两部分，上部包括前 30 卦，下部包括后 34 卦，为周氏父子所作的卦辞和爻辞；《易传》为孔子及弟子所作的《十翼》（翼为“羽翼”，有“辅助”之义，表示它们是解释《周易》经文的），包括《彖传》《象传》《文言》《系辞传》《说卦传》《序卦传》和《杂卦传》等，这些现已成为《周易》的一部分。[1]

---

① 据说，孔子得到《易经》时已 50 岁，爱不释手，翻来覆去地阅读并认真加以编注，以至于编连竹简的熟牛皮条都断了很多次，这才有了“韦编三绝”的成语。

《周易》的基本符号是阳爻和阴爻，分别用符号“—”和“--”来表示，它们由“太极”而来。书中云：

《易》有太极，太极生两仪，两仪生四象，四象生八卦。

太极是万物始生前的混沌之象，一分为二生两仪（阳爻和阴爻，即天和地、男和女）；两仪相重而生四象，即将阳爻和阴爻两两组合，就可形成四套符号；四象再重一爻而生八卦，即在四套符号的基础上再加上阳爻和阴爻，就可获得三画形的八套符号，这就是八卦，分别象征性地表示世界中的八种事物和自然现象：天、地、山、泽、水、火、风（或木）、雷。由于八卦不足以象征自然界的诸多变化，故而将其重叠而演变为 64 卦。即将两套八卦重叠起来，就形成了六画形的 64 卦。它们都是自然现象通过人的认知加工而获得的内容意义的外在显现。对这 64 卦做出的演绎和解释就是“卦辞”。由于每个卦都是由六个爻（即六画形）构成的，就可获得“6 × 64”共 384 个爻，对其逐一做出的演绎和解释就是“爻辞”。这样每个卦和爻就有了文字诠释和注解，图文兼得，象意参照，为《周易》的成书奠定了基础。

祖先们能在“观物取象”的基础上，对自然万物进行感知体悟和心灵理解，建立起复杂的卦爻画之象和卦爻辞之象，并根据它们构成的体系演绎出宇宙、社会、人生的无穷变化，阐释对整个宇宙和人生的理解和感悟，说明切近人事的象征意义，这就是“立象以尽意（立卦象和爻象来表达各种象征意义）”，其中确实闪烁着祖先们智慧的光芒，实在令今人惊叹不已。

《周易》中的每一卦都有它的卦名、卦画（卦形）、卦象、卦德、卦辞。

如卦名为“乾”，其卦画为“☰”，代表了把自己“显示”给适当观察者的意象的一种符号。

乾的卦象所具有的象征意义为，在自然中象征天，在人伦中象征父与君，在人体部位中象征首，在动物中象征马。

卦德是指对卦的更高意境的理解，指其性质和特征，如乾卦所体现出的特征是，天行健，自强不息，因此乾卦的卦德就是“健”。

卦辞和爻辞是说明 64 卦所寓事理的文辞，相当于一些判断性命题。它们是对各卦的理解，指明吉凶，并阐释人类有关活动，告知事物的趋向。卦辞和爻辞主要拟取了日常生活中的物象，用文字来揭示卦形和爻形的内涵、象征，如乾卦的卦辞可沿着“元、亨、利、贞”这四个字做出很多实用性的解释。

二、广义的象（“象$_0$”）和狭义的象（“象$_2$”）

学者们一般认为，《周易》和儒家学说中最重要的思想是“象”，春秋时《易经》又称作《易象》，这充分说明了“象”在《周易》中的重要性。

韩非子在《解老》中说道：

人希见生象也（因其只产于南蛮各国），而得死象之骨，案其图以想其生也。故诸人之所以意想者，皆谓之象也。

自此汉语中就有了“想象”这一词语。

《周易》中对“象”的解释如下：

天垂象（下文第 1 义）…… 圣人象之（下文第 2 义）。

根据我们的理解，《周易》中所论述的“象”主要有三个含义：

（1）自然界中的物象、形象、现象（如“天垂象”），这类“象”可为人们所直接感知体验到；

（2）寓于活动和器物中的象征意义，或从活动和器物中所能认识到的意象或观念；

（3）能用某种符号（如卦象和爻象）来表示，即“象”是表示概念的符号。

从上可见，《周易》中所表述的“象”，首先是指“天垂象”“物象”“形象”，它是论述和解释宇宙万物种种现象的基础，如乾卦为天，坤卦为地，其他六卦也各有代表（参见上文）。人们主要拟取日常生活中习以为常的物象，通过心智加工将其上升为意象及种种象征性思想活动，再用文字加以具体表述，使得卦形和爻形内涵的象征旨趣得以鲜明生动地呈现，从而可使人们充分认识宇宙万物变化的规则。

又如“水在火上”的卦画可说明能用水克服火的道理，以表示“胜利”“成功”这一意象，具体画法为䷾。如果颠倒过来，火在水之上，画成䷿，则表示胜利和成功的反义意象，即“挫折”“失败”。①

又如，两个表示“风”的卦重叠起来（䷸）叫“巽”（xùn）卦，意为风在不断地吹，吹弯了草木，这一自然物象可作为“顺”的意象；还可用这一自然现象来说人，比喻人能顺从别人，有谦逊的性格；再进一步解释：人谦逊了就能得到大家的尊重，这样的人就能当领导并发号施令，

① 《易经》有不同的解读版本，对其有不完全相同的解读。

且政令还会顺畅。多么巧妙的一篇“风”的隐喻分析性文章！

其他所有卦都有其相应的象征性隐喻含义，这正是我们祖先认识世界、分析哲理的一种方法，实在巧妙，令我们敬佩不已！这一方面说明祖先的智慧，早就掌握和应用隐喻思维方式了；另一方面也说明了隐喻确实是人类的一种思维方式，古人早已用之。

孔子及弟子作《十翼》（由十个部分组成）以注解《周易》，也主要运用了“象”来人性化地解读人类的各种活动以及所创造的种种器物和制度等。学者们也常将儒家学说视为以“象”为中心的学说。

从客观现象到头脑中的意象，从自然现象到符号、人类一切活动、器皿等所表示的象征性意义和概念，以及表示“象”的种种方法，如“比喻”“神情”“态势语”等都可划归于“象”。可见，《周易》中所说的“象”内容十分丰富。胡适（1999：55）[①] 曾指出，“象”就是人们对事物所构成的映像或意象。这样我们就有必要区分出广义的象和狭义的象。前者实际上几乎包括了认知语言学中所说的“现实、认知和语言文字”三个环节的内容，本文拟将其称为“象$_0$”；后者主要指人们心智中的“意象”“象征义”，本文拟将其称为“象$_2$”。只有这样才能做出相应的比较和分析。

《周易》中的“象”主要有三个意义：（1）物象；（2）意象；（3）卦象。它们是逐层延伸而出的：意象来自物象，卦象是表示物象和意象的象征性意义的，这就充分表现出思想和语符的体验性。

因此，《周易》中所说的“卦象”和“爻象”本文称为“象$_3$”，

① 胡适《先秦名学史》原作是用英语写于 1915—1917，1922 年由上海亚东图书馆出版（英文版），1983 年译成中文，由上海学林出版社出版。本处引自安徽教育出版社 1999 年版。

是用来表示象$_1$（即物象、形象、自然现象）和象$_2$的符号，它主要是用来“尽意”的，即用以表达“象征义”的，阐释自然界中的有关现象及人对它的认知和理解。魏晋时期的王弼在《易略例·明象篇》中就曾明确指出：

尽意莫若象，尽象莫若言。……故言者所以明象，得象而忘言；象者所以存意，得意而忘象。

王弼这里论述了言、象、意三者之间的关系，金景芳（2005：6）认为王弼这一思想是对的，侯敏（2006：97）认为不妥，更强调三者之间的交叉关系，突出了言（主要指卦辞和爻辞）与卦象之间的关系。我们认为其间的分歧并不大，本书将卦象与言合为一项，统称象$_3$，且将语言扩展指语言符号、易传及比喻表达。这样言、象、意三者的关系可表述为：以象$_1$为基础立出象$_3$（从卦象和爻象到卦辞和爻辞，再到语言表达），以表示象$_2$，解释意象，这也就形成了中华民族传统的意象思维方式，并传承了2000多年。

所以，语言是表达象（从卦象到意象）的，象是表达思想的。也就是说，表示卦象（可延伸至语言）的象$_3$是用以表示象$_2$的，而象$_2$主要指意象，可延伸至“意义”“观念”和“思想”，这种思维方式就是《周易》中所说的“观物取象”“立象尽意”。

更为值得称道的是，祖先们还在此基础上加以拓展，以卦象和爻象的象征性意义来人性化地解释人类的各种活动，以及所创造的各种器物和制度。

一般来说，卦象又可大致分为四类：实象（模拟和再现真实世界的物象）、假象（不是模拟和再现真实世界，而是创作者虚构的意象，有着较强的尽意功能）、义象（反映事物、现象等的义理）、用象（主要关于象的应用）。

因此，我们认为不能笼统地谈论《周易》中的这“象”那“象”，而应划分出广义的“象”和狭义的“象”。广义的象即象$_0$，狭义的象中又可进一步分出三小类，如图 3.1 所示。

象$_0$
- 物象、形象、自然现象（象$_1$）
- 意象、抽象、意义、思想、道（象$_2$）
- 卦象、爻象、卦辞、爻辞、语符（象$_3$）

图 3.1 《易经》广义“象”之分类

《周易》一共用了 39 个“象”字（除用作篇名的《象》以外），还有两个“像”字。39 个“象”分布情况如下：

《周易》分《易经》和《易传》，在《易经》中没用“象”字，这 39 个“象”全部集中在《易传》的《彖传》和《系辞》中。其中《彖传》中只有 2 个，《系辞传（上）》中有 29 个，《系辞传（下）》中有 8 个。在 39 个“象”中，用作名词的共有 31 个，用作动词共有 8 个。

虽说“象”的三个意义（物象、意象、卦象）是贯通的，但在书中使用时还是各有侧重的。在 31 个名词“象”中，表示象$_0$的有 6 个，表示象$_1$的有 9 个，表示象$_2$的有 6 个，表示象$_3$的有 10 个，如表 3.1 所示。

表 3.1 《易经》“象”不同用法的分布

名词	象 $_0$	6
	象 $_1$	9
	象 $_2$	6
	象 $_3$	10
动词		8

表示象 $_1$ 的语句有：

“鼎，象也”：象，取鼎之象，是大鼎的形象，所以“鼎”是象形字。

“在天成象”：在天上有日月星辰之象。

“圣人设卦以观象”：圣人观察宇宙万事万物而创立 64 卦。

“遂定天下之象”：就能判定天地变化的物象。

“县象著明莫大乎日月”：能高悬物象显示光明的没有比日月更大的了。

“天垂象”：天上显示日月星辰风霜雨雪等现象。

“仰则观象于天”：仰望观察天上的现象。

表示象 $_2$ 的语句有：

“失得之象也”：是行事得道顺理或失道悖理的象征。

“忧虞之象”：是行事稍失而忧愁和顾虑的象征。

“进退之象”：是行事权衡进退的象征。

“昼夜之象”：白昼黑夜的象征。

表示象 $_3$ 的语句有：

“观其象而玩其辞”：观察《周易》卦象和爻象而探索玩味它的文辞。

“成象之谓乾”：画成“天”的卦象就叫“乾”卦。

“以制器者尚其象”：用来指导制作器物时应崇尚其卦象。

“两仪生四象，四象生八卦”：两仪变而产生象征四时的四个卦象（老阳、老阴、少阳、少阴），四象变而产生八卦（天、地、水、火、风、雷、山、泽）。

“《易》有四象，所以示也”：《周易》有四种卦象，是用来指示变动征兆的。

“圣人立象以尽意”：圣人创设卦象是为了来曲尽其象征之义的，即指观物立象。

“爻象动乎内，吉凶见乎外”：爻象在卦内的变动运作，吉和凶就在卦外体现出来了。

在《周易》中确有一些“象”的含义难以明确划归哪一类，正是由于“象”的三个意义之间相互贯通，因此“象”字好像可以同时囊括三个意义，即象$_0$，如以下语句：

是故夫象，圣人有以见天下之赜，而拟诸其形容，象其物宜，是故谓之象。

这句话的意思是，所以说“象”是圣人见到天下万事万物的繁杂，而将之譬拟为具体的形态，并用来象征特定事物的适当含义，因此称之为“象”。又如：

象也者，像此者也。

“象”是模仿天地的形态而拟构设置的，它好像同时包含了“物象”“意象”“卦象”这三层意思。再如：

是故《易》者，象也，象也者，像也。

这句话的意思是，所以《周易》这本书就是论述“象”的。所谓“象”，就是模拟万事万物的形象以喻象征之义，并用卦象和爻象来加以说明。

三、对《周易》中语言体验观的梳理

（一）语言的体验观

《周易》在论述象$_0$时就强调了人们的意象或观念来源于对自然现象的认识，即象$_2$产生自可感之象的象$_1$，模拟了自然界物体的形态，象征性地表示特定的意义，阐述的是“物生而后有象”的道理。正如金景芳（2005：序5）所说：

> 《周易》把整个自然界作为摹写的底本，因而它与整个自然界是一致的。正由于它与整个自然界一致，所以，它能把自然界中变化发展种种规律性的东西包括无遗。

《周易》的思想是通过“象”来表达的，这个“象”可包括象$_2$和象$_3$，而用“象”的关键又在于模拟万事万物的形象，并以其来喻指特定象征性意义，即以象喻义，因此在这三个“象”中，象$_1$是基础，象$_3$是符码，是用来解释象$_2$的。如果说《周易》是关于“象”的学问，那么，严格来说，它主要是关于象$_2$的学问。就这样，“立象尽意”“以象表意”形成了古代先哲一种直观体悟式的意象性思维习惯，并蔓延至中国传统文化的各个方面。这种思维方式与西方以语言为传导方式的逻辑思维习惯存在明显差异。

同时，《周易》还明白无误地阐述了语言的体验观，当代基于体验哲学的认知语言学的基本思想竟与其十分相似。《周易·系辞下》中说：

古者庖牺氏之王天下也，仰则观象于天，俯则观法于地，观鸟兽之文与地之宜，近取诸身，远取诸物，于是始作八卦，以通神明之德，以类万物之情。

这句话的意思是，远古时代伏羲氏治理天下，仰头观察天上的现象，低头观察大地的形态，观察鸟兽身上的纹理和适宜于地上的种种事物，从近处取法人体的形象，从远处模仿万物的形象，于是创造了八卦，以融会贯通神明的德行，以分类比拟万物的情状。

卦爻符号是古人在对现实进行认知加工的基础上而建立起来的，阴阳两爻的对立来自对自然的认识，如天有白昼和黑夜，人有男和女，动物有雄和雌等二分对立现象，因而就有了阳爻和阴爻这两种像似符。就连阳爻和阴爻的形状也是基于对身体的认识的。

（1）爻的两个符号“—”“--”，是基于对人体的认识的。郭沫若在《中国古代社会研究·〈周易〉时代的社会生活》中对《周易》的这两个最基本的象征符号做出了如下解释（参见殷昆，2004）：

八卦的根底，我很鲜明地可以看出是古代生殖器崇拜的孑遗，画一意以象男根，分而为二以象女阴，所以由此而演出男女、父母、阴阳、刚柔、天地的观念。

钱玄同也持此观点（参见侯敏，2006：11）。

（2）“爻”字本身就是基于对网中经纬线互相交叉的认识，其形犹如织成的一个个网目。这个字就象征着万事万物错综复杂，你中有我，我中有你，变化无穷。这说明了卦和爻的想法和符号形式，都是来自对现实和身体的认识，认知语言学所强调的“体验观”与这些观点和论述是一致的。正如殷昆（2004：10）所说：

> 《周易》产生于人类的活动，源于人们的生活，是人类自身为求得生存而产生的。

（二）空间与时间

在三画形的卦中，上爻为天，下爻为地，中爻为人，又名“天道、地道、人道”，合称“三才之道”。在六画形中，上两爻代表天道，下两爻代表地道，中间两爻代表人道，也表示出“三才之道”。可见，无论是三画形的卦，还是六画形的卦，上为天，下为地，人总是处于中间位置，这不仅是对“空间概念”的描述，而且通过爻的相对位置解释了人在天地之间这样一个客观事实。

八卦还可用来表示时间，在三画形的卦中，下爻代表事物的初端（过去），中爻代表事物的发展过程（现在），上爻代表事物的结局（将来）。六画形也可表时间：下两爻表示过去，中间两爻表示现在，上两爻表示未来。同一套符号可同时用来表示空间和时间，足以可见当时人们已经认识到空间和时间之间的关系（参见下文）。

另外，八卦还与空间方位（东、南、西、北）和季节变化（春、夏、秋、冬）统一起来进行了论述，形成了一个万物生成的模式（详见廖名春，2004：36）。

（三）模仿和喻义

《周易·系辞上》指出：

圣人有以见天下之赜，而拟诸其形容，象其物宜，是故谓之象。

这句话的意思是，圣人看到了天下万事万物的繁杂，因而模拟天下万物的形态，用来象征特定事物适宜的意义，所以称作“象”。

从这段文字并结合上文所述我们不难看出，八卦，作为汉字的始源，其来源是“天、地、人”，当今认知语言学所论述的“人和空间是形成概念和语言之首要基础”这一核心观点是与此相通的。

《周易·系辞上》有言：

子曰：“圣人立象以尽意，设卦以尽情伪，系辞焉以尽其言，变而通之以尽利，鼓之舞之以尽神。”

孔子这段话的意思是，圣人树立并借用象来透彻地表达他想要表达的思想，设置卦以彻底地区别真与假，同时又在卦下撰系文辞，用语言将其表达得更为详尽。对其含义做出各种变通解释，就能使得人们理解和获益，也就能达到鼓励和激扬人心的目的，《易》道也就达到了最高的神妙。在书不尽言、言不尽意时，可以立象以尽其意。孙雍长（1997：394）认为：

以语言学而言，比喻之类的修辞手法便是一种“立象”；孟子说“征于色，发于声，而后喻”，这就是说，以神色表情配合言语，便可以使别人明白其意，这也是一种“立象”。借助于言语结构本身，借助于修辞手法，借助于态势语，借助于各种语境因素，便足以使言尽其意，或尽可能使言尽其意。

所以，当言语和文字不能完全表达圣人的思想时，就要借助于“象”来做出种种象征性的说明和解释，就能将有关道理说明白，说得人们心服口服，才能将其付诸实施，产生“言后果”的效应，也就是通常所说的“以象尽意”“尽意莫若象”。正如我国唐代孔颖达在《周易正义·十二》中所解释的：

圣人立象以尽其意，系辞则尽其言，可以说化百姓之心，百姓之心自然乐顺，若鼓舞然，而天下从之，非尽神，其孰能与于此，故曰鼓之舞之以尽神也。

笔者拟将其称为“以象喻义”。

《易经》在论述心智中的“象”时持朴素唯物主义态度，认为它来源于自然界的种种现象，以“现象”为基础在心中构想出种种象（“象$_2$”），并为这些象制定出“象卦”这样的符号形式（三画形或六画形），用它们可代表天下之繁赜。《周易》主要运用了“模拟”和“喻义”这两种认知手段来论述事理。“象”并不局限于“以象喻义”，而是人类所有的活动、事业、发明和制度等之始源（胡适，1999：55—60）。

第三节　对比《周易》与认知语言学中的语言体验观

由前文可知，《周易》中所论述的“象”理论，与当前国外基于体验哲学的认知语言学所论述的体验观、时空一体观、认知观、像似观等有相通之处，但也存在一些差别。

一、《周易》所论述的体验观更为久远

从时间上来说，我们老祖宗在《周易》中就论述了语言文字的体验性，并将这一思想贯穿于具体运用之中，如汉字的“水”就是来自水卦☵，是对水在流动时情形的临摹，这确实是难能可贵的！若视《周易》起源于伏羲的三画卦，则可将其推算至公元前29（或前27）世纪；如视其成书起源于周文王和周公，则可推算至殷末周初，即公元前12—前11世纪。孔子及其后学所作《十翼》大约成书于战国中后期或秦汉之际。

据笔者所知，西方关于语言的体验观是Herder（赫尔德）在名著《论语言的起源》（1772）以及Rousseau（卢梭）在名著《论语言的起源》（1782）中才有较为详细的论述，这样算来就要比我国古代学者的论述晚4000多年。至于明确提出要基于身体和空间来建构概念和语言这一观点的可能是Bühler（布勒）（参见Pütz & Dirven，布茨和德文，1996：330），他于1934年才阐述这一观点。

至于古希腊哲学家Protagoras（普罗泰戈拉，约前481—前411）的格

言“人是万物的尺度”[①]时常被学者误解，其实他并不是完全指概念和语言是以人为基础的，而主要阐述了相对主义观点，即任何事物的真假是非都是相对于人来讲的，我看它是怎样，它就怎样，从而就否认了客观真理的存在。而且他仅说了“人”的问题，并没有论述到“空间”问题。就是以普罗泰戈拉为准算起，也比《周易》晚了2000多年。

亚里士多德在《解释篇》的开头也曾表达过类似的想法，他说：

口语是心灵的经验的符号，而文字则是口语的符号。……这些声音所直接标志的心灵的经验，则对于一切人都是一样的……

从亚里士多德的论述中我们似乎也能隐隐约约地体会到“语言体验性”的观点，但说得较为模糊，论述也不很到位。倒是我国南北朝时期的刘勰（约465—532）在《文心雕龙》中似乎将亚里士多德的观点说透了：

心生而言立，言立则文明，自然之道也。

二、天地人VS身体和空间

在论述概念和语言的成因时，《周易》强调了“三才”（或称“三道”），即天、地、人，并将它们视为人们认识世界之始端，上爻为天，下爻为地，

① “Man is the measure of all things that are that they are，and of things that are not that they are not.” This is interpreted as meaning that each man is the measure of all things and that，when men differ，there is no objective truth in virtue of which one is right and that the other wrong. The doctrine is essentially skeptical，and is presumably based on the “deceitfulness” of the senses.（Russell，1945）

中爻为人，人是在天地之间的，有了人，再有在天地之间所形成的空间，就可产生“象”，在此基础上逐步形成并丰富了人类的概念和语言，乃至其他一切。这表现出我国古代哲人早就认识到天地空间所具有的重要性，“万物资始”“坤厚载物”。正如薛贻康（1993：57）所指出的：

《周易》的作者高瞻远瞩，把象征天、地的“乾”卦、“坤”卦放在群卦之首，表现了深邃的眼光。尽管当时人们对天地的认识还是肤浅的、幼稚的，但首先把目光投向天、地，表现了探索和把握大自然的强烈愿望和巨大气魄。

当今国外基于体验哲学的认知语言学所强调的身体与空间是形成概念和语言之始源的观点，与其十分相近，但是国外学者对于词语和句法形成于体验的论述更为深入和细致。

另外，我们也注意到《周易》中除了天地还有另外六卦：水、火、山、泽、雷、风（或木），这八个要素都是作为认识世界之基础的，这比起西方仅笼统说成“空间”是认知的基础则显得更为详细，除了人和空间还应注意这六个要素。西方学者在论述概念和语言起源时还强调了“对力量运动的感知”，这在《周易》中没有提及。

三、空间与时间

正如上文所说，《周易》早就将空间与时间紧密联系了起来，同样一套符号既可表示空间又可表示时间，体现了人类一般是通过空间来理解时间这一基本认知规律，也就是认知语言学经常讲的：时间是空间的隐喻。《周易》中的 64 卦，每一卦既有空间概念，又有时间概念。

时间和空间的确是密不可分的，我们既生活在一定的空间之中，也存在于一定的时间之中，我国古人早已认识到这一点，一直把这两者紧密连接在一起，这还可从汉语的两对词语中获得解释。汉语“世界”这一词语既表示时间又表示空间，“世”意为时间，“界”意为空间，64 卦就是 64 种包含空间和时间概念的世界。“宇宙”这一词语的形成也是同样道理，“宇”意为上下四方的空间范畴，概括了东西中南北所有空间，“宙”意为古往今来的时间。

我们知道，人类最早就是依据太阳的相对位置来确定时间的，例如日晷，就是利用太阳光照射在与带刻度的盘相垂直的金属棒所留下的影子来测定时刻。近代科学家在很长一段时间内对时间的测定，也主要依靠星球在宇宙空间的相对位置（如地球、太阳、月亮等星球的相对位置），因此时间和空间两者本来就是相通的，我们总是存在于一定时段的空间之中，也存在于一定空间的时段之中。这也可从大量的语言表达中得到证实，汉语和英语中表示时间的词语大都来自表示空间的词语（王寅，2001：324），难怪认知语言学认为时间是空间的隐喻。当然了，当今国内外认知语言学对这一问题的研究和论述比起《周易》要详细得多、深入得多、系统得多，例证也要翔实得多。

四、“象$_2$”与“意象、意象图式”

根据上文分析，我们不能简单地将“象”与认知语言学中的“意象”等同起来，因此《周易》中的“象”是一个包含多种内容的广义性词语。那么，我们能不能将狭义的“象$_2$”与认知语言学中的“image（意象）”等同起来？通过深入对比和思考，我们觉得这两个术语所论述的范围还是有所不同的，

"象$_2$"大致相当于 cognition（认知），但也存在一定的差异。

西方认知语言学中所说的 image 主要表示 artificial imitation of the external form of an object，mental representation，idea，conception，可以说它述及了"象$_2$"的主要内容"模拟外物之形"以及思想和概念。在英语中，image 一词还可表示 simile，metaphor，但雷科夫（1987）将其排除在外，认为可以包含于 cognition 之中，"象$_2$"却包含了象征、隐喻等内容（参见上文）。因此认知语言学中 image 所包含的内容比"象$_2$"范围要小，大致相当于 cognition。

雷科夫和约翰逊分别于 1987 年基于这一思想较为详细地论述了"Image Schema（意象图式）"，认为它对于建构范畴、形成概念、理解意义、进行推理极其重要，并详述了它的主要特征。约翰逊（1987：xiv）认为：

意象图式是一种在我们感知互动和运动程序中反复出现的、动态性的式样，可为我们的经验提供连贯性和结构性。

雷科夫（1987）则将意象图式视为人们能形成原型，进行范畴化和概念化的基础"理想化认知模型（ICM）"之一种。《周易》中虽用到了"意"和"象"这两个概念，但直到刘勰才将它们合为一词。他在《文心雕龙·神思》中说：

独照之匠，窥意象而运斤。

意思是说，作家在构思和行文时，应像有独到见解的木匠一样，按照想象来用斧头制器。可见，"意象"是人们发挥主观思维的想象，是基于某种形象之上的思维。《周易》中的象，又常叫作“易象”，也是一种意象，以意象的形式作为概念来表征和比喻易理和易义。

据此，西方认知语言学中所用的术语“意象”或“意象图式”比起“象$_2$”的范围显得小些，所以我们认为，“象$_2$”包括 image，内容更为丰富，认识也更为深刻，参见下文。

但两者都有一最基本的、共同的出发点：意象或意象图式，或抽象性的“象$_2$”，都是基于对客观世界种种现象进行体验之上概括出来的，是构成概念和语言（乃至其他）的基础。

五、两种认知程序的对比

基于上文的理解，可将两种“象”与认知语言学的认知程序作一比较：

现实 —— 认知 —— 语言

象$_0$ ——→活动、器物、制度等乃至人类所有活动

现实——象$_2$ ——→以卦表示（三画形或六画形），文字乃至人类所有活动，人类文明

图 3.2　比较两种“象”

认知语言学所倡导的基本认知程序为“现实—认知—语言”，而《周易》所论述的基本认知程序则根据“象”的两种理解分出上述两种情况，本文基于“象$_2$”作一初步对比论述。

（一）象$_2$ ≈ 认知

笔者（2005）曾将“现实—认知—语言”进一步细化分析为，互动体验、

CM 与 ICM（意象图式、命题、隐喻、换喻）[①]、范畴、概念、意义等环节，这大致就反映出了狭义认知语言学对人类认知加工基本程序的理解。

而《周易》中所描写的认知程序是以“象$_2$”为中心的。王树人（2005）认为，中国传统的思维方式为“象思维”（或叫“悟性”），它是非实体性的、非对象性的、非现成性的思维，是动态的、整体的“悟性”思维，是“象以尽意”的诗意性思维。在这种思维中要做到“物我两忘”（既不受客观限制，又不受主观束缚），让思维具有混沌性和模糊性，也就是老子所认为的“大象无形”，此乃“原象”，是“无物之象”。

很多学者一般认为，西方人惯常于理性思维（基于特定对象、规定性概念的思维），可是我们要问，理性来自哪里？其实也可归结为“悟性”，而且人类的一切思想文化，都是人类由于“悟性”之“悟”而创造出来的。从亚里士多德到爱因斯坦等许多大思想家、大哲学家和科学家，都认为提出问题或开始创造性地思维不是理性，而是“悟性”。19 世纪以来，西方从叔本华、尼采，一直到 Heidegger（海德格尔）等大思想家，都批判了西方的“逻各斯中心主义”，向中国的悟性思维趋近，这表明了西方的科学主义思潮（理性至上和科学万能）在人类文化发展中已经发生了异化，并陷入危机。从王树人的论述可见，“象思维”比起西方的“理性思维”更为基础、更为重要，也更能开发出原创性思想。

《周易》在论述“象思维”过程时，不及当今西方学者所论述的“认知过程”那么详细，因其毕竟是三四千年前的著作，但从《周易》所作的论述和学者们的分析来看，“象思维”这一概念具有认知的始源性，这是《周易》之首创。而且通过比对，这个“象$_2$”实际上就大致

① CM（Cognitive Model，认知模型），ICM（Idealized Cognitive Model，理想化认知模型）。

相当于认知语言学所说的“认知”这一环节（Lakoff，1987；Lakoff and Johnson，1999）。

（二）主客一体论

我们知道，在西方哲学研究中一直存在主客二元的对立倾向，感性与理性、经验论与唯理论之间的对立，可谓贯穿于整个西方哲学史，这一思维定式忽视了主客之间的辩证关系，使其不可避免地打上了“对象性”“客观性”的烙印。而近代哲学对这一倾向进行了批判，特别是体验哲学对其进行了严厉批判，主张主客一体论，认为不可能有完全脱离人的客观认识，这就是雷科夫（1987）和蓝纳格 (1987，1991) 所倡导的认知语言学的一个核心观点：ICM 和识解（动词为 Construe，名词为 Construal），这不仅适合分析人们的范畴、概念、理性，而且适合分析语言现象。西方这一观点与“象理论”也是不谋而合的。

根据王树人（2005）的观点，中国传统的“象思维”具有非对象性，表现为“天人合一”或“物我两忘”。人本身就在被认识之中，这种认识是一种身临其境、人在其中的所悟，倡导的也就是“体认、体会、体察、体悟”等，这也正是《周易》中所论述的天地人三才一体的互动。因此，认知语言学的认知与“象$_2$”在这一点上有相通之处。

（三）混沌性和模糊性 VS 对象性和现成性

认知语言学所说的“认知”，主要还是以西方逻辑学为框架来论述的，其中的范畴、概念和推理等除具有一定的主观性外，还具有对象性和现成性。而“象”主要是基于“悟性”的，因而“象”更强调了混沌性和模糊性的特征，这就是老子所说的：

（1）大象无形。

（2）无物之象。

这是一种“原象”，比起认知语言学中所用的术语“认知”，似乎更为主观、更为模糊和混沌。

当然，老子所说的两个“无”，并不是通常所说的“没有”，等于零的“无”，而是指看不见外形的，只是潜藏着的、没有显现，因而这个“无”是具有无限创生能力的“无”，是“无中生有”的“无”。因此“象”既具有看得见的一面，又有看不见的一面。一方面无形之象源自有形之物象，另一方面无形之象又可产生无数的有形之象，这样“有”和“无”、“无”和“有”就处于一种不断流动和转化的过程之中，成为人类一切活动和文明之始源。正如王树人（2005）所指出的：

（这种无形的原象）是思维真正进入自由无碍，因而可以打破常规俗见并能发现问题和提出新问题的境域。

据此，我们不妨这样认为，应该让思的运动进入这种“无”的空间来遨游，天马行空，便可达到“天人合一”“物我两忘”的境界，就可使得我们的思维具有原发创生性。

（四）解释范围

认知语言学主要通过“现实—认知—语言”来解释语言的来源和形成过程，当今很多学者还基于此论述了词法和句法等方面的成因，在这一点上认知语言学更为深入，但没有将其上升到人类一切活动和人类文明这个更广的范围和高度来论述。《周易》中的“象”不仅能创造出各种代表繁多的天下之赜的“卦”（文字之始源）这样的符号形式（但没有述及词法和句法成因），而且它还是产生人类所有事业、发明和制度等的基础，为器物的发明、习俗的形成、制度的创造等，乃至人类的文明所依赖。因为《周易》中的“象”表示的是一种井然有序的结构，可作为一种“形而上”的范型理论来模仿和演绎，可生成无数“形而下”之器，这就是《周易》中所说的“以制器者尚其象”。胡适（1999：50）曾指出：

> 文明的历史，按照孔子的看法，就是把“意象”或完美的上天理想变为人类器物、习俗和制度的一系列连续不断的尝试。

标示农业开始的“犁”的发明，就是受到“木在雷（含有‘动’的意思）上”这一意象的暗示，也就是说器物“犁”的发明源自八卦“木在雷上”的“象$_2$”；舟楫的发明源自“木在水上”的意象（浮动）；用棺木、坟墓来埋葬死者的习俗来自“木在泽下”的意象（淹没），等等，详见《系辞传（下）》开头第二段（廖名春，2004：274—275）。我们十分佩服远古先民能做出如此深邃的解释，制“形而下之器”尚“形而上之道”，以“形而上之道”统“形而下之器”，阐述了“象”和“道”的抽象境界，从而对中华民族文明的形成发挥了奠基性作用。

更值得称道的是，《周易》已经将“象”上升到了人类一切活动之初来认识，上升到了人类文明之始源的高度来阐发，其解释范畴显然远远超过认知语言学对认知的解释。但我们也应当注意到，卦辞解释也不乏牵强附会之处，当以一分为二的辩证立场来审视这一古老文化典籍。

（五）“象”与整合

还有一点值得我们深思，Fauconnier（福克尼艾尔）和 Turner（特纳）（2002：389）在论述概念整合（Conceptual Integration）时，似乎也将其置于相当于《周易》中“象”的高度来论述了，他们认为：

Double-scope conceptual integration is crucial to the activities that make us what we are. Around 50,000 years ago，this level of blending was achieved，presumably through neurological evolution… Once double-scope blending was achieved，culture as we know it emerged. Cultures could create specific double-scope integration networks that then quickly showed up in the languages，number systems，rituals and sacraments，art forms，representation systems，technologies (from advanced stone scrapes to computer interfaces)，table manners，games，money，and sexual fantasies. [双域概念整合，对于使得我们成为今天之人类的一切活动具有关键性作用，大约是五万年之前，人类或许通过神经进化就获得了这一层次的融合能力……人类一旦具有了双域概念整合能力，我们所知道的文化就出现了，各种文化又创造出了特定的双域概念整合网络，它马上又显现于语言、数字系统、礼仪和圣事、艺术、各类表征系统、技术（从先进的石制刮削器到计算机界面）、餐桌礼仪、游戏、货币、性幻想]

根据 Fauconnier 和 Turner 的论述，它们将概念整合视为我们学习的途径、思维的方法、生存的方式，用他们（2002：389）的原话来说：

We live directly in these blends.（我们直接生活在这些融合之中）

因此，整合是我们在这个世界上唯一的生存手段，生存于这个人类世界就是生存于整合之中。从哺乳动物到灵长目动物，再到原始人类，概念整合能力得到不断发展，人类一旦获得双域整合（Double-scope Integration）能力，现代人类就诞生了，人类的特性就在于具有双域概念整合的能力。对于 Fauconnier 和 Turner 来说，人类 5 万年的历史，好像就是概念整合的历史。他们（2002：390）甚至还认为，我们是通过概念整合来理解我们所生活的物质世界、心智世界和社会世界，除此之外，别无他法。这样，他们就不仅用概念整合理论来解释语言问题，而且将其上升到人类发展和生存、认识和理解世界的高度来阐述，这一观点值得我们进一步理解和研究。

Fauconnier 和 Turner 对概念整合做出这种解释，似乎有点类似于《周易》对“象”的阐述。另外他们所提到的“双域整合”，也反映出《周易》的基础思路。在《周易》中，阳爻和阴爻两两相叠生成了四个符号，再分别叠加上阳爻或阴爻生成了八卦，然后再将两个三画形的卦摞起来，产生了 64 个六画形的卦，并可用它们来解释更多的现象，阐释更多的义理。64 卦的生成过程就是两个爻或两个卦不断叠加和整合的过程，最后两个三画卦的叠加就产生出了更多原创性的思想，这实际上就是一个双域整合的问题。

第四节 结语

语言的体验性是语言的一个重要特性，从体验哲学和认知语言学角度来说，这一特性也是顺理成章之事。这一特征不仅仅是西方学者之发现，我国古代学者也早有论述，从现有文献来看，可推回到公元前2700年左右伏羲始作八卦。

体验哲学、语义认知观、像似性、隐喻研究，如同语义理论一样，绝不是西方学者的专利，通过中西学者论述的对比可见，我国古代哲人早就意识到语言与体验之间的关系，其中有些论述比当今认知语言学家要早几千年。因此，外语界的学者不能仅将眼光盯在西方学者的理论和著作上，而必须研读我国的本土文化著作，注意中国学者的研究动态，正如荀子在《劝学篇》中所云：

故不登高山，不知天之高也；不临深谷，不知地之厚也；不闻先王之遗言，不知学问之大也。

他山之石固可攻玉，但也不可忘却我山之石也可攻玉这一事实。

第四章　对“名实”与“能指所指”对应说的思考

我国古代哲人关于语言意义方面的研究主要是围绕“言意之争”“名实之辩”和“训诂方法”等内容展开的。本章主要论述名实之辩中名与实的含义，及其与索绪尔的术语“能指所指”的关系。

名实之辩始于战国时期（前475—前221）。墨翟（约前476—前390）反对孔丘的天命论和以“名”规定“实”的“正名说”，提倡“取实予名”，即根据客观实物来给予相应的名称。“名”必须能够反映事实，“名”与“实”之间的关系，即指“名称或概念”与“实际事物”之间的关系。此后著名的“名辩之学”便开始正式讨论“名”以及“名实”之间的关系。

第一节　名与实的含义

在论述名与实关系之前，有必要对“名”与“实”这两个术语的含义作一分析。

“名”为会意字，在甲骨文中写作“（乙七八零八）、（甲三四八八）”（参见翟锦程，2005：4），其造字理据为，月光从户外通过窗户照进来。根据《说文・口部》解释：“从口夕。夕者，冥也。冥不相见，故以口自名。” 意思是说，人与人在夜间（夕）相见时彼此难以辨识，就须用嘴说出自己的名字以告知对方，因此其基本义为“自命”，即自称己名之意。

翟锦程（2005：4—6）说，“名”的含义近20种，他在书中列述了12种：人名、命名或取名、事物的名称、名分或名号或名义、谥号、名声或名誉、形容或称说、大、名目或种类、文字、眉睫之间、通“明”。这些用法基本是从其本意“自命”引申而出的。

可见“名”的基本含义，或是在日常用法中常指事物或人的“名字”“名称”，或是表示“用言语说出来”（如不可名状、莫名其妙等），还与“明”相通，正如《释名・释言语》中所指出的：

名，明也。名实事使分明也。

“名实之辩”中的“名”是指词、名称、概念，反映了人们的主观认识。由于词是用字来记录的，因此“名”也可包括“字”，如郑玄认为在古代叫作名，在当今就叫字（参见赵振铎，2000：48），他说：

名，书文也，今谓之字。

胡适（1999：68，114，184）也认为“名”包括语言文字。

邢公畹（1983：114—115）指出，在先秦，“名”一般是表示概念的词。

可见，“名称”“概念”和“词”这三者是相通的（当然不是相等的），它们都是相对于“实”而言的。何九盈（1995：28）认为：

先秦时代，反映事物的“概念”，表示概念的“词”，记录词的“字”，统称为“名”。

由于字词都有一定的发音，因此语音也可囊括于“名”中。正如何九盈（1995：4）所指出的：

“名”必须通过语言活动，即通过人的发音器官发出的语音才可以表达出来。

孙雍长（1997：119）直接将名与语音等同起来，他将“名”解释为可以用来指谓客观事物的声音形式。赵振铎（2000：20）也提到了这一点：“名”不仅是事物的名称，只要是出于口的声音足以表示一个概念的都是“名”。杨宪邦（1987：373）认为，名，即名词、语言、概念。

根据中国语言学和名学研究的有关资料，我们可将“名”涵盖的内容总结为10项：字、词、名词、名称（包括名分、名号、名义、名目等）、命名（称说）、形容、语音、语言、概念、名声（名誉），其中可将第4和第5项合并为一项，“形容”和“名声”与本文的论述关系不大，因此本书认为“名”主要包括了7项内容：字、词、名词、名称、语音、语言和概念。

一言以蔽之，它们是相对于客观性的“实”而存在的，都具有“主观性”，是基于物质性活动所派生出来的心理活动的产物。

“实”在很多书的注解中是指客观存在的“事物”“实物”或“自然现象”①，何九盈（1995：4）指出：

> “名”是属于语言范围的问题，“实”是属于社会存在的问题。

这句话就清楚地解释了名与实的含义。

但是，我们也发现我国有些学者将“实”解释为“概念”，如濮之珍在其论著（2002）第53页的注［35］中将“实”注解为“概念”。笔者倾向于取前者，原因主要有三：

（1）汉字“实”的基本意义为充满、充实、果实、事实、实在等，用其来指实物、事物也就十分自然了。

（2）正因为“名”中包括了“概念”，在讨论名实之间关系时，也就包含了概念与实际事物之间的关系。我们知道，我国旧时有一门学科叫作“名学”，主要包括如下内容：概念的分类、概念之间的相互关系以及“同异”“是非”“大小”等一系列对立概念之间的关系问题。名实之辩中的“辩”就指“辩论”，主要论述辩论的原则、判断和推理的方法等。

---

① 先秦诸子所论述的“实”还包括“社会政治领域中的现象”或“人的行为”，“名”还包括“名分”“名号”或“名义”，所以名实之辨主要是论述社会政治、国家管理和君权等问题的。名家主要代表惠施和公孙龙在论述名实关系时，主张将其从社会国家的政治管理论题中脱离出来，单独加以论述。难怪古代学者多将其视为脱离社会现实的空谈，将其视为诡辩之术，仅是玩弄词句而已，对于修身治国、伦理实践等没有用处，多为天下君子所不齿。故而惠施和公孙龙的论述长期遭到主张“经世致用”的学者们的严厉批判和大力排斥。但当今有学者认为他们的论述更多地表现出有关语言的纯粹哲学思辨的倾向，在语言哲学和逻辑学研究方面具有重要价值。

先秦的诸子百家，大多致力于名实之辩，以“名”作为研究对象，这就形成了“名学”这一哲学派别，主要研究思维的形式、规律和名实之间的关系。可见，“名学”并不是“命名学”，就其内容来说，大致相当于西方的逻辑学。若从这个角度来说，将“概念”包含在“名”中的解释也就顺理成章了。

（3）在杨倞（1989：130）注解的《荀子》一书卷第十六《正名》的开头说道：

名有三科：一曰命物之名，方圆白黑是也。二曰毁誉之名，善恶贵贱是也。三曰谓之名，贤愚爱憎是也。

第一类指具体事物的名称，而后两类都是指抽象概念，可见“名”中包括了具体事物的名称和抽象概念的名称。

第二节　“名实”与“能指所指”

汉语界有些学者长期以来将“名与实”和索绪尔的“能指与所指”这两对术语对应等同起来，认为“名”相当于索绪尔的“能指”，“实”相当于“所指”。我们通过认真对比和深入分析，认为这两对术语不能简单对应等同。

墨子在《经说上》中说：

所以谓，名也；所谓，实也。

这句话意思是说，用来作称呼的叫作“名”，同时也反映了某一概念，所称呼的事物叫作“实”。何九盈（1995：4）在解释墨子的这句话时说，“所以谓”是用来作称呼的，就是“能指”；“所谓”是指所称呼的事物，就是“所指”。用来作称呼的叫作“名”，所称呼的事物叫作“实”。

在汉语中，“名”还有一个意义：“说出来”“讲出”，它是从“说出名称”引申而来的，如“不可名状”“莫名其妙”等。何九盈和孙雍长都将“名”与“语音”联系了起来，进而也就可与索绪尔的“能指与所指”对应起来。孙雍长（1997：119）同样引用了墨子的上一句话，并将“名”解释为可以用来指谓客观事物的声音形式，“实”则是“名”所指谓的客观内容。他还认为，索绪尔所说的“能指”与“所指”，无非就是墨子所说的“所以谓”（名）与“所谓”（实）。

但是严格来说，“名与实”和“能指和所指”之间还是有很多不同之处的。要弄清楚这两对术语能否相对应，我们先来看一看索绪尔所用术语“能指与所指”的原始实际含义。

索氏所说的“能指（Signifier）”是指“符号的音响形象（Sound Image 或 Sound Pattern）”；“所指（Signified）”是指概念（Concept）。音响形象是“非物质的”“纯心理的”，概念也是一个心理现象。索氏这样的界定主要为了说明“语言是一个与自然实在无任何关系的自治体系”这一观点。但究竟应该怎样才能很好地理解这两个心理要素，并对其加以描写？它们存在的依据是什么？能有多大的解释力？这一理论出发点是否就科学，能否算理论之唯一？

当细读索绪尔的原著之后，我们就会发现索绪尔教程的编写者（2001：66）认为“音响形象”这个术语不很妥当：

Saussure's term "sound pattern" may appear too narrow. For in addition to the representation of what a word sounds like, the speaker must also have a representation of how it is articulated, the muscular pattern of the act of phonation.（索绪尔的术语“音响形象”看来也许过于狭隘，因为一个词除了它的声音表象，还有它的发音表象、发音行为的肌动形象）（1996：101）

其实，索绪尔（1916：111）本人后来在书中也用了“观念（Thought, idea）”和“声音（Sound）”这一对术语。

后来很多学者对这两个术语进行了修订，我们在大量阅读的基础上发现，国内外很多学者现在已经把“能指”不限在“音响形象”上，而更多地用来指语言表达形式，包括听觉形式（即语音）和视觉形式（书写），如 Martin（马丁）和 Ringham（林厄姆）（2000：123）在 *Dictionary of Semiotics* 中认为 Signifier 指 the concrete world of sound and vision。这就与索氏的原始界定有了较大的差异。

另外，“所指（Signified）”也不仅仅是指“概念”，而常用来指“意义”“信息”“所表内容”。关于“能指和所指”相当于“形式和意义”的说法出现在很多论著和教材中。

因此，这两对术语的原始确切含义还是有较大差异的。只有将“名”和“能指”视为语言符号的实际发出的语音，“实”和“所指”视为语言符号所表示的实物内容时，它们之间才可能具有对应的关系。

第三节 从认知语言学角度做出的分析

现将上述两对术语分别置于认知语言学的基本理论框架“现实—认知—语言”中来加以对比，以进一步论述它们的异同以及原因。

体验哲学和认知语言学认为，人们的认知过程起始于互动性的感知体验（如感知环境、移动身体、发出动力、感受力量等），逐步形成意象图式（Image Schema），建构出抽象的认知模型（Cognitive Model，简称CM），人们在此基础上进行范畴化，形成了范畴，概念对应于范畴，意义同时形成。人们用语言符号将其相对固定下来，这就是语言形成的基本过程。

从上文分析可见，中国古代学者所说的“名”，既可用来指“名称”“讲出”，还可用来指“概念”，他们把名称和概念合起来称为“名”，与“实”相对。而索绪尔的“能指”和“所指”有不同的含义，可作如下对应标注：

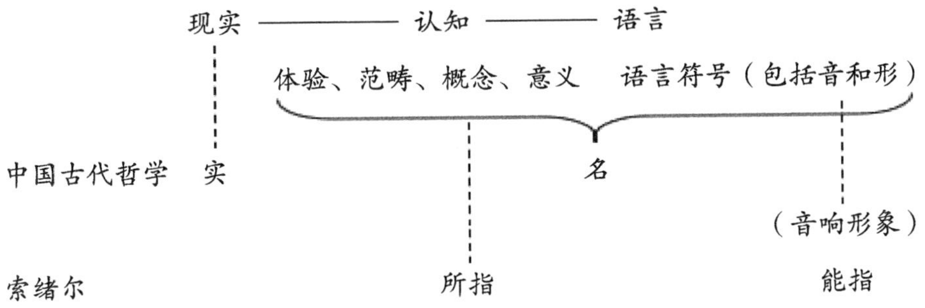

图 4.1 名 VS 实，能指 VS 所指

根据上图可见，“名”与“实”，“能指”和“所指”，都能在图中找到其相应的位置。由于我国古人所说的“实”是指存在于现实世界之中的实物、事物，其就应与“现实”对应。根据上文对“名”的解释，可包括多项内容，则大致对应于上图中的部分“认知过程”和“语言符号”。我国古代哲人认为反映事物的“概念”是用词来表示的，这样就将词语与概念紧密联系在一起了，两者统用“名”来概括表示。

索氏的“所指”是“概念”，“能指”是“音响形象”，如此看来，索氏所用的“能指”和“所指”这对术语都应属于“名”的范畴。同时，我国有些学者还认为“名”可用来指“语言”，而在索氏理论体系中，语言符号是由“能指”和“所指”构成的，这也从另一角度说明了索氏的这对概念大致属于我国古代学者所说“名”这一范畴之内的内容，而且“名”比起“能指”和“所指”之和还要大得多。

如此看来，“名实”和“能指所指”尽管有联系，但就其始源用法来说，它们各有不同含义，不可同日而语，更不可等同对待！

第四节　术语差异溯源

我们知道，索绪尔，作为现代语言学的奠基人，彻底摆脱了英美传统中根深蒂固的经验论和实体论观点，实现了语言研究系统论的转向，这一转向以及他的其他新观点被称为语言学研究中的一场哥白尼式的革命。

基于这一基本立场，索绪尔就将自己的研究聚焦在语言结构系统之内，排除一切外在因素和干扰，割断了语言与人和社会之间的联系，独创性地采取了一种“关起门来谈语言”的态度来论述语言（参见第二章第一节图2.5），因此他的注意力也就没有，而且也不可能，放在语言与现实之间的关系上，在其论述符号的“能指与所指”时，是与英美传统的经验论和实体论（研究客观外界）完全背道而驰的，也就不得不放弃我国古代哲人所说的“实”这一要素。

我国古代哲人看待语言文字的意义常是从“指称论”或“概念论”角度做出的分析（参见上文）。所谓指称论，是就语言与现实之间关系做出的论断，认为语言形式与其所代表的事物之间存在一种直接的指称关系：名称与对象相对应。我国古人早就认为语言符号能“指实”“识物”“指事”，这可从汉语中“指”字的本义得到解释。“指”原义为“手指”，后引申作动词，指给人看、指示、指点、标指。“名”的本义起于“标明”，在这里是指语言单位，古谓“名”，也谓“字”；“实”是一切客观存在的事物。“名”是用来明“实”的，语言中的词是客观事物的信号和标志，是标明各客观事物使之可以相别的东西。因此古人所说的“指实”“识物”“指事”“明实”就类似于西方的“指称”。上文所引墨子的话就反映了这一思想。基于此就自然形成了“名”与“实”的划分。

上文还曾述及“名”含有“讲出来”的意思，从这个角度来看，“名”就包括了语言符号的发音。另外，在古汉语中“名”和“鸣”也是相通的（参见第二章第一节），因此语言的声音也就被囊括于“名”中了，而没有单独以语音为基点来论述事物和概念。

沿着“名”指“名称”这一思路进一步向前推理，则可将“名”理解为表示事物的概念，名称是与“概念”相联系的，或说成名称是通过概念来指称实物的，这或许是站在“概念论”语义观的角度得出的推理。我国古代学者在很多著作中确实就是这样用的，可见我国古代学者早就有概念论语义观了。

所谓概念论，是指在语言与现实之间增加了“概念”这一中间要素，语言与现实不是直接对应的，而是通过概念建立联系的，词语指向概念，概念对应于事物，这一观点在西方直到德国的哲学家 Frege 于 1892 年才正式提出来，后来奥格登和理查斯于 1923 年提出了语义三角理论（Semantic Triangle），其中包括三个要素：符号形式、概念 / 系统意义、所指对象（参见第二章）。

其实，我国古代哲人墨子和尹文子早已认识到词和概念不等同这一现象，他们早就发现同一概念可用不同的词来表示，同一个词（主要指语音形式一样）也可以表示不同的概念。例如“狗”和“犬”是两个词，但同指一物（参见何九盈，1985：12）。荀子在《正名》中也论述了“异物同名”的现象，训诂学中也有很多对“异物同名”作注的论述。

东汉的刘熙和清朝的训诂学家王念孙也曾十分明确地提出了在“名”和“实”之间还有“立意”这一个重要层次（参见第二章第一节）。

正是由于我国古代学者常常基于指称论或概念论之上来研究语言文字与其所表达意义之间的关系，这就使得“名与实”之间有了一个如此固定的划分方法。而索氏是以系统结构论为其理论出发点的，这也就决定了他要将“能指和所指”做出如此独特的划分。这样，这两对汉英术语犹如两股道上跑的车，尽管所说的事情有联系，但论述的内容和方法还是有较大差距的。

第五节　学科上的差异

学术界所谈论的“唯名论”主要包括以下两个方面的内容：

（1）个体（又叫殊相）是实在，即只承认有个体存在，只有个别的感性事物才是真实的存在，批判实在论把共相或一般看作独立事体的观点，即否认共相或一般具有客观实在性，认为共相或一般仅是词或名称，仅存在于表示许多相似事物的共同特征的“符号”之中，故被称为“唯名论”。共相是后于个别事物的，在语言之外并没有真实的存在，这就是奥卡姆的名句：实体数目的增加不应超过需要（Robins，罗宾斯，1967：101）。中国学者常将其表述为：如无必要，勿增实体。唯名论者常认为共相的名称是无用之物，妨碍人们正确地认识事物，必须统统剪除和抛弃，这就是我们常说“奥卡姆剃刀（Ockham’s Razor）”的基本思想。

（2）由于坚持“个体第一、共相第二”的观点，共相仅存在于概念和名称之中，没有实在性，与外界实物没有什么必然的联系，两者仅存在一种任意性关系。因此，唯名论者认为语言符号是任意的，名实之间具有无理据性。

唯实论也有相应的两种解释：

（1）共相本身具有客观实在性，共相是先于事物而独立存在的精神实体，坚持“共相第一、个体第二”的观点，共相是个别事物的本质，故被称为“唯实论”。

（2）由于坚持“共相不仅仅是个语言名称的问题，它本身具有实在性”的观点，这样语言符号就与实际事物之间存在必然联系。因此，唯实论者认为，语言符号是有理据的，名实之间具有像似性。

“名”与“实”这对术语与唯名论和唯实论这对术语密切相关，它们既是语义学中的一个基本议题，又是逻辑学、哲学、政治学中的一个重要的理论问题。

我国古代哲人约在2500年以前，几乎与Socrates（苏格拉底，前469—前399）、柏拉图（前427—前347）、亚里士多德（前384—前322）同时代，就论述了名与实之间的关系。

道家代表老子、庄子提出了著名的“无名说”，认为从根本上来说不能用词语来给一般事物命名。

儒家代表孔子提出了“正名说”，主张确认语言名称与所指代的事物之间的关系必须“正”，但孔子所倡导的“正名说”主要是针对当时的社会和政治形势的，其目的主要是恢复原有的社会秩序和仁礼制度，“正名以正政”，为统一天下服务，而不在于语言本身。根据他的论述，由于“名”已经偏离了它所代表的“实”，出现了名不副实的情况，偏离了最初的约定，因此需要正名。名实之辨，有点类似于西方的唯名论与唯实论之间的争论，主要是关于哲学和政治方面的争论。

此后，著名的“名辩之学”便开始讨论“名”以及“名实”之间的关系，诸如概念的分类、概念之间的相互关系，以及“同异”“是非”“大小”等一系列对立概念之间的关系问题。“辩”指辩论，主要研究辩论的原则、判断和推理的方法等，逐步形成了“名学”这一哲学派别。春秋战国时期的主要学说还有墨子（前468—前376）的举名论、惠施（约前390—前317）的历物论、公孙龙的谓名论、荀子（约前325— 前238）的正名兼制名论等（详见第五章第二节）。

他们在进行“名实之辩”时，详细论证了“名称词语或概念”与“实际事物”之间的关系，后来还上升到认识论的理论高度，从这一点来说，名学所研究的内容与西方逻辑学有相同之处（参见上文）。可见，名实问题不仅仅是语言中的问题，还涉及哲学、政治、逻辑学等领域的问题。

而索绪尔的“能指和所指”仅是就分析语言符号提出的，认为符号是由“能指和所指”这两个要素构成，而且两者是不可分离的，语言符号是“能指和所指”的结合体。就此我们不难发现，索绪尔的这对术语本身与哲学、逻辑学、政治学没有什么直接关系。这样，我们也就不能简单地将我国古代学者所说的“名与实”和索氏所说的“能指与所指”置于同一层面来论述。

第六节　结语

综上所述，我国古代哲人所说的“名与实”与索绪尔所说的“能指和所指”的原始含义是不同的，“名”的含义十分丰富，远远多于索氏的“能指和所指”之和，这两对术语完全处于不同的层面，涉及不同的学科领域。据此，我们认为，不宜将它们视为对应术语，当对这一误导加以纠正。

倘若硬要将它们简单等同对应起来，恐怕容易产生较大的误会，既不利于掌握索绪尔的语言观，也不利于理解先秦名学。

第五章　中西学者论唯名论与唯实论

自从古希腊的学者正式提出“形式和意义”二分法之后，语言也在这两者之间做出了区分，索绪尔（1916）使用了“能指（Signifier）”和“所指（Signified）”这对术语（其确切所指参见上文）。西方学者还用了很多类似的成对术语，例如：

能　指	所　指
Signifiant	Signifie
Signans (Signantia)	Signatum (Signata)
Sign	Content
Morphological Form	Meaning
Code	Coded
…	…

在这两者之间是否存在内在的、自然的关系上，哲学家、语言学家一直存在着根本对立的两种观点，现将几组成对术语列举如下：

唯实论		唯名论
唯实论（Realism）	与	唯名论（Nominalism）
本质论（Physei）	与	约定论（Thesei）
像似说（Iconicity）	与	任意说（Arbitrariness）
自然派（the Naturalists）	与	习惯派（the Conventionists）
……		……

从第四章的论述可见，“唯名论”和“唯实论”这一对术语涉及哲学、逻辑学、语言学等领域的问题，本章主要从语言符号与所指意义之间是否具有理据性关系的角度来论述这两大学派的争论。

唯实论者认为词语符号与所表示的事物之间存在一种根本的联系，词语只不过是人们给现实或外部世界的事物所起的自然名称。唯名论者则持截然相反的观点，认为人们用来表示事物的名称和符号，其形式与它们的所指之间并没有什么内在的联系，完全是人们任意（我们不主张用“约定俗成”）所为的结果。自那时至今，在哲学界和语言学界就一直存在这两种观点的争论，这一争论主要就是围绕语言符号是否具有理据性或像似性而展开的。

第一节　西方学者对两者关系的争论

西方学者对这两种观点的争论大致可划分为三个阶段：

（1）两论相持时期；

（2）索绪尔时期；

（3）后索绪尔时期。

一、两论相持时期（古希腊时期至19世纪末）

在这2000多年期间，基本是两种观点并存，两论大致相持的阶段。

柏拉图持唯实论的观点，他在《对话集》中提出人类一般语言活动起源于拟声的论点（详见第八章第一节）。而他的学生亚里士多德则是唯名论的代表人物（具体言论略）。

斯多葛学派（Stoicism）的哲学家也指出，语言的外部形式是人类本质内在普遍性的反映。古罗马人也就唯实论和唯名论进行了论战。奥古斯丁则持柏拉图的观点，认为人是以声音来模仿他所称呼的事物的。

拜占庭时期（Byzantian Period）的哲学家认为，像似符是早已存在的原始典型的一种直接体现，创造像似符的人们只是通过他们的技巧将这种原始典型变成书面形式记录下来，使人可见。他们还打了一个很好的比喻：语言的形式与意义之间的关系，就像印章会留下印记，身体要投下身影一样，不可避免地具有像似性（Slobin，斯拉宾，1985：221）。

中世纪经院哲学内的唯实论与唯名论的争论，实际上也是古希腊两学派之间争论的继续，其中也涉及语言符号与所指意义之间是否存在理据性的问题。

卢梭认为语言是约定俗成的，这种约定和社会制度的“民约”一样，都是社会秩序的基础。Leibniz（莱布尼茨， 1646—1716）认为人类的原始语言是根据拟声原则创造出来的，语言形式与意义之间的关系在本质上是像似的，这被称为弱式像似性理论，代表人物有柏拉图和莱布尼茨。讲话者生理和物理的基础是形成语言形式与意义之间结构像似的条件，这被称为强式像似性，主要代表人物是Vico（维科）（参见Gensini，简斯尼，1994：4）。

Humboldt（洪堡特，1767—1835），是德国伟大的哲学家和语言理论家，被尊为普通语言学的奠基者，早在1836年出版的《论人类语言结构的差异及其对人类精神发展的影响》（1997：72）一书中就对语言像似性做出了精辟的阐述，他指出：

语言结构的规律与自然界的规律相似，语言通过其结构激发人的最高级、最合乎人性的力量投入活动，从而帮助人们深入认识自然界的形式特征。

洪堡特这里所说的语言结构规律与自然界规律相似，实际上就是我们今天所谈论的“句法像似性”，他能在160年前提出这样的观点，而在今天才被人们逐渐认识，确实不愧为一位伟大的语言理论家。

二、索绪尔时期（20世纪初至60年代）

集唯名论之大成者当属索绪尔。2000多年的有关唯名论与唯实论，语言符号是否具有理据性的争论，到了索绪尔这里似乎可以画上一个句号了，但这绝不是一个圆满的句号。索绪尔被称为现代语言学的奠基人，在全世界语言学界影响巨大，他的观点被许多语言学家视为“金科玉律”，奉若神明。随着索绪尔地位的上升，“任意说”也就身价上涨，唯名论暂占上风。

索绪尔在《普通语言学教程》中就指出：

能指和所指的联系是任意的。

他在全书很多地方都提到了“任意性”（pp.102—105，109，111，113，116，159），并将之视为“头等重要的”“第一原则”“支配着整个语言的语言学”。

在他的著作中与“任意性”同义的术语还有“不可论证性”“自由选择”“约定俗成”“契约的”“最少的组织性”。

索绪尔的任意说与他的另一个观点“语言是一个自治系统”是密切相关的。他过分强调符号的内指性，忽视语言的意义，主张要到外部去找所指对象，认为语符是与概念而不是与事物相联系，因而就不存在与客观外界事物像似的问题。他甚至还不同意把拟声词和感叹词视为有理据的造词，否认其间的必然联系，认为：

> 它们的选择在某种程度上已经是任意的，因为它们只有某些声音是近似的，而且有一半已经是约定俗成的模仿。（p.105）

因此，在现代语言学中长期以来都认为语言符号的能指与所指之间无对应关系，语言具有任意性的特点。正因为这个论点是出自现代语言学鼻祖、世界著名语言学家索绪尔之口，所以这一观点支配着整个语言学界长达一个世纪之久。正如泰勒（1989：5）所言：

> 任意性是 20 世纪语言学的一条根本原则。

Sapir（萨丕尔，1921）在 *Language：An Introduction to the Study of Speech*（《语言论：言语研究导论》）一书的引论中论述了语言符号的任意性。Hockett（霍凯特，1958）在 *A Course in Modern Linguistics*（《现代语言

学教程》）下册第 309 页指出：

人类语言在其语义的约定方面几乎是任意的。例外是拟声或局部拟声形式的模糊的拟象痕迹，我们知道，即使在这些形式里也有不小的任意成分。

乔姆斯基所代表的形式语言学派将索绪尔的“任意性”大加发挥，认为自然语言是独立于人类其他认知系统之外的一种天赋的（Innate）、自治的（Autonomous）形式系统。他认为语言具有自治性、任意性特征，语言的能指和所指毫无直接关系。但乔姆斯基所认为的“约定俗成”与索绪尔所认为的“社会的约定俗成”是不同的，而是指心理遗传特征上的任意性。

基本与索绪尔同年代的美国实用主义和符号学的创始人、著名哲学家皮尔士提出了符号三分法，首先使用了 Icon 一词，并用 Iconicity 这一术语来指符号的能指与所指之间所存在的一种自然关系。Buchler（布茨勒，1940）说：

每种语言的句法借助约定俗成的规则，都具有合乎逻辑的像似性。

但由于索绪尔在语言学界的巨大影响，皮尔士、洪堡特等人的观点并没有引起人们足够的重视。

我国语言学界许多学者一般也认为任意说比较符合事实，这一观点反映在很多语言学著作、论文和教材中，几乎已成为语言学界的一句口头禅，一条不可辩驳的真理（axioms, even as dogmas, as virtually truism）（Simone，塞曼，1994：vii–viii）。

三、后索绪尔时期（20 世纪 60 年代以来）

20 世纪 60 年代以来，人们越来越清楚地认识到，气象万千的世界必然会产生丰富多彩的符号，在各类符号与现实世界和认知世界之间也必然会存在各式各样的关系，不能仅用索绪尔的“任意性”来一概而论，柏斯的“三元符号模式”比起索绪尔的“二元符号模式”在论述符号与其所指意义之间的关系时显得更为全面。与此同时，Jakobson（雅可布逊，1965），Greenberg（格林布格，1966），Chafe（切夫，1970），Bolinger（鲍林格，1975，1977），Verhaar（乌哈尔，1985），Slobin（斯拉宾，1985），Givón（吉旺，1989，1990），Wierzbicka（维尔茨比西卡，1988），Simone（塞曼，1994），Lakoff 和 Johnson（雷科夫和约翰逊，1999）等也对之进行了肯定性的论述。

雅可布逊（1896—1982）于 1965 年第一次对语言符号任意观提出了尖锐的批判，认为语言中普遍存在像似性现象。他列举了恺撒的一句名言：

vēnī，vīdī，vīcī.（我来，我看，我征服）

他以此来证明句序与时序之间的像似性。他在 1971 年还指出（参见 Haiman，海曼，1985b：290）：

复杂化的形态就是复杂化语义的像似符。

Ullmann（1962）按构词特点将语言分为“理据型”和“非理据型”，

认为，世界上的语言确实具有不同程度的理据性。

Brown 和 Levinson（布朗和莱文森）在 1978 年指出（参见 Haiman，1985b：290）：

> 礼貌会话中的语符长度的增加，像似于社会距离的增加。

Rhodes 和 Lawler（罗德、劳勒，1981）指出：

> 近来的研究表明能指的语音理据比传统所认为的要广泛得多。

Lyons（莱昂斯，1991：94）则进一步认为：

> 一般的“自然语言”，其各个结构层次上的像似性要比语言学传统的名言警句所告诉我们的大得多。

蓝纳格（1987，1991），雷科夫（1987），泰勒（1989，1993）和其他学者建立了认知语言学，主要从认知角度探讨和分析语法规则的成因，他们认为，认知和语义是一种语言形成其句法结构的内在动因，语法仅是语义的建构和象征体系。

乔姆斯基（1965）认为，句法是自治的，是独立于语义和音系的，因而句法与语义也就不存在什么联系。后来他本人（1986：84）的观点有了较大的变化，认为句法是词项特征所影射的产物，不合语法的句子是由语义不兼容引起的。

Haiman（海曼）于 1985 年出版了《自然句法》和《句法像似性》

两本书，系统地对语言句法中所存在的像似性进行了较为详尽的分析和研究，将语言像似性的研究带入了一个新时期，成为当代像似性研究最有影响的学者。他总结出“意义相近，形式相似”的原则。该原则反之也成立：形式相似，则所表达的意义也相近。他采用柏斯的分法，也将像似符分为两类：映象符（Imagic Icons）和拟象符（Diagrammatic Icons）。语言中的映象符包括听觉上拟声像似的拟声词，和视觉上形象像似的字或词形。拟象像似的特征在语言中主要表现在句法像似性（Syntactic Iconicity）上，海曼又将其分为两种：成分像似和关系像似。

成分像似强调的是在语符和意义两层面的成分之间的一一对应像似，一形对一义的现象。洪堡特将之称为“最佳原则（the Principle of Optimality）”，Vendryes（万戴斯）将之称为“单义原则（the Principle of Univocability）”，奥格登和理查斯将之称为“单一原则（the Canon of Singularity）”，海曼有时也将之称为“一形一义原则（‘One Meaning, One Form’ Principle）”。既然是一形对一义，则不同形式必然就有不同的意义，不同的意义也就必须用不同的形式来表示，语言中不存在绝对的同义词和同义结构。每一语言中都有这样的现象，因此成分像似具有语言普遍性，但成分像似在各语言中有不同的情况。

关系像似强调的是在语符间的关系和意义结构间的关系中存在的像似现象，语言结构在某一方面可以直接反映现实或概念结构。关系像似主要研究符号在组合时的推理过程。当前国外所研究的关系像似性原则主要有3条：

（1）距离像似性（语符距离像似于概念距离）；

（2）顺序像似性（语符单位排列顺序像似于时间顺序、思维顺序）；

（3）数量像似性（语符数量像似于概念数量）。

我们根据像似性原理，又归纳出另外3条：

（1）标记像似性（标记性从无到有的顺序像似于认知的自然顺序及组词的一般顺序，有标记性像似于额外意义，无标记性像似于可预测的信息）；

（2）话题像似性（分句的话题像似于思维的起始点）；

（3）句式像似性（组词成句的方式像似于民族的思维定式和社会文化风俗）。

鲍林格认为，不同的表层结构对应于不同的深层结构。他（1977）的工作论证了一条古老的原则：语言的自然状态是为一个意义保存一种形式，为一种形式保存一个意义。两个不同的句法结构（即便表达同一个概念功能）不会同义。卡茨和波斯特尔于1964年曾提出著名的卡茨－波斯特尔假设（Katz-Postal Hypothesis），认为转换不会改变意义。这条假设现在受到很多语言学家的批判，目前这个假设已基本不为人们所接受（海曼，1980：517）。

学者们认为，造成“一形对多义”和“多形对一义”的现象是有根源的，也是有理可据的：

（1）一形多义可能是音变的结果，原先有差别的形式后来随音变而出现了同形现象。一形多义实际上也是像似动因的结果，相同的结构表达几个意义的现象，像似于这些意义之间的同质性。

（2）绝对的同义词是不存在的（布龙菲尔德，1933：145）。在一组同义词中，各个词表示的意义总是有差别的。Louw 和 Nida (娄乌和奈达，1989：xvi) 把“没有同义词”作为第一条语义分析的原则。

一词多义现象在很多语言中是一种普遍现象，这里既有经济动因，也有像似动因。人类为了用有限的符号来表示无限的意义，必然会使用经济原则，一词（音）多义也就在所难免，但在一个单词所表达的多种意义之间有许多共通之处，一般的词汇学著作中都论述了词义变化的两种途径：辐射（Radiation）和连锁（Concatenation）。词义变化也是取其在概念上相关而竞用同一语言形式的结果。英语中部分情态助动词既可表示情态，也可表示将来，就是因为“情态”和“将来”在意义上本来就存在语义上的同质现象。部分动作动词，特别是表示位置转移的动词，如 go，come，leave，start，arrive 等，其进行体可用来表示将来概念，这与两者在语义上密切相连有关。例如：He is leaving Jinan for Beijing.“正在离开”说的是动作的过程，而“将离开”说的是动作的起始或结果，两者指的是同一动作的不同阶段，在语义上有明显的同质性。

1983 年 6 月 24 至 26 日在美国加州斯坦福大学召开了“Iconicity in Syntax”的专题大会，世界著名语言学家云集一堂，各表高见。1985 年由海曼主编，将大会论文出版成书，书名为《句法像似性》，其中主要收集了 14 位著名学者的论文，他们都从各个不同侧面和角度论述了语言句法中普遍存在的像似性现象。

Bybee（拜比）论述了动词与屈折形式之间的紧密程度像似于它们所表达概念的相关度。他通过对世界上 50 种语言的调查和对比，按与动词的相关度顺序列出了一些语法范畴：性、人称、数、式、时、体、态、价（指动词所能带谓项或述元的数目），前面的范畴所表达的概念相关度较高，就越易融合成屈折形式，后面的概念相关度低，可用屈折形式或词汇形式来表示。拜比在文中进一步分析并指出，屈折形式原来是一些使用频率很高的单词，它们在语音和语义上渐渐弱化，并在语音和语义上同时融合进入了主意词干。概念间的相关度控制着整个屈折形成的过程。

鲍林格认为语调是姿态复合体（Gestural Complex）的一个组成部分，是相对自治的体系，具有表明讲话者心境和态度的功能。语调既是心境的像似符，又是心境的标记符，是一种十分微妙的像似性机制，它可协同语法，甚至有时是语法中不可缺少的一种机制，来表达人们的思想。

蓝纳格则十分令人信服地论证了在主观性与零位表达(Non-expression)之间的像似功能，在特定的场合和方位时，主体(观察者)与客体(被观察者)之间存在感知上的非对称性，例如：

There's snow all around.

There's snow all around me.

在第一句中主体为零位表达，主体与客体不对称，则表明主体不在场，而在第二句中主体出现，可知主体也成为被观察的一部分，其间的像似性是不言而喻的。另外，在使用诸如"the author"等全称词语时，则可表明在认知阶段无意将自己从整体中突现出来。

吉旺对缩简形式所表示的像似性进行了较为广泛的讨论，他认为缩简形式表达了可以预测的信息：讲话人对可预测性信息投以较少的注意力，将较多的文字置于新知信息的描述上，这也完全符合人们的认知模式。格林布格对此亦有同样的看法，在某些语言中冠词成了指示代词的缩简形式，这种替代用法使其所欲表达的信息失去了突现性，而转变为已知信息。他们两人的发现与Zipf（哲普夫，1935）的观点一致：出于经济性动因原则，用缩简形式表达熟悉的和可预测的信息。

斯拉宾发现儿童对语法规则的理解能力要低于成年人，例如他们所使用的语言与现实结构之间的像似度要高于成年人。通过调查，英国儿童在语言习得初期，确实是将表示条件和原因的从句置于句首，因为这类从句和主句之间的顺序与实际动作发生的时序存在较大的像似性。

Kirsner（柯斯纳）则认为，即使在一些标记很严格的语言中，词序的微妙变化也可能会产生交际效果的差异，而且其间的差异是有理可据的。例如：动词短语中受益人的出现像似于受益人参与动作，如受益人出现在动词短语之外，则像似于他未参与动作。

格林布格指出，用有限的语言范畴形式来表达无限的经验和概念，必然出于像似性的动因，人们要用相似归类的办法竞用（compete for）同一语言形式来表示多个相似的概念。由于时间、空间和话语的指示功能所表示的概念范围存在相似之处，它们就被映照于同一套指示词语上。

Delancy（德蓝斯）认为，分析语与综合语的产生也与像似性有关。他通过对西藏语和缅甸语的研究进一步指出，在选用分析语形式还是屈折语形式时，主要取决于像似性原则，而不是经济性原则。

Dubois（杜布瓦）发现，在无标记性的语句中，最经济的方法就是将主项与已知信息置于句首，常见的“主谓宾”句法顺序就简单像似于实际时序，句首表示已知信息，句末表示新知信息，这完全符合人类的认知程序，以共有的知识为基础去表达未知的信息。特别是在主项为第一或第二人称时，这种已知和新知信息结构顺序根本不需要带任何标记。

正因为“句法结构”与“世界结构和经验结构”之间的像似性是一种自然关系，这就是为什么海曼在 1985 年出版的另一本有关句法像似性的书取名为 *Natural Syntax*，副标题为 *Iconicity and Erosion* 。他认为，随着语言的发展，任意性是慢慢潜行进入（creep into）语言之中的。原本像似性极高的语言会不断受到这样 一系列因素的影响：经济性、概括性、关联性、丰富性、灵活性、易操作性、语音借用等。海曼将这些因素统称为像似性的扭曲素（1985a：11）和腐蚀剂（1985a：157），它们使得原本像似性极高的语言不断受到“扭曲”和“腐蚀”，语言中有些像似性现象被任意性所掩盖，有些被减弱，有些甚至会消失。语言学家可通过还原的办法来恢复被“扭曲和腐蚀”了的原有像似性的真面貌。

第二次像似性国际研讨会是 1992 年 10 月在意大利的罗马大学召开的，大会主题为“Iconicity in Language”，后由塞曼于 1994 年主编出版了 *Iconicity in Language* 一书，书中收集了 14 位世界著名语言学家的大会论文，他们分别从语言学史、符号理论、语言学理论等角度论述了语言中大量的像似性现象。塞曼（1994：viii-iv）认为，柏拉图模式（即像似性理论）或许将会占统治地位（conquer）……这场“对任意性的斗争”不仅激起了对语言特性的反思，而且导致了对语言学未来研究方向的反思。

第三次像似性国际研讨会是 1997 年 3 月在瑞士的苏黎世召开的，大会主题为“语言与文学中的像似性”，后由 Nänny（南尼）和 Fischer（费希尔）于 1999 年主编出版了 *Form Miming Meaning*：*Iconicity in Language and Literature* 一书，语言学家和文学家第一次联手对像似性理论进行了跨学科的研究。

这三本著作收集了几十位世界著名学者的论文，他们分别从哲学、心理学、生理学、符号学、语言学、社会学、文学等角度对语言中所存在的大量的像似性现象进行了较为详细的分析和阐述，将语言符号像似性研究带入了一个新时期。正如维尔茨比西卡（1988：491）所说：

> 像似性理论在 20 世纪最后 25 年的语言学研究中占据着支配性地位。

第二节　中国学者关于唯名论与唯实论的争论

一、序言

今天汉语界不少学者将名与实同索绪尔的能指与所指对等起来，我们认为这是不妥的。正如第四章第一节所指出的，“名”内涵十分丰富，包括近二十项内容，本书主要针对我们的论述将其归纳为七项：字、词、名词、名称、语音、语言、概念。它们都是相对于客观外界存在的“实”，是人们心智加工的结果，具有明显的“主观性”，而索氏的能指和所指是指音响形象和概念，因此名与实同能指与所指两者的严格内涵是不同的，因为前者不仅仅是语言中的问题，还涉及哲学、逻辑学、政治学等领域的问题，而索绪尔的能指与所指仅就讨论语言符号提出的。名与实，能指和所指，两个论题所讨论的内容虽有一定的相通之处，但两者不能简单对应等同。

我国先秦时期的哲人约在2500年以前，与苏格拉底、柏拉图、亚里士多德同时代，就论述了名实之间的关系。翟锦程（2005：7）指出：

先秦名学的研究对象就是在名实关系问题的基础上，研究有关名称问题的一种社会文化思潮。

古代先秦时期的名学研究处于各种思潮学说的交汇之处，诸子百家在各自对社会实况的体验和思考中，深刻剖析了当时社会生活中名实之间关系之名存实亡、名存实变、名实不符、有名无实、名实相离、名实乖乱、名实相怨（《管子·宙合》）、邪说辟言（《荀子·正名》）、名实相乱（《荀子·正名》）、百家异说（《荀子·解蔽》）、名得实亡（《韩非子·南面》）、名不称实（《韩非子·功名》）的现象。他们有的从理论上进行严厉批判，从实践上分析其社会危害；有的从名学上进行词义阐述，从思想上进行逻辑辩说。诸子百家出于不同的政治需要，代表不同的阶级利益，各抒己见，竞相争论。

时君世主，好恶殊方，是以九家之术，蜂出并作，各引一端。（《汉书·艺文志》）

诸子百家在这一时期展开了一场名实关系的大论战，形成一种前所未有“百家争鸣，百花齐放”的局面。我国学界一般将他们这个时期有关名以及名实关系的论说统称为“名学”（参见附录三《中国古代语言学简史表》中的“萌芽时期”），其中所论述的内容与西方古代哲学中的唯名论与唯实论之争有相通之处，他们所论及的内容十分丰富，很多观点针锋相对，这对于研究先秦时期的社会政治和学术发展具有十分深远的意义。

说其内容十分丰富，是因为名学除了论述有关语言的符号性问题，更重要的是还涉及社会存在、国家政治、君权思想、意识形态、文化观念、逻辑思维等论题，他们基于不同的认识，从不同层面论述了名和实以及两者间的关系。

说其观点针锋相对，是因为多路学者各持己见，各不相让，诸多学术观点水火不容。正是这一辩论，形成了先秦时期学术上的“百花齐放、百家争鸣”的可喜局面。正如《汉书·艺文志》所说：

其言虽殊，譬犹水火，相灭亦相生也……相反而皆相成也。

说其对研究社会政治与学术发展具有深远意义，是因为孔子的“正名”研究的主要目的是“正政”，摆脱“诸侯异政、百家异说”的局面，主张恢复奴隶主宗法制度的“君臣父子”等级与名分，包括后来的孟子、荀子、墨子、韩非子等的论述，也都以“治世”为其根本取向（当然，他们在如何治世、治什么世等问题上存在较大分歧）。但是，他们的论述必然要涉及“名”与“实”之间的关系，主张匡正具体器物与它们的名称，使名实相符，从而引发这个时期的思想家从“名物角度”进行了名实关系的思考和辩论，进而出现了名家这一学派。

说其具有深远影响和意义，还因为名学中的论述闪烁着深邃的思想光辉，滋养着以后2000多年的学者，正如翟锦程（2005：1）所说：

中国思想史上几乎所有重大的理论问题和思想学说都可在先秦诸子的典籍与著述中找到它们的源头和根据。

本书主要是关于中西语义理论对比研究的，因此重点讨论先秦主要学者有关语言和意义方面的论述。

道家代表老子、庄子在名实问题上主要持“无名说”，政治上逃避现实，思想上追求自我，方法上实施“无为”。他们认为“名”是随着人类社会制度的建立和发展而出现的，它的出现使得人开始了等级分化，破坏了自然秩序和“无为”之道，因此应当取消“有名”，恢复“无名”，以“无名”纳“有名”，这样社会就不会有矛盾存在，也能维持社会的和谐状态。他们在论著中所体现出的语言符号名实观主要为，一般事物是不能用词语来命名的，但他们也十分辩证地论及了语言的另一面：具有识物和指事的功能。他们对语言持双重观点，既可“遮蔽”，也可“解蔽”，但学术界常认为前者是他们的主要观点。

儒家代表孔子（前551—前479）提出了“正名说”，主张确认语言名称与所指代事体（主要指名分、地位、礼器等）之间的对等关系。孟子（约前372—前289）进一步修正了孔子的正名说。荀子认同前两者的观点，并继承、发展和改造了他们的正名思想，整理出一套较为系统的“制名”理论，本书将其名学思想称为“正名兼制名说”。

西汉的董仲舒（前179—前104）提出“罢黜百家，独尊儒术”之后，包括“正名”观点在内的儒家理论，成为主宰中国2000多年关于国家治理、伦理道德、意识形态、社会文化、行为规范方面的核心学说。董仲舒在名实关系上持“名生于真”的观点，本书将其称为“真名说”。

墨家的墨子和后期很多墨家学派（墨分为三）的哲人，主张以名举实（“举”有多种解释，主要意为描写和模仿），倡导要“察名实之理”和“拟实”，本书将其名学思想称为“举名说”。

邓析（前545—前501，双名说）、尹文子（约前360—前270，定名说）、惠施（历物说）、公孙龙（谓名说）等先哲常被国内学术界称作“名家”，因为他们“只注重‘名’而不注重‘实’”（冯友兰，1996：71）。名家犹以惠施和公孙龙为杰出代表（详细论述参见下文），他们的主要兴趣在于语言的符号性问题，不少学者认为他们的有关论述应当被视为名学的主要内容。名家在进行“名实之辩”时，也涉及名称词语或概念与实际事物之间的关系，后来还上升到认识论的理论高度。

韩非子为法家代表人物，在名实关系上反对仅只对名进行抽象的讨论，主张“综核名实”，要“功当其事，事当其言”，本书将其名学思想称为“核名论”。

在政治上除了道家主张“避世”、名家主张“治物”之外，儒家、墨家、法家都持“治世”的政治观。

二、古代名实之争

中国古代思想史上著名的“名实之争”约始于战国时期（前475—前221）。争论主要围绕以下两点进行。

（一）名与实，哪个在先

是先有名后有实，还是先有实后有名，这问题看似简单，实际上涉及唯物主义与唯心主义的立场问题。

1.老庄道家

老庄持“道生万物”观，“道”又是形而上者，是“无”，它是“有”的基础，主张无为有之始，有生于无。

道生一，一生二，二生三，三生万物。（《道德经》第四十二章）

庄子继承了这一思想，也认为万物生于道。他在谈到名称与事物之间的关系时说：

物谓之而然。（《庄子·齐物论》）

这句话意思是说，事物的名称是人们叫出来的。他还对这种思想作了进一步阐述：事物是在什么地方形成的呢？形成于人们这样去叫它。事物在什么地方还没有形成呢？人们不这样叫它，它就没有形成。从这一论述可见，他似乎将“实”置于“名”之后。

他的这一论述倒是有点类似于英美分析哲学中“语言是知识的数据库”的观点，我们的知识是以语言的疆界而为疆界的，我们的知识在语言的疆界处封闭而封闭，也在语言的疆界处开放而开放。这也正如维特根斯坦（1922：5，6；张申府译，1988：71）所说的一句话：

The limits of my language mean the limits of my world.（我的语言疆界意味着我的世界疆界）

这一观点不无道理，但也有失偏颇。

有些抽象概念和虚构事物，名称的存在对确定这类事物的存在还是有较大影响的，但这仅能解释部分情况，不足以说明一切事物，也解释不了名与实的始源性。另外，能得出知识与语言等同的前提，实际上是思维与语言的等同，因为长期以来大多数学者认为人类是依赖语言进行思维的，不存在不用语言进行思维的现象，但是今天，不少学者发现我们有很多思维是可以不依赖语言的。例如：认知语言学就认为语言是认知和思维的结果，两者属于不同层面的概念；人类之初和新生幼儿没有学会语言，但不能说没有思维存在；如何解释聋哑人的现象？音乐家的思维是以语言为基础吗？所谓的“腹稿”是完全以语言的形式存在于心智中的吗？倘若是，那么作家完全可以毫不费劲地将腹稿用语言复写出来，可实际情况并非这样（常常是反复修改自己所用的词句，以准确表达自己的思想）……所以“语言＝思维＝知识”的等式仍旧值得深入探讨。

庄子还认为事物之间的差别仅仅在于人们各自的主观见解的不同，这当然也是值得商榷的。人们见解的不同，不会导致事物本身的差异，准确地说，人们各自主观见解的不同只能产生事物名称的差别，而不能产生事物本身的差别，这就与当今认知语言学的基本观点一致了。另外，杨朱在《列子·杨朱篇》中说：

实无名，名无实，名者伪而已矣。

这句话意思是说，事物本身没有名字，名称不是事物，名称是人为的。这与庄子的“物谓之而然”相仿，都肯定了“名”是主观认识的产物。

事物的名称是人叫出来的，这是对的，那么在人们叫出这个事物的名称之前事物存在吗？有学者认为，庄子似乎是肯定名称先于事物的，但我们发现庄子也说过这样的话：

名者，实之宾也。（《庄子·逍遥游》）

这明明又是在说，“名”是“实”派生而来的，处于宾位。可见庄子在这个问题上也持有双重观点。

2. 孔子

孔子一味地循于旧名，维护旧制度，主张以“名”为基准来审视“实”，在事物发生变化并与原有的名称发生不相符合或互为矛盾的情况时，不是去修正“名”，而是倡导要用原来固有的“名”（原有的奴隶主等级名分）来匡正已发生变化的客观事实，即以旧名匡正新实。可见，孔子基本认为“名”是第一性的，“实”是第二性的，倡导“先名后实”的原则。

3. 墨子

墨子虽曾就学于儒门，但走向了“非儒”之道，极力否定孔子推崇的恢复奴隶宗法制度的周礼的主张，被认为是“背周道”。他还极力批判了孔子的“以名定实”的观点，大力倡导“取实予名”的思想，认为应当先“察实”和“分物”，然后再为“实”定名。可见，墨子是主张“先实后名”的，即先有外界事物，然后才能给这个外界事物确定一个称呼，名称只是事物的名字，但事物并不一定非有名称不可。他以“实是第一位，名是第二位”的名实观来批判孔子的“名是第一位，实是第二位”的名实观。

墨子说：

有之实也，而后谓之，无之实也，则无谓也。（《墨子·经说下》）

名，实名，实不必名。（《墨子·大取》）

4. 尹文子

尹文子在这个问题上的观点十分坚定，他认为：

有形者必有名，有名者未必有形。形而不名，未必失其方圆黑白之实；名而不形，不可不寻名以检其差。（《尹文子·大道上》）

这段话论述了形（事物）是名称产生的基础，有事物而无名称（即形而不名），并不能影响到事物本身的方圆之形或者黑白之色，如果只有名称而没有事物的存在（即名而不形），也就是对待抽象概念，则必须依据名称考察其对应的实。可见，他坚决认为先有事物之实，而后才有其对应的名称，参见下文。

5. 惠施、公孙龙

惠施和公孙龙都坚持“先实后名”的观点，认为“名”由形而生，且由形而定。

惠施似乎接受了墨子“察实”“分物”的说法，也主张应当先考察事物本身，提出了著名的“历物”名学思想，并认为历物的基本方法就是要“辨察物类”：

察其情，处其形。（《吕氏春秋·有始》）
观其类。（同上）

公孙龙“先实后名”的思想主要反映在《名实论》和《指物论》中，在谈论这一观点时他有两句常被人引用的名言：

夫名，实谓也。（《公孙龙子·名实论》）[①]
唯乎其彼此。（同上）

---

① 由于古代没有标点，后人在理解这句话时还有另外一种标注方法，即“夫名实，谓也”。这句话可解释为：名实之间的关系就是个称谓的问题。有学者根据这一解释，将公孙龙的观点解读为：第一性的不是实，而是名；名不是实的称谓，而是实之为实的根据。（杨俊光，1996：195）但根据下文所引公孙龙的一段话来看，似乎此说值得商榷。

他在《名实论》中论述名实关系时还提出了“物、实、位、正”的关系，这一论述在今日看来，也仍是一个亮点：

天地与其所产焉，物也。物以物其所物而不过焉，实也。实以实其所实（而）不旷焉，位也。出其所位，非位；位其所位焉，正也。

这句话的意思是，“物”是天地及其所衍生而出的所有存在；“实”是“物”之所以成为此物而非彼物的具体存在，其特点是“不过”；“位”是指此实之所以能成为此实的时空位置，其特点是“不旷”；当此实位于其所应当在的位置时，就可叫作“正”，先匡正实的位置后才能“正名”。可见，公孙龙主张正名的基础是先匡正事物的处位。

6. 韩非子

韩非子也认为实为第一性，名为第二性，他提出：

不知其名，复修其形。（《韩非子·扬权》）

也就是说，不知道物名的情况下，应当先来考察物形的具体情况再来确定名。他在《扬权》一文中还说：

名正物定，名倚物徙。

根据温公颐（1983：321）的解释，该句应被理解为：

名正于物定，名倚于物徙。

这充分反映出韩非子的“物先名后”的思想。

墨子、尹文子、公孙龙和韩非子都认为先有事物，后有名称，这还是符合唯物主义基本观点的，老子、庄子、孔子和杨朱在这个问题上的看法不全面。

（二）名实之间是否具有像似性

1. 老子

老子在名与实之间关系上持无名说和唯名论的观点，认为不能用词语来命名一般事物，如果事物可以命名的话，那么这个名称就不是代表这个事物的永恒的或真实的名了，因此名称不能代表事物的本质。这句话写在《老子》开篇第一章：

道可道，非常“道”；名可名，非常“名”。

他在第三十二章开头还说：

道常无名，朴。虽小，天下莫不臣。

这句话意思是说，“道”永远是无名而质朴的，它虽然幽微，不可见，天下却没有人能使它服从自己。他还以此为出发点极力贬低语言的作用，反复强调说：

圣人处无为之事，行不言之教。（《老子·二章》）

大巧若拙，大辩若纳。（《老子·四十五章》）

知者不言，言者不知。（《老子·五十六章》）

多言数穷，不如守中。（《老子·五章》）

信言不美，美言不信，善者不辩，辩者不善。（《老子·八十一章》）

我们认为，老子过于强调了语言的“遮蔽”一面。

2.庄子

庄子虽用“筌蹄鱼兔”的隐喻解释了语言有达意的功能，但在很多方面继承和发展了老子的观点，特别是在语言观上也接受了“无名说”的思想，常常贬低甚至否认语言的作用。他认为，语言不能表达事物的本真面貌，常常会遮蔽世间万物的“本真”，这就是他所说的：

夫言非吹也，言者有言。其所言者特未定也。（《庄子·齐物论》）

这句话意思是说，“言”总是有一定内容的，有指向某个对象的功能，总是有其“所言者”，但由于这个“所言者”本身是处于不断变动、不确定的状态之中，而“言”对这个“所言者”的表达确是一种固定的和僵死的关系，从而可以推断出，言语难以表达事物之本真。即使暂时能够把握客观事物或客观事物的某些方面，勉强将其用“言”说了出来，那也只能就其一而舍其他，仅只把握了事物粗陋的方面，这就是他所说的：

可以言论者，物之粗也。（《庄子·秋水》）

万物有成理而不说。（《庄子·齐物论》）

老庄认为，语言不仅不能反映客观事物的“本真”，而且不能准确表达抽象的“道”。“道”是形而上的，超越时空的，是一切事物的根本和出发点。“道”本是没有界限的、不可切分的，只能将其道理藏怀于心中，需要不断体悟，不必要去分别彼此，倘若强行将其切分成不同的概念，再用词语把它们表达出来，这种做法是不可行的，是对“道”的误解，而且可能犯错，最终是不见大道！因此要懂得“道”的理，是不需要言语和文字的，这才是自然的府藏。他强调说：

夫大道不称，大辩不言 …… 孰知不言之辩，不道之道？若有能知，此之谓天府。（《庄子·齐物论》）

道不可言，言而非也！知形形之不形乎！道不当名。（《庄子·知北游》）

夫知者不言，言者不知，故圣人行不言之教。（《庄子·知北游》）

知道易，勿言难。知而不言，所以之天也。知而言之，所以之人也。古之人，天而不人。（《庄子·列御寇》）

他在主张“无言”观点的基础上又进一步论述道，人们的视觉只能见到文字的形体，听觉只能觉察到语言中的词和它的声音，而形体和声音并不能反映事物的真实情况，这里实际上就直接道出了语言具有“唯名论”的思想。

当然，他以上述观点为基础认为事物是不可认识的，这就走上了“不可知论”的道路，这显然是错误的。

3. 孔子

孔子对语言也持双重观点，他在其论著中既有重视语言的言论，如：

修辞立其诚。（《易·乾》）

辞达而已矣。（《论语·卫灵公》）

不言，谁知其志？言之无文，行而不源（远）。（《左转·襄公二十五年》）

但他也有轻视语言的言论，如：

太上立德，其次立功，再次立言。（《礼记》）

可见，孔子把立言作为一种下等的选择。后人奉为圣书的《论语》只不过是孔门弟子拼凑起来的孔子生前语录。

孔子提出了著名的“名正言顺”理论，力图确认语言名称与所指代之事间应有合适的“正”的关系。他说：

名不正，则言不顺；言不顺，则事不成；事不成，则礼乐不兴；礼乐不兴，则刑罚不中；刑罚不中，则民无所措手足。

但孔子所倡导的“正名说”主要是针对当时的社会和政治形势的，其目的主要是恢复原有的社会秩序和仁礼制度，“克己复礼”“正名以正政”，而不在于语言本身。根据他的论述，由于“名”已经偏离了它所代表的“实”，出现了大量“名不副实”的情况，偏离了最初的约定，因此需要“正名”。可见，孔子承认当时语言中的词形和词义之间出现了“不正”的任意关系。从这一分析可见，孔子基本上属于唯名论学派。

4. 墨子

与唯名论相反，唯实论则认为在名与实之间存在“相符摹写”“据实赋名”的关系。在后来与儒家激烈的斗争中，墨子坚持“背周道之业，行非儒之术”的主张，在名实关系上也尖锐批判了儒家“天命论”和“以名正实”的唯心主义“正名说”，提出了“名不徒生”（《墨子·修身》），“必以众之耳目之实”（《墨子·明鬼下》）的思想，大力提倡“察实”“分物”而后再“赋名”和“定名”的“取实予名”（《小取》）的举名说。这也反映了他的“以名举实”“言而必当”“察名实之理”（《墨子·小取》）的唯物主义认识论取向。墨子还对“举”作了进一步解释：

举，拟实也。（《墨子·经上说》）
摹略万物之然。（《墨子·小取》）

显然，“拟”就是“比拟”和“模拟”的意思，且含有“议论”之意，因此“举”常被学者们解释为对“实”的“模拟”和“描写”，这就是他所说的“名若画俿（虎）也”（《墨子·经说上》）。

可见，墨子认为“名”与“实”之间的关系，即指字词或概念与实际事物之间的关系，具有摹写的性质。所谓“以名举实”“摹略万物之然”强调的是，名称或概念一定要如实地模拟客观的实。所谓“言而必当”，是指言应当与客观事物相合，倡导的是一种“名实相合”“名必符实”的原则，为此就应当去考察“名实”之间的道理或理据。他还说：

所以谓，名也；所谓，实也。名实耦，合也。（《墨子·经说上》）

“耦”意为“相符”，“举”表示“摹写”的意思，以“名”模拟事物的实，应当根据客观实在来给予相应的名称。“名”是事物的名称，表示着一定的概念，必须反映事实，人们在命名时就要了解人用以称谓事物的“名”，以及人所称谓的事物本身，也要了解名实相合，即名必符实，概念一定是如实地模拟客观的实。墨子还指出：

名，实名；实不必名。（《墨子·大取》）

这句话意思是说，“名”是“实”的如实摹写，但“实”则不依赖“名”而客观存在。这是典型的“理据说”观点。正如翟锦程（2005：186）所说的：

针对老庄的“无名”论思想，《墨辩》提出，“名因情得”（《大取》），名的产生是有一定基础和根据的，而不是随随便便约定就可以的。

后期墨家在百家争鸣中还进一步总结出许多逻辑方面的思想，尽管存在分歧之处，但基本建立在“以名举实”“言而必‘当’”的唯物主义认识论基础之上的。

此后，著名的“名辩之学”便开始讨论“名”以及“名实”之间的关系，诸如概念的分类、概念之间的相互关系，以及“同异”“是非”“大小”等一系列对立概念之间的关系问题。“辩”指辩论，主要研究辩论的原则、判断和推理的方法等。先秦诸子百家中的大多数致力于“名实之辩”，特别是先秦哲学研究中的“名学”，主要以“名”作为研究对象，这就形成了与道家的“避世”，与儒家、墨家、法家的“治世”取向不同的学派，他们重在“治物”而疏于“治世”，努力将其研究从现实社会和政治管理中独立出来，专注于研究思维的形式、规律和名实之间的关系，其主要代表有邓析、尹文子、惠施和公孙龙，他们注重对“物”的考察和分析，一般学者认为，名学所研究的内容大致相当于西方的逻辑学。

5. 邓析

邓析为名家最早的代表人物，是当时著名的讼师，正如《荀子・非十二子》所说：

> 好治怪说，玩琦辞，甚察而不惠，辩而无用，多事而寡功，不可以为纲纪。

邓析常持“双名说”，又叫“两可之说”，常从不同角度和立场对同一事体做出不同解释和辨析（因他是讼师，对同一案件，既可从原告角度为其辩护，也可从被告角度为其辩护，故有一事双名之说），这给人的感觉好像是物无定名，倾向于任意说。至于后来总结出的名家“辩者二十一事”，一般认为它们是惠施、桓团、公孙龙和其他佚名辩者的共同作为（参见杨宪邦，1987：307），但陈波（2002：13）认为，其中有些命题是邓析最早提出来的，如：“山渊平（山与渊一样平），天地比（天与地一样高），齐秦袭（相距遥远的齐国和秦国是接壤的）……钩有须（年老的妇女有胡须），卵有毛（有毛的鸡雏从卵中孵出，故卵有毛）。”（《荀子・不苟》）

6. 尹文子

尹文子接受了老庄的“无名说”，在《尹文子・大道上》中指出：

> 大道不称，众必有名。

这句话意思是说，道本身不是事物，是无形的，故而“不称”“口不能言”，属于不可言说的对象，但道是生成万物的本原，由它化育出的万物有形有状，因此必须赋予名称。那么根据什么来给客观事物命名呢？尹文子进而提出：

名者，名形者也；形者，应名者也。（《尹文子·大道上》）

这句话意思是说，由道生出的事物是有形有状的，名就是用来命名形的，名就成为各类事物形状的记号和名称。正如他的弟子公孙龙所说：

马者，所以命形也。（《公孙龙子·名实论》）

“马”这个名称就是用来命名“马”之形的，它就作为“马”这个物体的记号和名称。既然名是命名物体之形的，而物体又有方圆之别，因此自然就可得出名可以根据事物方圆的形状来命名的结论：

名生于方圆，则众名得其所称也。（《尹文子·大道上》）
名定则物不竞，分明则私不形。（《尹文子·大道上》）

这分明是在论述汉字基于物象而成的观点。

尹文子所倡导的“形名相应”和“定名分”观点，主要还是为社会治乱而发出的议论，人们明确了在社会中的名与分之后，便可依照一定的行为准则来行事，社会就能安定和谐。但这一论述同样也涉及语言中的名称与现实中的事物或社会中的现象之间的关系，他强调了“形”与“物名”

之间应当具有确定性和对应性。

“名”是人们根据事物之象而勾画出其形状或简笔线条，通过物形而得其名，正如翟锦程（2005：129—130）所说，尹文子认为名不是人们互相约定的，而是通过对物形的提炼和简化形成的，明显地持有像似观。本书将其名学思想称为“定名说”，即“据形定名”“依形定名”。许慎后来在《说文解字·序》中所述观点与其非常相似：

象形者，画成其物，随体诘诎，日月是也。

因此，古人在命名之时，并不是任意的，也不仅是约定的，而是通过寻找事物之象和形，通过对物形和物象的提炼和认识，并加以简化而形成其名的，这显然是唯实论者的观点。

物形是名的产生基础和根据，名与实之间存在一种相应相符的关系，这样，名就可以发挥“以名命实”“以名纪物”“以名别物”“以名正形”的功能。

同时，尹文子所倡导的形名相应相符的名学思想在先秦时代还具有十分重要的政治意义。他虽是从考察天地万物之名开始的，但能以其为出发点来论述社会政治之名分，继承和发展了孔子的正名说，提出了“名正而法治”“定名分”的观点，这样便可察名纪物，即通过名可以认知和通晓世间万物，社会就可万事不乱，“百度皆准于法”。而且，尹文子的形名相应论对惠施、公孙龙等名学家产生了十分重要的影响。

7. 惠施

惠施是“合同异”派的代表人物，其主要论述被概括为“历物十事”。

“历”有“考察、分辨、治理”的意思，“十事”是指通过考察事物所得出的十个判断性推理和命题。他在考察万物的基础上论述了十大命题，明确将世间万物之间的同异作为其名学研究的对象和依据。他充分认识到事物具有普遍联系和不断发展的规律，认为事物的差别只是相对于一定时间、地点和条件而言的，主张一切现实差异都只有相对的意义。这十项论述大多道出了常人之所不言，或常人所不屑一顾之说，但其中的论述涉及逻辑方面的论辩原则。特别有意义的是，他将先秦名学的研究导向了脱离社会政治现实的方向，向抽象和独立的研究方法发展迈出了关键的一步。

有关历物十事的具体内容可参见杨宪邦主编（1987：292—295）的《中国哲学通史》（第一卷）和陈波（2002：13—16）编著的《什么是逻辑学》。

8. 公孙龙

公孙龙是“离坚白”派的代表人物，认为万物都是各自独立、互不相同的，甚至一物之中的各种属性也是互不相关的，因而否定了事物和概念之间的相互联系。他的著名论题“白马非马”“坚白二石”反映了这种观点。“马”是“命形”的，“白”是“命色”的，“命色者非命形也”，因此就有了“白马非马”之说。“坚”是对石头的触觉而言，“白”是对石头的视觉而言，人是看不到“坚”、摸不到“白”的，因此认为“坚”和“白”是互相分离、各自独立存在的。他过分夸大了事物的相对独立和相对静止的特性。

公孙龙在名实关系上继承了尹文子的“定名说”和惠施的“历物说”，也持唯实论的观点，系统考察了“物、实、位、正”之间的关系（参见上文），建立了“唯乎其彼此”的“谓名说”（笔者这里用“谓”来概括公孙龙的名实观，意为审其名实，慎其所谓，人们应当适当而又确切地对彼此之物做出唯一的称谓）。他在《名实论》中指出：

其名正，则唯乎其彼此焉。谓彼而彼不唯乎彼，则彼谓不行；谓此而此不唯乎此，则此谓不行。其以当不当也；不当而当，乱也。

故彼彼当乎彼，则唯乎彼，其谓行彼；此此当乎此，则唯乎此，其谓行此。其以当而当也；以当而当，正也。

故彼彼止于彼，此此止于此，可。彼此而彼且此，此彼而此且彼，不可。

这段话的意思是：

“名正”的结果和标准就应当是“唯乎其彼此”。如果称呼那个东西叫彼，而彼不专用于那个东西，那么彼的称呼就不能成立；称呼这个东西叫此，而此不专用于这个东西，那么此的称呼也就不能成立。这是因为，这些称呼本身并不适当，拿不适当的来充当称呼，就乱了。

如果那个彼的称呼，适合于那个东西，就专用于那个东西，那么，那个称呼对那个东西就成立了；这个此的称呼，适合于这个东西，就专用于这个东西，这样，这个称呼对这个东西就成立了。这是因为，这个用来充当的称呼是适当的，拿适当的来充当，就正了。

所以，称那个东西为彼，又专限于那个东西；称这个东西为此，就专限于这个东西，这是可以的。称这个东西为彼，因而弄得彼也成了此，称那个东西为此，因而弄得此也成了彼，这就不行了。实际上这里的“唯乎其彼此”就相当于亚里士多德形式逻辑中的 A 就是 A，B 就是 B 的“同一律”。

公孙龙还极力主张：

物莫非指。（《公孙龙子·指物论》）

以正名实，而化天下焉。（《公孙龙子·迹府》）

他认为，所谓“正”，就是使名称准确地表达事实，而名称准确地表达了事实，就是“正名”。他反对名实不相符，并以名实相符、一致来确立名称的适当性，事物与概念之间不允许有丝毫的误差，物是被概念所指认的。

公孙龙在名实关系上鲜明地坚持唯实论的理据观或像似观，正如翟锦程（2005：168）所说的：

公孙龙则认为，名与实之间在一开始就有内在的必然联系，名是在物指关系基础之上形成的对实的称谓，不存在人对名的约定。这一思想与宋尹[①]提出的“物固有形，形固有名”（《管子·心术上》）的观点极为相近。

9. 荀子

荀子在“诸侯异政，百家异说”的历史背景下，接受了孔孟的“正名说”，为适应当时政治形势的需要，提出了“制名以指实”的主张，在《正名篇》中论述了名实关系。有些话虽是针对社会政治而言的，但也对语言做出了精辟的论述，其中有些已经成为学界的经典名言，为人们所乐于引用：

名无固宜，约之以命，约定俗成谓之宜，异于约则谓之不宜；名无固实，约之以命实，约定俗成谓之实名。（《荀子·正名》）

---

① 翟锦程将宋钘和尹文子合并起来进行论述，将他们统称为“宋尹”。

这就明确指出了名与实之间“约定俗成”的关系（注意：“约定俗成”不等于“理据性”）。不仅如此，荀子紧接着上两句话还说：

名有固善，径易而不拂，谓之善名。

这句话的意思是说，名称有本来就起得好的，直接易懂而不会使人误解，这就叫好的名称（参见第六章）。根据荀子上下文的意思，“善名”就应当是那些在名与实之间存在直接关系、便于约定、易于俗称的“名”，它们才能被人们所直接理解，不会误解。而且他还认为：

异实者莫不异名，同实者莫不同名。（《荀子·正名》）

该句意为，相同的事物就给它们以相同的名称，不同的事物就给它们以不同的名称。这正是我们今天所说的“一形对一义”的像似性观点。

从这一点上来说，荀子不宜被视为任意说或唯名论的典型代表，他在《荀子·正名》中虽然说了有关约定俗成的话，但也花了很多篇幅论证了理据说的观点，阐述了语言的体验认知辩证观，值得我们继续思考和深入研究（详见第六章）。

10. 韩非子

荀子的弟子韩非子继承了荀子的体验认知辩证观，同时还大力倡导“参验名实”“综核名实”的理论，本书将其名学思想称为“核名说”（参见第二章第一节）。他极力主张“名实相符”“用实定名”“以实检名”“循名责实”的原则，并以此为基础来深刻分析当时社会政治领域中“名实相离”“名实不称”的种种现象和危害，这些论述也体现出了语言符号与所指意义之间的像似论观点（参见第二章第一节）。

11. 董仲舒

西汉初年的今文经学家董仲舒在《春秋繁露·洞察名号》中说：

名生于真，非其真弗以为名。名者，圣人之所以真物也，名之为言真也。

这就是后人常说的“名生于真”，其基本意思就是，事物的名称与事物本身之间存在必然的、本质上的联系。“名”是由“真”所规定的，也就是说，“名”是由“实”规定的。所以董仲舒说“名”的意思就是“真”。客观存在的“真”是通过圣人的“命而施命”而获得“名”的，这样，“名”又获得了“鸣”和“命”的意思了。因此，他的名学思想可称为“真名说”。

12. 许慎

许慎（约58—约147）也基本持唯实论观点。他所著的《说文解字》被称为我国第一部文字学著作，也是我国第一部字典，重点探求汉字的造字本源和结构，考究汉字的音、形、义以及它们之间的关系，将《易经》中“近取诸身，远取诸物”视作造字规律，并系统论述了汉字造字的六种基本方法，即六书。汉字具有明显的像似性，这是大家都接受的，以至于我们今天解释起汉字的字形与所表意义之间关系时编了很多故事，说起来娓娓动听。文字作为记录语言的符号，也是语言的一个层面，而且是一个十分重要的层面，我们在探讨“名”与“实”之间的关系时，没有必要将其排除在外。

13. 刘熙

东汉末年刘熙（196—219）所著的《释名》被称为我国第一部词源学著作，专门演绎了“名”与“实”结合的原因。他们的论述都为唯实论提供了充足的实例资料。他在书的序言中说：

夫名之于实，各有义类。百姓日称，而不知其所以之意。故撰天地、阴阳、四时、邦国、都鄙、车服、丧纪，下及民庶应用之器，论叙指归，谓之《释名》。

他在书中主要探寻事物名称的“所以之意”，即事物得名的成因，探索词语得名的由来。可见他不仅持唯实论的观点，还将这一观点应用于实践，用来系统解释语言中的理据性现象，实在是有远见之明。

汉代之后还有许多学者述及唯实论的观点，本书不再一一列述，可参见有关中国古代语言学史或训诂学的专著。

我国古人能对这个问题发出如此多的、深邃的议论，实在是对世界语义研究的一大贡献。他们对语言符号像似性的精辟论述，值得我们深刻思索。

现将上文所述古代学者的观点整理如下：

表 5.1　中国古代名实之辨概览

	唯名论	约定俗成	唯实论
老　庄	无名说		
孔　孟	正名说		
墨　子			举名说（以名举实，取实予名）
尹文子			定名说（名以形定）
公孙龙			谓名说（审其名实，慎其所谓）
荀　子		约定俗成	制名说（体验认知辩证观）
韩非子			核名说（参验论）

（续表）

	唯名论	约定俗成	唯实论
董仲舒			真名说（名生于真）
许　慎			身物说（近取诸身，远取诸物）
刘　熙			释名说

三、当代学者的论述

我国当代许多语言学家对语言的任意性和像似性也有较为详尽的论述。中华人民共和国成立后，国内出版的语言学专著和教材一般都将任意性视为语言的一个特征或重要特征，但论述理据性或像似性的学者也很多，特别是 20 世纪 80 年代后。

陆国强在 1983 年出版的《现代英语词汇学》第三章专门论述了构词的三大理据：拟声理据、语义理据和逻辑理据。

汪榕培在 1983 年出版的《实用英语词汇学》则从语音、构词、词源三个方面分析了构词理据。

张韵斐在 1986 年出版的《现代英语词汇学概论》中列出了以下三种构词理据：Phonetic Motivation，Morphological Motivation，Semantic Motivation。从这些构词理据中可见，英语单词在形成过程中确实并非纯属任意所为。

戴浩一（1991：31）在《以认知为基础的汉语功能语法刍议》一文中，提倡建立以认知为基础的汉语的功能语法。这就明确地说出了语言构词造句的规则与现实之间存在像似性（参见第七章）。

我国著名语言学家许国璋先生在《外语教学与研究》1988 年第三期上发表了《语言符号的任意性问题》的论文，较为全面地对任意性做出了否定性的论证，指出了语言符号与其所指意义之间存在 Iconicity，首次在国内将其译为“像似性”，对语言符号的任意性做出了尖锐的批判：

语言既是理性的行为，任意性到底存在哪里？

沈家煊于1992年10月在北京举行的“第四届国外语言学研讨会”上做了题为“句法的像似性问题”的发言，后该发言稿正式发表在1993年第一期的《外语教学与研究》上。论文对国外该领域的研究情况作了比较全面的介绍，也作了一点评论。论文共分5个部分：

（1）语言符号的任意性和像似性；
（2）句法的像似性；
（3）像似性原则与其他原则的关系；
（4）像似性的认知原因；
（5）汉语句法的像似性。

沈先生认为，句法像似性的深入研究，应注重从认知角度探索句法规则约定俗成或“语法化”的规律。

胡壮麟在《国外语言学》1996年第四期上发表了题为《美国功能语言学家Givón的研究现状》的论文，文中既介绍了Givón有关像似性的观点，也论述了自己的看法，他（1996：5）认为：

像似性的总趋势是不可否认的。

他（1998）还指出：

语言的任意性在语言学界较长时间内占主导地位。今天，人们更多地强调语言的非任意性。

杜文礼在1996年第1期的《四川外语学院学报》上发表了题为《语言的像似性探微》的论文，主要论述了英语在词汇和句法层次上存在的像似性问题，并指出语言的像似性现象在语言变化、语篇、修辞等方面也有所体现。杜文礼断言，随着语言学及边缘学科如心理语言学、认知语言学的进一步发展，越来越多的语言像似性现象将得到发现和研究。

严辰松在1997年第3期的《国外语言学》上发表了题为《语言临摹性概说》的论文，他在这篇论文中综合了海曼和其他学者的研究，重点介绍了4类语言像似性现象：

（1）疏离（Alienation）；

（2）对称（Symmetry）；

（3）不可预测性（Unexpectedness）；

（4）思维的顺序（Order of thoughts）。

季国清在《外语学刊》1998年第3期上发表的《语言的本质在“遥远的目光”中澄明——语言哲学的新视野》一文中指出：

“索绪尔任意性”把能指的作用降为零，制造了语言纯粹透明的神话，这实实在在地遮蔽了语言的本质。

王铭玉（2005）也辟专章讨论了语言符号的像似性，还论述了像似性与语音意义的问题，书中为我们提供了大量的实例，特别是俄语的例子。

笔者也发表了一些文章，并于1999年出版了《论语言符号象似性》一书，对像似性现象作了较为详细的论述，并首次尝试运用像似性理论进行英汉双语对比研究，还将像似性与文体学结合起来，论述了像似性也是一种重要的辞格，同时认为像似性理论对于语言教学有着重要的指导意义。

随着认知语言学在中国的普及和发展，越来越多的学者接受了语言符号像似说，而且我们也注意到，有关像似性的论文也越来越多，这充分说明了像似性有其坚强的生命力。

第三节　结语

我们认为，“实”是客观存在，“名”是主观认识，“实”有不同的特征、心智、用途和形状，因此“实”可有此“名”，也可有彼“名”，可见，予“实”以“名”与人们对“实”的主观认识确实是密切相关的，新词语的形成实际上也就反映了人们对其命名立意的认知方式，其中总有这样或那样的理据可循，这就是“名之于实，各有义类”。通过认知，循得事理，形成立意，取义得法，予名有方，以名指实，从而使得名实结合，岂有“适然偶会”之理？

当然，基于客观事物某一方面的认识建立起来的名称，在这一方面可能具有理据，但相对于该事物的其他方面则可能是任意的，例如叫作“地瓜”的实物，人们主要抓住了它“生长在地下”的特点而予此实以此名，此名仅只反映了该实物的此特点，而不能反映该实物的彼特点，“地瓜”

这一名称对于“生长在地下”这一义类特征来说是有理据的，具有拟实性，但对于地瓜的其他诸多特征来说，则可能是任意的（参见下文）。因此我们一直认为，所谓的理据性或任意性只能是具有相对性的概念。

我们还要强调，约定俗成不等于任意性（参见第六章），因为即便是“约定俗成”，也存在一个如何“约定”，怎样“俗成”的问题，其中必有被选择和被接受的理由，因此这两者之间不可避免地会存在许许多多的理据性，当今的认知语言学就是要解释语言符号与其背后认知机制的关系。

王宁（1996：197）曾指出：

事物的命名由来，往往与词所指物的某一特征有关，名与实的考据本是不可分的。名是实的信息载体，只有深入探索了所指物的实况，才能更准确、更深入地理解名源。

陆宗达、王宁还就名物的理据性问题进行了总结：有些训诂学家认为名物皆有来源，如刘歆和扬雄就坚持一切名物应当皆有证验，“非徒无主而生是也”。近代贯彻这种主张比较彻底的有王国维和黄季刚先生。另外一些训诂学家则偏重于从名物的标志作用来看问题，认为名物并非皆有来源，仅具有托名标识作用。陆宗达、王宁（1994：71）指出，从研究词义的角度，提到理论高度来说，托名标识的说法是不够彻底的：

首先，名物是有来源的，在给一个专名定名时，完全没有根据、没有意图几乎是不可能的。虽然定名有偶然性，名与实绝非必然的切合，但人们为一物定名时，一定与对这一事物的观察、认识有联系，因而在不同程度上有源可寻。其次，探寻名物的来源，往往与希望了解古人对一些事物的认识，从而进一步研究古人的科学与思想分不开。同时，也可通过对名物的推源进一步研究词义发展的规律，并非仅仅游戏式地去猜测命名的意图。所以，以“托名标识”来阻绝名物探源的通路，在词义学上是不彻底的，甚至是有害的。

同时，他们还进一步指出了探寻名物来源的方法主要有三种：

（1）名物的来源要从它的形状、用途、生活和繁殖特点等方面去推寻；

（2）专名的由来往往与非专业的一般词语有关；

（3）声音是探求名物来源的重要线索。所谓“贯以声音，求其条例”，即是此意。

同样一个现实生活中的事体，经过人类的感知体验和认知加工形成了概念和意义，然后用语言形式将其表达出来。依据某一个特征来命名，就会掩盖其他特征，只选择其中一个特征来作为这个事体的名称，也就自然产生了以部分表示整体的用法，难免会出现“以偏代全”的转喻现象。我们曾经对汉语表示“地瓜”的名称进行了收集和分析，能基于认知语言学的基本原理做出较好的解释（详见本文集第八卷第八章）。

另外，训诂学家们对于汉字构形与所表意义之间存在理据性关系有较为一致的看法，如赵振铎（2003：84）指出：

“以形索义”就是通过形体结构来解释字义，从而探索这个字所表示的词的意义。这种解释词义的方式有的著作里面又称为形训，它是根据汉字的特点建立起来的一种训诂方法。

汉字是用来记录语言中词的符号，当然也就是“语言符号”的一个方面，在论述语言符号具有任意性还是像似性时，汉字这种特有的像似性现象理当引起我们的注意和考虑，这也充分反映出Derrida（德里达）所倡导的“解构主义理论”批判语音中心论的思想。

本章所列述的古今中外的代表人物对像似性的论述，使得人们进一步认识到，在语言形式（包括音和形）与其所指意义（包括现实世界、经验结构、认知方式、概念框架、意义系统）之间确实存在着各种各样的理据性，两者之间的结合有许多理据性，语言符号任意支配说再也不是一统天下了。

当然，把经验和概念映射到语言形式上时，不可避免地会发生一些扭曲现象（Distortion），一个语言形式不可能完整地反映表达对象的全部特征，因为一个事体会有很多特征，人类只能择其一个或几个重要特征来概括表达成语言形式，因此语言形式就不可能反映出现象的全部特征。与某事体某一或某些特征像似的语言符号，就可能会与其他特征不相符合，甚至矛盾，此时任意性也就不可避免。不同的概括方法，必然会产生不同的语言表达结果，这就使得像似性作用受到很多的限制。语言符号像似性的很多原则，如语言符号的紧密度像似于概念紧密度，语言符号的数量像似于概念的数量，语言符号的顺序像似于时间顺序，等等，在另外一种情况下可能会有不同的，甚至会出现相反的现象，这是由人们在认知上的差异所致。语言形式与所指意义构成的特有固定关系，是数种原则，如像似原则（the Principle of Iconicity）、经济原则（the Principle of Economy）、现实原则（the Principle of Actuality）等共同作用的结果。这充分说明，语言符号既有像似性的一面，又有任意性的一面，不可仅将任意性捧到“第一”“首要”“支配”的位置。

综上所述，“名与实”“能指与所指”“形式与意义”“语言形式与所指意义”之间的关系，既是语义学中的一个基本议题，也是哲学中的一个重要的理论问题。对于唯名论与唯实论的争论，我们不可偏执一家之言，只有“兼听”，才可“则明”（王寅，2000）。

第六章　荀子论语言的体验认知辩证观

荀子（约前325—前238），战国（赵国人，今山西安泽）末年著名的哲学家、教育家。他批判和继承了孔孟儒学以及春秋战国各家（包括道家、墨家、法家、名家）思想，总结了我国第一个哲学大繁荣时期百家争鸣的众多观点，尝试取百家之长，力争解百家之蔽，以鲜明、开创的精神建立了我国第一个较为完整的朴素唯物主义哲学体系，成为我国先秦时期唯物主义哲学集大成者，奠定了中华民族唯物论哲学和辩证逻辑的基础。荀子一生游历多国，著书数万言，留于后世共32篇，涉及政治、经济、军事、文学、教育、语言等领域。本文主要论述他有关语言的体验观、认知观和辩证观。

国内许多语言学著作和教材在谈到荀子时过分强调他的“任意说”，对其冠以“唯名论者”称号，而且将其视为我国古代唯名论者的著名代表。[①] 近来通过反复研读荀子的著作，特别是他的名著《正名篇》，我们发现该文的中心思想是“制名以指实”“名当符实”，而且文中处处闪烁

① 关于唯名论和唯实论之间的分歧，参见第五章。

着他的语言体验认知辩证观的思想，当今国内外学者所论述的狭义认知语言学中的一些基本观点，竟然与荀子的许多论述有不少相通之处。据此，我们认为，荀子的基本观点算不上什么任意说或唯名论，他本人更谈不上是我国最大的唯名论者。恰恰相反，他的论述中所反映出的有关语言符号的主要思想以及论证方法，更接近于理据说或唯实论。

将荀子视为任意说或唯名论最大代表的学者常引用他在《正名篇》中的两句话：

名无固宜，约之以命，约定俗成谓之宜，异于约则谓之不宜。名无固实，约之以命实，约定俗成谓之实名。

但仅凭这两句话（这段话实际是三句话，参见下文）就给荀子盖棺定论，不免有“以偏概全”之嫌，似有不妥。本章重点从以下6个方面解读荀子的整体语言观，抱着对历史人物负责的客观态度，还荀子一个真面目。

第一节　“约定俗成”不等于“任意性”

语言学界常将约定俗成（Convention）等同于任意性（Arbitrariness），这恐怕来源于现代语言学之父索绪尔。他（1916）在《普通语言学教程》中在论述语言任意性时有多处将这两个术语混同，以至于后来很多学者不加区分，就连著名的认知语言学家Croft（克劳夫特）和Cruse（克鲁斯）（2004：231）也没有区分这两个术语。

所谓“约定俗成”，就涉及一个如何“约定”，怎么“俗成”的问题，在约定和俗成的过程中必然涉及人们对词语与其意义之间关系的思考，涉及名称的社会性和可被接受的情况。名与实两者之间若存在较高的理据性，人们当然就更易形成这样的约定，而不是那样的约定，也就更容易接受这种理据性的俗成。按照常识来说，具有理据性名实关系的词语，比起任意性名实关系的词语，显然更容易“约定”，也更容易被“俗成”。倘若名与实之间没有任何理据性关系，仅只具有高度的任意性，人们只是作了一个硬性的规定（特别是语音层面）、强行的俗成，其被接受的程度自然也就较低。正如章太炎（1996：28）所指出：

语言者，不冯虚起。呼马而马，呼牛而牛，此必非恣意妄称也。诸语皆有根，先征之有形之物则可睹矣。何以言雀？谓其音即足也。何以言鹊？谓其音错错也。何以言鸦？谓其音亚亚也。何以言雁，谓其音岸岸也。……此皆以音为表者也。

反过来说，如果名实之间真的没有任何理据可言，也就没有什么充足的理由非要来如此“约定”它们的结合，这种没有理据的“约定”能够被“俗成”的可能性应当小多了。

当然，词语与意义之间的关系类型十分复杂，不可一概而论，同时还要考虑到不断变化的动态历史过程，今天看来是任意的，但也难以完全否认当初就没有任何理据，因为语言，特别是音义的结合关系是处于不断发展和变化过程之中的，理据的遗忘或丧失，完全可能是人们在其后的语言运用和变化过程中出现的，这就涉及像似性的腐蚀问题（海曼，1985）。

荀子在论述名与实之间关系时只讲了“约定俗成”，强调了名的社会来源，人们所约定的、公认的名便是正确的名（参见胡适，1999：188），这显然与索绪尔将“能指和所指都视为心理要素，两者具有任意性”的观点不同。同时，荀子没像索绪尔那样把任意性说成是语言的第一性质，是支配整个语言的语言学理论。当然，荀子主要是从哲学和社会政治角度来论述这个问题的，而不是专门讨论语言问题的，但从荀子文中所论及的语言“约定俗成”观来看，它与索绪尔的“任意说”不可等量齐观，也无法同日而语。

许国璋先生（1988）指出“约定俗成”不等于“任意性”，因为前者还涉及如何约定怎样俗成的问题，其间有人和社会的因素在起作用。而且约定和俗成是以人们的认知加工为基础的，有理据关系应首当其选，更易约定俗成，也更易被大众接受（如上述章太炎举的例子，又如鸡、鹅、鸭、知了等）。因此，不可混同约定俗成和任意性这两个概念，前者似乎介于任意性和理据性（或像似性）之间（参见第133页表5.1）。将两者等同起来，造成了学界不小的混乱。同样，了解这一区分对于我们消除这一混乱，理解本章主旨有十分重要的意义。倘若执意将两者混同，用先入为主的思想人为地、任意地框定荀子的整体观点，似乎本身就有任意曲解荀子之嫌，有悖于科学研究之精神，实属“大不宜”，这不正应了荀子的话：

异于约则谓之不宜。

这里的“约”意为约定于原作者观点。

第二节 引用切忌断章取义

荀子在讲完上述两句话（“名无固宜……名无固实……”）之后紧接着说了十分重要的第三句话：

名有固善，径易而不拂，谓之善名。

翟锦程（2005：60）将这句话解释为：

名一经约定形成后，便有了明确、固定所指，而且“名足以指实”，如“君子”“小人”之名，这些名清楚明白，直截了当，不相互混淆。只有这样，才能收到“名定而实辨”“名闻而实喻”的效果。

唐代杨倞（1989：133）将其解释为：

径疾平易而不违拂，谓易晓之名，也即谓呼其名，遂晓其意，不待训解者。

也就是说，名称有本来就起得好的，直接易懂而不会使人误解，听其名而能立即知晓其义，这就叫好的名称。

杨宪邦（1987：375）认为：

直接易晓而不违反客观事实的名称就是好名。

张以文（1991：430）认为：

简单明了又不与实物相矛盾，这种名就叫作名实相符的“善名”。

潘嘉卓等(2001：222)、雪克和王云璐（1991：247）认为：

名称有本来就起得好的，直接易懂而不会使人误解，这就叫好的名称。

而高长山（2003：438）则给出了与上述学者不同的观点，他将“名有固善，径易而不拂，谓之善名”解释为：

名称没有本来就好的，直接平易而又不相互矛盾，就叫好名称。

我们认为，高长山的解释实属“不宜”，这“没有”二字从何而出？这恐怕是他个人的误解，也许是在对荀子前两句话误读的基础上的个人发挥，也许是没有能够透彻理解荀子《正名篇》的主旨“制名以指实”“名当符实”而做出的释语。

很显然，“善名”就是指那些与“实”有着直接关系的“名”，听其名便可直接知其义，名能符实，不违反客观事实的词语名称，不需要作任何解释就可知晓其意的词语名称。能取得这种效果的名称，只能是在感觉上和认知上存在明显的理据性，可以被直接（“径易”）理解而不至于被误解（“不拂”）。这样的善名，可正确地反映“实”，符合或接近“名实相符”的原则，就可做到“名闻而实喻，名定而实辨”。（《正名篇》）荀子这三句话是一气呵成的一个整体，那么后一句话与前两句话在逻辑上究竟是什么关系？

首先，我们应当将这三句话置于《正名篇》的总体思想下加以理解。正如上文所说，该篇的主题是论述“制名指实”“名当符实”的，这段话中的第三句“名有固善”更符合主题，也更能有效地体现这一主题。

次之，前两句话显然不能与“任意性”等同视之，否则，它们与第三句话在逻辑上就形不成后语达前言的语义连贯关系。

再者，有学者对荀子这段话的理解，似乎无“宜”可言，凭借着先入为主的“任意观”来曲解荀子的观点，将这三句话解释得前后矛盾（参见上文和下文），这很值得质疑和商榷。

我们认为，荀子的这段话充分反映出他对语言性质的辩证看法，他既认识到语言中的名实关系具有约定俗成的社会性（这根本就不同于任意性），又强调了词语的理据性，且涉及具有理据性的“善名”更易被约定俗成这一重要观点。

这就不禁引起人们的思考：为什么不少学者只喜欢引用荀子前两句话，而无视后一句具有理据性或唯实论思想的观点呢？这三句话是什么时候开始被人们只引用前两句的？这前两句话是在什么样的时代背景下成为名言的？仅只引用前两句，片面放大荀子的任意说或唯名论说法，又故意不引第三句，无视他的理据性和唯实论思想，是否合适和全面？时至今日，我们应当抱着对历史人物负责的态度，坚持实事求是、据实还实的原则，还荀子一个真面目。

据笔者所知，胡适（1999：188）于1922年最早在《先秦名学史》（英文版）作此引用，删去了“名有固善……”这重要一句。

陈望道（1997：24）于1932年在《修辞学发凡》中仅引用了第一句以说明：

> 声音是意思、事物的约定俗成的标记，而非意思、事物的自然、必然的表征。

陈望道是否受到胡适的影响，不得而知。陈望道在引用了荀子的第一句话之后，又引用了嵇康的一句话加以佐证：

> 夫言非自然一定之物，五方殊俗，同事异号，趣举一名以为标识耳。

他用这句话来支撑荀子的观点，但是陈望道紧接着又说：

> 大约当初生活在同一地方的，生理和环境都很相似，经验也差不多，经验既经互相认识，用以表示该经验的声音也复互相承认，随后便将那声音来做表示同样经验的约定标记，这就成了这种用声音表示意思的语言。

他的这一解释倒是能较为如实地反映出荀子的本意，触及了荀子的“体验认知观”，而且说明了如何约定俗成的问题，这一论述显然与“任意性”不同。可遗憾的是，他没能进一步说明为何要选“那声音”而不是其他声音来表示那事物；他也没能全部引用三句话，因此不足以反映荀子的整体思想。

20世纪50—70年代在我国许多著作和教材中都可见到荀子前两句话

被广泛引用的现象。据汉语界的有关专家回忆，这种“三分之二”引用现象，是在20世纪60年代开始流行的，就是说，可能是在索绪尔的结构主义语言学理论和语言任意说流传到我国之后，人们便从荀子那里找到了这段话的前两句，以求与索绪尔形成呼应，它才像“灰姑娘”一样引起人们的注意。三句话仅引用前两句，不知何义？是不是第三句话不合自己“先入为主”的口味，或不符合索绪尔的任意说，就将其隐匿起来不加引用？倘若出于此动机，那显然是不符合实事求是的原则，也不符合科学研究之准则，当予“正名”。

第三节　荀子对体验认知辩证观的论述

荀子不仅讲了上面三句话，而且花了大量篇幅深入论述了语言符号体验认知辩证观。

一、对约定俗成的论证

通读荀子《正名篇》全文之后，我们不难发现，荀子在这篇文章中所要论述的中心思想是“要正名”，旨在追求一种“名必须符合实际”的境界。显而易见，这一境界自然与“任意性”相去甚远！

荀子没用“任意性”，而用“约定俗成”，显然这一观点更符合语言的实际情况。值得深思的是，为什么索绪尔仅对任意性作了个大概的“描写”，并未深入“解释”为何语言符号是任意的？相比之下，荀子在这方面的论述则要深刻得多，值得大为称道！

通过解读荀子《正名篇》发现，他主要从以下四个方面对“约定俗成”

的过程和成因进行了论证。

（一）约定俗成与体验征知

荀子指出“制名以指实”，即创制词语是为了表达各种事物的。更为重要的是，他还论述了“名”与“约定俗成”的社会性，它不是“随心所欲”，也不可能“任意而为”，是与社会性的生活经验密切相关的。他说：

> 然则何缘而以同异？曰：缘天官。凡同类同情者，其天官之意物也同，故比方之疑似而通，是所以共其约名以相期也。……征知，则缘耳而知声可也，缘目而知形可也。然而征知必将待天官之当簿其类，然后可也。

这段话意为，那么，根据什么来区别名称的同和异呢？回答说：是根据人自然具有的各种感觉器官。因为同一个民族、有相同情感的人，天生的感官对事物的感觉印象是相同的，所以通过各种比喻就可把事物说得大体相似，也就能使别人理解通晓了，这就是人们能共同使用事物的约定名称而能互相交往的原因。……心之所以具有验证认识的功能，是因为有耳朵可以认识声音，有眼睛可以认识形态，但这种“征知”一定要依赖天然感官去接触那一类事物以后才可以发挥作用。

我们认为，荀子的这一段论述非常重要，不仅解释了同一个民族之间进行交际的可能性，而且解释了“不同民族得以大致沟通的基础”。否则，与外国人的沟通与翻译就是不可能的事了。这里，我们引用三位西方语言哲学家阐明的 Principle of Charity（信念沟通原则），可以互为参证。

Principle of Charity 是由 N. Wilson（威尔逊，1959）提出的，奎因对其加以运用，Davidson（戴维森，1990）又对其加以进一步完善。该原则的基本原理为，如果解释人（翻译者）与说话人之间在信念系统上有较大差异，解释人（翻译者）准确地理解与解释说话人是不可能的。由于有了这些差异，在解释（翻译）之前，解释人（翻译者）必须做出某种假设，即他们两者之间在信念系统上从一开始就有普遍的一致性。这样，编制最原初的翻译手册以及讲不同语言的说话人之间的沟通与翻译，才能成为可能。

可见，理解和翻译，约定和俗成，都是基于生活体验之上的，是为社会所约定和公认的，认知语言学认为，语言之所以有一定的共性，是因为我们面对着相同或基本相同的客观外界，人类又有相同的身体器官和生理机制。荀子的这段论述就已涉及这一观点。这也从语言的社会性角度对“约定俗成”做出了较为客观和合理的论述。

（二）“约定俗成”由圣王批准

“约定俗成”可由圣王批准或政府颁布，荀子在《正名篇》中有多处述及了这一思想：

（1）后王之成名：刑名从商，爵名从周，文名从礼……

（2）是散名之在人者也，是后王之成名也。

（3）故王者之制名，名定而实辨，道行而志通……今圣王没，名守慢，奇辞起，名实乱……

（4）此制名之枢要也。后王之成名，不可不察也。

李葆嘉（1986）将“王者制名”视为荀子约定俗成说的核心思想，而王者制名时不可能仅是任意所为。

（三）“约定俗成”当取善名

我们认为，上文所述荀子的三句话，第三句是对第一和第二句的重要补充，也就是说“约定俗成”也是有限制的，它仅仅是语言成因的一部分内容而不是全部，第三句话实际上进一步论述了如何约定俗成的问题：当取“善名”。从全文来看，第三句所阐述的思想似乎更与他整体的名副其实观、体验观、认知观和辩证观相一致。

（四）“约定俗成”“心的征知”和“稽实定数”

荀子在那三句话后紧接着又论述了“约定俗成”的名还须经过“待天官之当簿其类”（外界事物经过感官接触）和“心的征知”（对感觉印象进行分析、辨别和验证）来加以进一步验证，此外还要“稽实定数”。

前两句话意思较为清楚，参见括号中的解释。而“稽实定数”在学术界有不同的理解，“稽”意为考察，“实”意为实物，前两个字合起来的意思是，对实物进行考察。后两个字“定数”则有多种解释：

唐朝的杨倞注释为“稽考其实而定一二之数也”；

潘嘉卓等（2001：223）将其解释为“考察事物的实质来确定数目”；

唐淑云（1996：65）认为“以确定事物的数量”；

张以文（1991：431）认为是“规定范畴”。

还有学者将其解释为“制定名称并使它与实际相符的法度，应当根据客观事物的实际来确定事物的名称”。

我们认为，这几种解释并无太大的矛盾，只是对“数”有不太相同的解释，现作一简单剖析。

荀子“稽实定数”这句话是针对上文而来的，他在上文中说道：

物有同状而异所者，有异状而同所者，可别也。状同而为异所者，虽可合，谓之二实。状变而实无别而为异者，谓之化；有化而无别，谓之一实。

“所”有不同的解释：（1）实质；（2）实体。这段话的大意为，有的事物形状相同而实质（实体）不同，有的事物形状不同而实质（实体）相同。他认为，形状相同而实质（实体）不同的事物虽然可合用一个名称，但仍然是两个事物；形状变化了而实质（实体）没有变化，看样子成了不同实物，这叫作“化”，这种只有形状变化而没有实质区别的实物，仍然叫作一个事物。

从荀子的这段论述来看，这里的“数”应当与“表示事物的字词的数目”或“范畴的数量”有关，但总的来说，他在积极倡导“名称应当与事物相符”这一基本观点，这也与他《正名篇》全文的主要思想相一致。

同时，荀子还宣称：

此制名之枢要也，后王之成名，不可不察也。

人的五官（天官）作用在于通过“当簿其类”，即与不同种类事物及其不同方面属性的接触就能形成各种不同的感觉。但感觉还仅是表面的、零碎的、初步的，在有些复杂情况下错觉难以避免，还需依赖“心”（即天君）[①]来发挥“征知”的能动性作用，对感觉到的东西进行辨别和验证以形成理性知识，“然后随而命之：同则同之，异则异之”[②]。这样，他

① 天君，指“心”。我国古代学者认为心是人们思维的器官，长期以来就有“心之官，则思”的说法。而今天的生理科学亦已证明，人的大脑才是人类思维的主要器官。

② 这还体现了他的范畴划分的思想，也就是说，范畴化的基础是建立在“同”和“异”之上的。

就从朴素的唯物主义认识论角度论述了“名”的形成过程，既要靠“天官”接触事物，获得经验材料，并经过“天君（即心智、认知）”对经验材料进行认知加工，以克服狭隘经验论的局限。

可见，荀子在这里强调了人们通过感知和认识，循得事理，形成立意，取义得法，予名有方，以名指实，从而使得名实结合，岂有“适然偶会”之理?

我们可将荀子关于“名”的形成过程总结为：五官簿其类—心有征知—制名。

当今认知语言学基本原理“现实—认知—语言”与其似乎有异曲同工、不谋而合之处。

另外，认知语言学就是要坚持解释语言符号背后的体验与认知机制，既要论述语言符号为什么具有理据性，理据从何而来，也要论述语言符号为什么具有约定俗成性、任意性，它缘何而起。通过解读荀子的《正名篇》，我们似乎可以看到他早就在实践这一想法了。

二、体验认知观

荀子在提出“约定俗成”“名有固善”“待天官之当簿其类”“心的征知”“稽实定数”等重要观点之后，还花了大量的篇幅深入阐述了体验认知观，探求人们究竟是如何在“天官感知”和“天君征知”的基础上形成概念、制定词语的。他在《正名篇》中指出：

形体、色、理，以目异；声音、清浊、调竽、奇声，以耳异；甘、苦、咸、淡、辛、酸、奇味，以口异；香、臭、芬、郁、腥、臊、洒、酸、奇臭，以鼻异；疾、养、凔、热、滑、铍、轻、重，以形体异；说、故、喜、怒、哀、乐、爱、恶、欲，以心异。心有征知。征知，则缘耳而知声可也，缘目而知形可也，然而征知必将待天官之当簿其类然后可也。五官簿之而不知，心征之而不说，则人莫不然谓之不知。此所缘而以同异也。

这段话的意思是，形状、颜色、纹理，靠眼睛的感觉而显得不同；单声与和音、清音与浊音、协调乐器的竽声、奇异的声音，由耳朵的感觉而显得不同；甜、苦、咸、淡、辣、酸及各种奇怪的味道，依嘴巴的感觉而显得不同；香、臭、芬芳、腐臭、（猪）腥气、（狗）臊气、（马）膻气、（牛）膻气及各种奇怪的气味，赖鼻子的感觉而显得不同；痛、痒、冷、热、滑、涩、轻、重，仗身体的感觉而显得不同；愉快、郁闷、喜、怒、哀、乐、爱、恶等各种欲望，倚心灵的感觉而显得不同。内心有验证感官认识的能力。虽然内心能够验知外界的事物，可是要依靠耳朵才能听到声音，要依靠眼睛才能知晓形状，可见心灵的验证能力一定要靠感官接触到事物之后才可以发挥作用。如果五官接触了外界事物而不能认识，心灵验知外物而不能加以说明，那么，说他无知，人们是不会不同意的。这就是事物的名称有同和异的原因。

荀子的这段话是对上述观点的深入解释，道出了事物的名称之所以有相同也有相异的原因和情况（2001：220—221）。

我们从这段话中可解读出以下几个重要观点，这些重要观点与上文所述荀子观点是完全一致的，同时我们还认为，它们基本反映出了当代认知语言学的基本思想，前者可谓是后者的先声：

（1）感官对于心智是首位的。

（2）心智有验证感官认知的能力。

（3）通过“天官”和“天君”共同作用，或者说通过感官与心智的共同作用，人们才能获得正确的认识，区别语言中的名称。这就强调了天官和天君这两者在概念和词语形成过程中所起到的关键性作用，也就是我们今天所说的感性知识是理性知识的基础，理性知识是感性知识的升华。

（4）人们有相同的认识是因为有相同的客观世界和感觉器官，或正是由于人们的天官和天君的机制在很大程度上是相同的，因此对同一认知对象就可能有相同的反映，从而形成了同一个名，即概念（刘培育，1998：1052）。

（5）语言相同或相通，是因为有共同的体验和认识。语言相异，是因为有不同的体验或认识。

（6）知识，归根结底，是来源于感知（即事实之真）的，但有了前提性的知识后，还需通过心智推理获得分析性知识（即分析之真）。

（7）比喻是说明事物的一种重要方式。

这段话较完整地反映了荀子的语言体验认知观，当今体验哲学和认知语言学的基本观点与此十分接近，现比对上述分析逐条论述其核心观点。

（1）雷科夫和约翰逊（1987，1999）指出，人们的心智、思维、认知来自感觉器官对客观世界的互动性体验，它们是体验的结果，这已为狭义认知语言学家所普遍接受。

（2）认知是在互动体验的基础上形成的，同时理性也有验证感知体验的能力和作用，不同的认知主体会通过不同的认知方式来理解世界，这就是当今认知语言学的一个核心观点：识解（Construe，Construal）。

（3）通过感官进行的体验，与心智加工的共同作用（如范畴化、概念化等），人们才能获得较为合理的认识，形成了特定的概念结构，并在此基础之上形成了语言中的词语和句法等表达手段。当今国内外认知语言学家对这一过程的论述更为详尽和深入（参见王寅，2005）。

（4）认知语言学在论述跨语言之间存在一定普遍性现象时，也运用了“现实—认知—语言”这样一个基本思路。由于人们面对大致相似的现实世界，而且人们还具有基本相同的感觉器官和认知世界的方式，因而就可能导致了不同语言中存在一定程度的普遍性。

（5）顺着上一论述自然就会得出这样的结论：物同此景，人同此心，心同此理，语言相同或相通是因为有共同的体验和认识，语言相异是因为有不同的体验或认识，这也是当今认知语言学家所持有的观点，这就从根本上解释了语言为何具有普遍性。这种体验认知观的普遍性是对乔姆斯基所倡导的天赋论普遍观的批判。

（6）狭义的认知语言学家坚决持与乔姆斯基完全相反的观点，认为人类的心智、认知和语言能力不是先天的，而是后天习得的，是源自后天的感知体验和认知加工，荀子在此处的论述可谓淋漓尽致。

（7）隐喻认知观是当今认知语言学一个十分重要的组成部分，它将隐喻上升到人类认识世界的重要方式之一，而不仅仅是修辞手段。这与荀子将比喻视为说明和认识事物的一种重要方式似有相似之处。

三、辩证观

荀子是我国战国末年一位十分重要的思想家，不仅具有唯物观，还有很多辩证法的思想，下文再进一步分析他在论述语言的体验认知观时所体现出的辩证观，主要有以下 4 点：

（一）约定俗成与理据性的辩证关系

荀子不仅论述了语言符号的约定俗成性（不等于任意性），而且沿此思路进一步论述了语言的理据性。因此，根据荀子的总体思想，似乎不可将他划归于任意说或唯名论之列，从他的论述来看，他的观点更接近理据说或唯实论。当今的认知语言学基本观点与荀子的论说有很多近似之处。

（二）客观与主观的辩证关系

他既注意到概念和词语有基于身体经验的基础因素，又注意到其中必然要涉及理性思维和主观能动因素。人们是凭借天官和天君的共同作用来认识世界和创制词语的，坚持“缘天官＋心的征知”这一认识论观点，主张“清其天君，正其天官”。（《天论》）这样就能清醒而又正常地发挥感觉器官和思维器官的功能，才能更好地认识和理解世界。

荀子虽然讲到了名实之间的“约定俗成”问题，但他更强调了“约定俗成”背后的体验认知观，他充分认识到概念和词语的体验性和认知性，更强调了“心”在创制词语中所起到的主观认识作用。这一观点是与荀子思想体系中一直强调人的主观能动性（杨宪邦，1987：356—365）相一致的。这种将客观与主观结合起来论述语言的来源还是比较辩证的。可见，我国古代哲人早就具有了主客互动的思想。①

（三）同与异的辩证关系

荀子强调了“同则同之，异则异之”这一重要原则，充分反映出同和异间的辩证关系。他还进一步论述了“大共名”和“大别名”（类似于我们今天所说的上下义词）之间的辩证关系：

---

① 《易经》中也有主客互动的重要思想。卦象是人们对客观世界变化规律的原始映像，是从客观事物变化的规律上升到主观认识的卦象，然后基于其上再来解释世界万物的变化和人类的物质文化和精神文化，能够“观象制物”，解释人类的文明，又从主观认识转化为客观事物。这里就包含了主客互动的两个过程（参见杨宪邦，1987：344）：第一个过程是从客观规律到主观认识，这是一个能动的飞跃；第二个过程是从主观的卦象到客观的器具，这更是一个重要的飞跃。

故万物虽众，有时而欲遍举之，故谓之物。物也者，大共名也，推而共之，共则有共，至于无共然后止。有时而欲遍举之，故谓之“鸟”“兽”，“鸟”“兽”也者，大别名也。推而别之，别则有别，至于无别然后止。

这“共则有共”“别则有别”就深刻反映了事物的共和别之间的相对性。

荀子还认为这一原则是形成范畴和概念的基础，也与当今认知语言学所说的“范畴化”相关，相同的事物就将它们置于同一概念和名称之下，不同的事物就应当用不同的概念和名称来分别表示。

（四）感性知识和理性知识的辩证关系

荀子所说“天官”与“天君”的关系，就涉及感性与理性的关系（濮之珍，2002：46；2004：4）。我们有理由认为，他早就辩证地阐释了感性知识和理性知识之间的关系，从“缘天官”到“心的征知”就反映了这一关系。他还指出，只有通过“心的征知”才能认识“道”，即世界的普遍规律，这就是他所说的：

人何以知道？曰“心”。（《荀子·解蔽》）

荀子所坚持的感性是理性基础的观点在其他文章中也有反映，如在《荀子·劝学》中，他说：

不登高山，不知天之高；不临深谷，不知地之厚。

通过感知体验，心的征知，就可把感性认识上升为理性认识，此后就可“精于物者以物物，精于道者兼物物”。（《荀子·解蔽》）

今天我们所说的感性知识和理性知识的关系，与荀子的论述似有异曲同工之处。

第四节　荀子对名实关系的论述

倘若再深入研读《正名篇》，不难发现他针对当时的“名实之争”提出“制名以指实”的论述很有见地，且该论述也与他上述观点一脉相承，或者说他的这一观点支撑了他的语言体验认知辩证观。

所谓“实”，就是实物，客观地存在于世界之中；所谓“名”，本书主要将其归结为7种含义：字、词、名词、名称、语音、语言、概念（详见第四章第一节），它是用来指事物或人的“名字”“名称”，还可表示“用言语说出来”（如不可名状、莫名其妙等），即字、词、语言文字，而且“名”还可包括“概念”，一言以蔽之，它们具有“主观性”，名是相对于实物而言的，即相对于客观性的“实”通过心智活动派生出来的。“名”是表示“实”的，“实”靠“名”来表述。

荀子在《正名篇》中系统论述了“制名以指实”“名闻而实喻”的观点，并认为名实之间关系复杂，既有约定俗成（不同于任意性）的社会性关系，也有体验认知的像似性关系。荀子在文中虽说到了一个“实”可有此“名”也可有彼“名”，但他更强调了在予“实”以“名”时与人们对“实”的认识密切相关，新词语的形成实际上就反映了人们对其命名立意的认知方式，其中总有这样或那样的理据可循，这就是“名之于实，各有义类”。除此之外，荀子还指出了“制名之枢要”，即制定词语名称的关键和原则：

异实者莫不异名，同实者莫不同名。

这句话意为，相同的事物就给它们以相同的名称，不同的事物就给它们以不同的名称。这一思想与当今西方认知语言学家所论述的范畴化理论很有相通之处，也与我们今天所说的“一形对一义”的像似观紧密相关（海曼，1983，1985）。

第五节　荀子与《周易》、老子、孔子的观点对比

人们常说，《周易》带有朴素唯物观、客观辩证法的特征，老子的学说带有“虚无论”“天命论”“无名说”的特征，孔子的学说带有“先验论”“唯理论”“正名说”的特征，而荀子的学说则充满了“体验性”“辩证性”“人文性”的特征。

《周易》虽是始于卜筮，但其中充满了哲学道理，其主导思想是“有天地然后万物生焉”。

它一方面把整个自然界作为摹写的底本（很多论述与整个自然界相一致），另一方面又通过卦、爻、象来解释自然界：

（1）观变于阴阳而立卦，发挥于刚柔而生爻。

（2）物生而后有象。

这样是为了达到如下效果：

立象以尽意，设卦以尽情伪，系辞以尽其言。

《周易》从太极开始来全面阐释自然界的变化规律和社会界的种种现象，根本未说太极以前的东西，这就与老子的“道生一”观点正好相反，因而《周易》常被认为是具有朴素唯物论的世界观。而且书中的二分观（一阴一阳为两仪，两仪生四象，四象生八卦，八卦再重叠成六十四卦）也具有客观辩证法的特征。如果过于主观夸大“卦象”的功能，将其说成是能解释一切的、抽象的、僵化的、独立存在的易理（即道），是创造人类物质文化和精神文化之唯一源泉，就不免会使其带上主观唯心论和神秘主义的色彩（详见第三章）。

老子认为天下万物生于有，有生于无，道即无，无即道，倡导无为而治，乐天安命，主张废除人为的、非自然的东西，使人类回到无名、无知、无欲的乌托邦，难怪人们要说《周易》言有不言无，而老子专言无，具有“虚无性”。道家学说中的“道”是先于天地的，认为：

道生一，一生二，二生三，三生万物。（《道德经·第四十二章》）

这句话意为，道产生了元始的统一体，一产生了对立的双方，二产生了第三者，三产生万物。

道家还认为，道是无声无形，独立存在而不改变的，周行于天地万物之中，不可穷也（无极），是宇宙之理自动发生的规律，即：

人法地，地法天，天法道，道法自然。（《道德经·第二十五章》）

可见“道”这个词与“虚无主义”和“天命”有密切关系，老子的这一观点亦可称为“天道观”，过分夸大了自然过程而忽视人的主观能动作用，在他的道家哲学中人的意志和努力等于零，不免打上了“天命论”的烙印。

“正名”是儒家学说的核心内容，但在孔子眼里，“名”常被视为先验的“象”，古代圣王用一种立法的权力将这种先验的、理想化的“象”制定成了名，而正名的原则就是使事物的制度符合其名字所指的“原有的”“理想的”“先验的”含义。而且他关于知识的理论不是从经验开始的，主张“生而知之”的先验主义的认识论。与此同时，他还提倡“学而知之”，就是从获得现成知识开始，主张间接经验的学习，更多地具有唯理论的立场，忽视了亲身实践的基础性。

荀子虽属儒家，但也反对儒家的许多观点，加入了法家的看法。就“正名”而言，他不同于孔子，反复强调了名的体验性、辩证性和人文性，认为名是由感觉经验和认知活动所产生的，也就是说名是体验和认知的结果。但他也保留了“王者制名”的观点（当然王者在制名过程中也不全是随心所欲的任意所为，也得考虑择名的机制和理据），也强调了名一旦经过社会约定或政府批准就可能流行开来，这就是正确的名。他认为要禁止创造新名词术语，以免引起不必要的误解和混乱。可见，荀子既反对道家“纯自然的、消极的决定论”和“无名说”，也反对儒家的“先验的、理想化的正名说”，强调了实践的重要性，极力主张恢复“道”和“名”的体验性和人文性。他说：

道者，非天之道，非地之道，人之所以道也。（《荀子·儒效》）

一方面他将人类的知识视为实践的积累，将人类的进步视为经验的结果；另一方面他还重视“人胜过自然”，重视“后天教养胜过先天”，这充分反映了荀子所论述的体验观和人文观在思想观念和语言符号形成过程中起着决定性作用。

第六节　倚实准确定位历史人物

从上文的论述可见，三句话只引用其中的两句不能全面反映荀子的观点，而且用荀子的这段话来佐证索绪尔的“任意说”，不仅有歪曲荀子观点之嫌，更有西方话语权中心论之嫌。

另外，这还涉及如何评价古人的问题：是仅取其一言之说，就盖棺定论，还是要综合、全面地研究他们的论述和思想，然后再做出确当评价？前者显然有“断章取义”“一叶障目，不见泰山”之嫌，属于“不宜”，后者才能说是“谓之宜”。

通过分析荀子的体验观、认知观、辩证观以及人文观，我们认为荀子所说的约定俗成与任意性不可同日而语，他不是许多著作和教材中所说的是“唯名论者”的典型代表，不是持语言符号任意观的代表人物。综观他的论著，他更接近于唯实论者，持语言符号像似观。当今认知语言学中许多基本观点都与荀子的思想十分相似。

不可人云亦云，而应“我思故我云”。

何不早日还荀子一个真名分！

第七节　结语

荀子的语言体验认知辩证观，是根植于我国春秋战国时期名实之辩的历史文化基础之上的。在他那个时代，先秦名学呈现出多元化的态势，先后出现了老庄的“无名说”，孔子的“正名说”，墨家的“举名说（以名举实论）”，宋钘、尹文的“定名说（形名相应论、定名分）”，惠施的“历物说”，公孙龙的“谓名说”，他们都从不同角度对名实关系进行了论证。荀子主要继承了孔子的儒家思想，加入法家的思想，认真审视和批判继承了上述论说，坚持唯物主义的认知论，强调客观事物的存在以及人对事物的认识能力，以此为出发点较为系统地论述了“制名指实”和“名当符实”的名学思想。

而当代体验哲学和认知语言学是在批判2000多年传统的客观主义哲学理论基础上提出的，更正了客观真值对应论，接受和发展了杜威、梅洛·庞蒂、史密斯的体验认知观，大力强调了人的身体和认知在概念、思维、推理和语言形成过程中的关键作用，对整个西方哲学体系形成了一个挑战，形成了体验哲学（王寅，2003）。

荀子的体验认知辩证观与体验哲学和认知语言学出自不同的历史背景，时间也相差2300多年，立论基础和论述内容也有很多不同之处，但对语言本质的基本观点却有不少相似之处，本章予以简单剖析，意在抛砖引玉以引起关注，以便重新审视荀子的语言观。

第七章　中西学者对语言体验性的论述

本章主要论述中西学者对语言体验性这一根本特征的认识，通过对比可以看到，当代国外认知语言学家所提出的有些基本观点，实际上已早为我国学者所认识，在有关著作中也早有论述。因此，我们在研究认知语言学时，必须借鉴我国古代学者的观点。

第一节　概述

很多语言学著作和教材都谈到了语言的性质，如交际性、社会性、系统性、全民性、民族性、任意性、生成性、超时空性、心智性、天赋性、普遍性、自治性、像似性等。不同的语言学派往往强调了语言的不同性质，如：

结构主义语言学更强调语言的自治性、系统性、任意性等；

社会语言学更强调语言的社会性和交际性等；

TG 学派更强调语言的心智性、生成性、天赋性、普遍性、自治性等；

认知语言学则更强调语言的体验性、互动性、像似性等。

体验哲学和认知语言学的一个核心观点是，人类的范畴、概念、推理和心智是基于身体经验形成，其最基本形式主要依赖于对身体部位、空间关系、力量运动的感知而逐步形成。归根结底，认知、意义是基于身体经验的。语言符号也是这样，遵循着“现实—认知—语言”的进展程序，在很多情况下是有理可据的，认知语言学就是要解释语言符号背后的像似性认知机制。正如泰勒（1989：141）所指出的：

> 对于结构主义语言学来说，语言是一个具有任意性的符号系统，独立于其使用者的认知和经验。与其相比，认知语言学坚决强调语言结构的非任意性，即理据性。

我国学者对语言的体验性也早有论述，如许慎、公孙龙、荀子、扬雄、刘勰、程瑶田、章太炎、陆宗达、王宁、戴浩一等（参见第二章第二节）。

第二节　西方学者论语言的体验性

一、西方主要学者的论述

关于语言的体验性，赫尔德早有详细论述。他在 1772 年的名著《论语言的起源》中就从人类的体验和认知角度阐述了语言的起源问题。他

（1999：64）说：

> 有100000条根据，证明语言源出于人类心灵，证明语言是通过人的感官和知觉形成的！有无数的事实证明，在所有的民族、国度和环境里，语言都萌芽于理性之中并随着理性的成长而成熟起来！谁能对世界各民族的这一普遍的心声充耳不闻？！

他（1999：65）还说：

> 语言并非先验之物，而是感性活动的产物，所以，语言起源问题只能用经验的、归纳的方法来解答。
>
> 一切观念都只能通过感觉形成，就不可能存在任何独立并先存于感觉的观念。语言是理性的映像。

赫尔德在强调语言体验性（通过感官和知觉形成）的同时，还强调了认知的作用。他所用的一个基本概念是Besonnenheit。姚小平（1999：v）将其译为“悟性”，也可称为“理性”“知性”“智能”“意识”。这是一种先定的认知倾向，是发明语言的先决条件。当今的体验哲学与认知语言学的基本观点与这位大学者200多年前提出的基本观点是一致的。

语言的体验观也符合“劳动产生语言”的观点（高名凯，1984：7—11），劳动可被视为体验之一种。

同时，语言的体验观也与唯物主义的基本原则相吻合，承认了存在决定意识。Marx（马克思）于1845年在《德意志意识形态》一文中就提到了语言的实践观，他还说：

思想、观念、意识的生产最初是直接与人们的物质活动，与人们的物质交往，与现实生活的语言交织在一起的，观念、思维、人们的精神交往在这里还是人们物质关系的直接产物。……不是意识决定生活，而是生活决定意识。[《马克思恩格斯全集（第 3 卷）》，1960：29—30]

Engels（恩格斯）于 1892 年在《“社会主义从空想到科学的发展”（英文版）导言》一文中指出：

我们的全部知识是以我们的感官所给予我们的报告为基础的。[《马克思恩格斯全集（第 22 卷）》，1965：343]

列宁（1988: 34, 39）于 1908 年在《唯物主义和经验批判主义》中指出:

思维永远不能从自身中，而只能从外部世界中汲取和引出存在的形式。

唯物主义和自然科学完全一致，认为物质是第一性的东西，意识、思维、感觉是第二性的东西。

Malinowski（马林诺夫斯基）于 1935 年也十分明确地表述了这种观点，他说（参见 Halliday and Hasan，韩礼德和哈桑，1985：7）：

所有词汇的所有意义最终是来自身体经验。

第二代认知科学（Second-Generation Cognitive Science，王寅，2002a）强调心智的体验性，认为人类在对外部世界种种现象的感知体验过程中才逐步形成思维和理性，抽象出认知模型，建立认知结构，获得意义。同时人类还具有创造力和想象力，可形成无限丰富的思想概念和语言表达，这正是客观主义哲学理论的致命要害。雷科夫和约翰逊（1999）在 *Philosophy in the Flesh*：*The Embodied Mind and Its Challenge to Western Thought* 中将体验哲学的基本思想概括为三条基本原则，其中第一条就是心智的体验性（参见王寅，2002b）。他们（2002: 249，245）后来又反复强调了这一原则：

> 从最深层的意义上来说，心智是体验的，意义是体验的，思维是体验的，这是体验哲学的核心。

因此，语言也是体验的。语言是人们在对现实世界体验的基础上通过认知加工而逐步形成的，是主客观互动的结果。

二、剖析“体验”

说到“体验”，首先要回答三个问题：

（1）用什么体验？

（2）首先体验什么？

（3）如何体验？

回答了这三个问题也就可以基本理解认知和语言的体验性问题。具体如下：

（1）我们用什么体验？当然用我们的身体（包括各种感觉器官）。

（2）我们首先体验什么？首先体验的是空间，包括地点、方向、运动等。

（3）我们如何体验？主要是通过互动的方式。

因此，身体和空间是体验的首要对象，互动是体验的基本方法，认知语言学认为可用这三者来论述人类概念和语言之始源，也就是许多西方学者所论述的身体－空间基础论。

人类的认识是基于对自身和空间的理解，沿着由近到远，由具体到抽象，由身体和空间到其他语义域的道路，通过互动等方式逐步发展起来的。在人类的感知和体验过程中，身体和空间首当其冲，在互动的基础上还可产生其他一些基本认知方式，这就是我们形成若干基本概念的基础（在此之上还可形成其他许多概念），也是人类原始思维的出发点、想象力和创造力的根本来源，在形成认知的过程中起着关键作用。

（一）身体经验

正是人通过百万年的进化获得了现有的“身体构造”，形成了较为完整的感知系统，人才能依据这些器官来经验客观外界，生存于世。下文主要从三个方面来论述感知经验。

1. 人类的主体性

作为认知和语言形成的主体，人类在其形成的整个过程中自然发挥着最为关键的作用，这是不言而喻的。其实马克思（1979：468）早就论述了“人化的自然界”，1845年他指出：

> 从前的一切唯物主义——包括费尔巴哈的唯物主义——的主要缺点是，对对象、现实、感性，只是从客体的或者直观的形式去理解，而不是把它们当作人的感性活动，当作实践去理解，不是从主观方面去理解。[《马克思恩格斯全集（第3卷）》，1960：30]

人类的主体性与心理学家所说的“人类中心论［Anthropocentrism，Anthropocentricism，又叫自我中心论（Egocentricity）］”也有共通之处。人类在对时空的感知和语言的建构过程中发挥着中心作用（参见 Clark，克拉克，1973），人们将自我（Ego）置于宇宙的中心，然后以此为参照，形成视角（Perspective），确定“上下、前后、左右、高低、近远、中心与边缘”等概念（Miller and Johnson-Laird，米勒和约翰逊 – 莱尔德，1976：395）。皮亚杰的研究表明，儿童也将他自己置于世界的中心。

2. 生理的特殊性

人类经过几百万年的进化，形成了特殊而又合理的身体构造，进化出最为发达的大脑，这样人类就以其自身的独特方式感知着客观世界，从而形成了思维和语言能力。很多学者都认为，区别人类与其他动物的依据之一就是人类具有高度的理性、发达的思维，能掌握和使用语言。当然，学者们对这一观点有不同的看法，认为动物也有理性和语言，这就涉及如何界定理性和语言的问题，其他动物的理性和语言与人类的有什么不同。泰勒（2002：16）则强调了人类具有在线和下线认知（Online and Offline Cognition）的能力，而动物似乎仅有前者，这与本章开头提到的语言具有超时空性（Displacement）相似。人类在运行下线认知时，就得依靠语言符号。

3. 体认的基础性

我们祖先的思维具有“体认”特征，常把基于其上获得的经验作为衡量周围世界的标准。古希腊哲学家普罗泰戈拉有一条著名的格言：

Man is the measure of all things.（人是万物的尺度）

这其中就包含了这一思想（参见第三章第三节）。

身体部位的名称不仅是一种语言的最基本词汇，而且常作为喻体来表示其他事体，如英语中的 the head of an arrow, the eye of a needle, the mouth of a river, the nose of a rocket, the face of a building, the neck of a bottle, the arm of a derrick, the foot of a mountain 等。

（二）空间对象

我们首先体验的是空间（包括地点、方向、运动等），有不少学者对此做出论述，本文作如下简要梳理。

1. 唯物观

唯物主义强调物质的第一性，认为意识来源于客观外界，实践出真知，这是从总体角度而言的，这一命题实际上已经包含了意识来源于体验和空间的思想，但对其强调不够，论述不详。

2. 空间观

早有学者论述了空间对于人类概念形成的重要性，并非体验哲学和认知语言学的首创。就笔者所知，指出地点位置对于人类概念形成具有基础性作用的可能是布莱勒，他于 1934 年就阐述了这一观点（参见布茨和德文，1996：330）。

莱昂斯（1977：282，719）也持相同看法。

3. 认知语言学家的贡献

当今认知语言学家基于身体 – 空间基础论提出了一系列新观点，做出了大量的新解释，引起了学术界的高度重视。本章主要论述 Gruber（格鲁巴）、Jackendoff（杰肯道夫）、雷科夫、约翰逊和蓝纳格的观点。

（1）格鲁巴和杰肯道夫的论述

格鲁巴于1965年曾指出空间位置和运动概念可用来解释许多其他语义域，杰肯道夫（1983：188，209）在这个假设的基础上进一步提出了“主题关系假设（TRH，Thematic Relations Hypothesis）”理论，认为在事件和状态的语义域中，事件、状态、路径、地点－功能是用来分析空间和运动的子集。因此，概念结构中的所有事件和状态主要是根据空间概念化组织起来的，并且所有的语义场几乎都有类似于空间的组织结构（time is location，being possessed is a location，properties are locations，events are locations）。他以此理论为基础举例来证明“所有”“特征”“事件”“状态”“存在”等语义域是对空间进行概念化的结果。

杰肯道夫还认为，人类通过视觉、触觉、动觉等感知能力学会了空间定位，对空间进行概念化，它几乎适用于任何语义域。人类早在语言出现之前就掌握了空间概念化能力，儿童可能先学会几个表示空间的词义，然后通过它们来学会其他语义域。

（2）雷科夫的论述

雷科夫（1987：283）提出的形式空间化假设（Spatialization of Form Hypothesis，简称SFH）与这一观点是基本一致的，并以其为基础论述了语言中基本句型的形成过程。他（1987：354）将动觉意象图式分为六类：

①容器图式；

②部分—整体图式；

③连接图式；

④中心—边缘图式；

⑤始源—路径—目的地图式；

⑥其他图式（上下、前后、线性等）。

他还在此基础上建立了形式空间化假设，认为概念结构是从物理空间到概念空间的隐喻映射的结果。人们基于感知（主要是视觉、触觉）逐步认识了自己所生存的空间，形成了有关空间结构和动觉运动等意象图式，影射入人们的头脑后就形成了范畴和概念结构。上述范畴和概念结构经过一系列的隐喻映射后就可逐步形成下述一些句法构造：

①句法范畴可像其他范畴一样，在结构上可用“容器图式”来描写。

②层级性的句法结构可通过“部分—整体图式”来描写。母节是整体，子节是部分。

③语法关系和共指关系在结构上可用“连接图式”来表征。

④“中心词 + 修饰语”结构可用“中心—边缘图式”来描写。

⑤“主语 + 谓语 + 目的状语”结构可通过“始源—路径—目的地图式”来描写。

⑥句法上的“距离”可用“线性图式”来描写。

（3）约翰逊的论述

约翰逊（1987：126）基于人类对空间和运动的经验概括出 27 个最重要、最具代表性的意象图式（参见本文集第八卷第五章）。

（4）蓝纳格的论述

蓝纳格（1982）认为空间关系、视觉感知在认知和语言形成过程中起着至关紧要的作用，并曾将其语法理论定名为“空间语法（Space Grammar）”，试图用一套表示空间关系的图表来对语法做出一个系统和统一的解释，到 1987 年才将其改为“Cognitive Grammar（认知语法）”。泰勒（2002）出版了 *Cognitive Grammar* 一书，对蓝纳格的认知语法作了较为全面的分析和总结，同时给予了高度评价，认为他的理论在某种意义上说，已成为主流的一部分（2002：36），已被认知语言学家们所广泛接受。

蓝纳格（1991）还基于弹子球在空间运动过程中的基本原理，以及对舞台空间表演的观察，提出了著名的弹子球模型（Billiard-ball Model）和舞台模型（Stage Model），并以此解释了英语基本句型的建构过程。

①弹子球模型

一个生物体或物体 A（the Energetic Head 能量源）在某空间运动过程中撞击另一生物体或物体 B（the Tail of the Action Chain 动作链尾），A 将其能量传递给了 B，B 在力的作用下发生了某种反应或状态变化。

这个模型中主要有四个成分：空间、时间、物体、能量。前两者构成一个场景（Setting），物体存在于空间之中，能量交互随时间而变，如图 7.1。

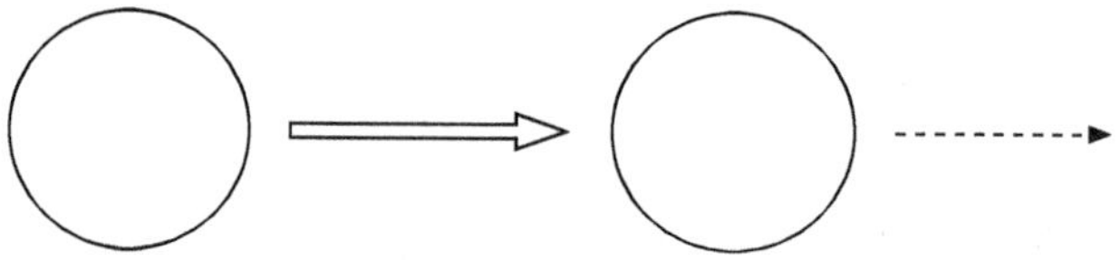

图 7.1　弹子球模型

②舞台模型

观察者（Viewer）如同观众在台下观看舞台上演员的表演，目光前视时就形成了一个视觉注意区，可称为“舞台表演区（Onstage Region）”，舞台道具和背景都在这一视野区域之中，但注意力常常主要集中在舞台上表演的演员身上，如图 7.2。

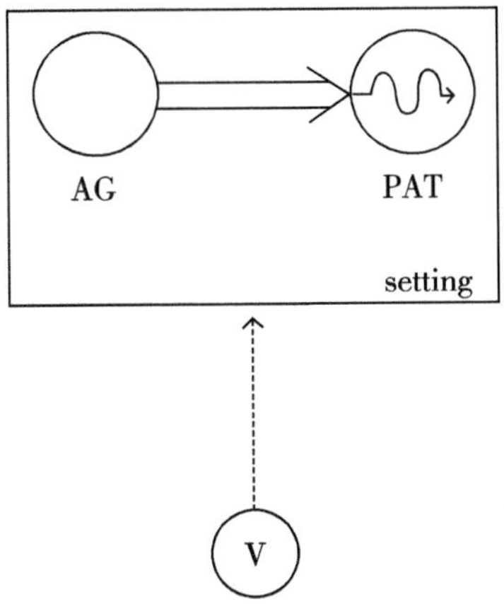

图 7.2　舞台模型 1

蓝纳格（2000）将舞台模型与弹子球模型结合起来表示典型事件模型，如图 7.3。

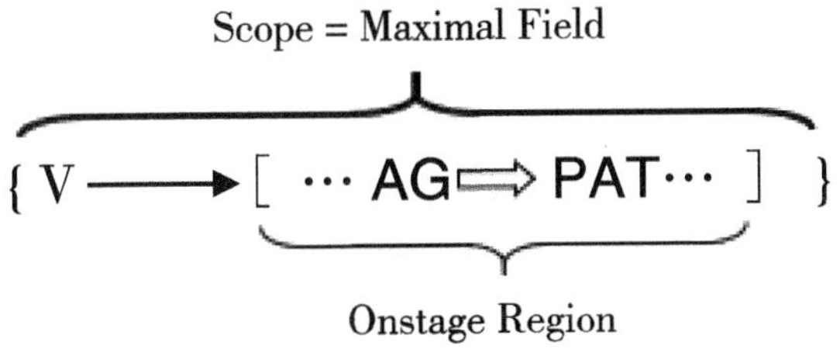

图 7.3　视野范围图析

其中 V = Viewer；AG = Agent，PAT = Patient，单线箭头表示知觉关系，双线箭头表示能量传递时的互动关系，上方大括号界定了观察者的最大视野，或叫“范围（Scope）”，方括号里面表明舞台表演区，黑体字表示舞台区中被特别聚焦的角色。

蓝纳格（2000：205）后来将这种典型事件模型形象化地图示为：

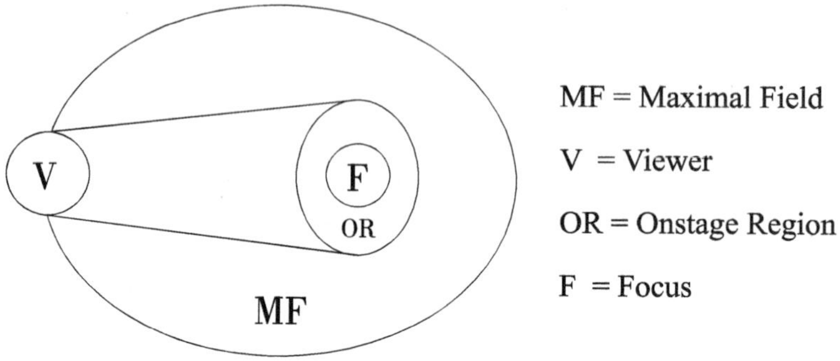

图 7.4　舞台模型 2

此图十分形象地描绘了观众和舞台、演员之间的关系，一个观众（V）向前方注视，就形成了一个视野 MF，在其视野中有一个重点注意区，就相当于图 7.4 中的舞台表演区 OR，注意的焦点常常就落在正在舞台上表演的角色 F 身上。

这两个典型事件模型是在对若干日常事件进行概念化的基础上形成的，是对现实生活中若干事件进行概括而形成的，如弹子球模型，不一定都是用弹子去撞击另一个弹子，它仅是一个代表性的说法。生活中的事件可能会是，用脚踢球，球就滚动了；用拳头打人，人就倒下了；用石子打窗户，玻璃就破了；用弹弓打鸟，鸟飞走了……甚至还可能是，用手挥舞一下，就能引起人们的注意；用言语叫喊，妈妈就来了……人们在对若干能产生一定效果的动作事件进行抽象和概括，形成了一个意象图式，都可用蓝纳格的“弹子球模型”来说明。

舞台模型也是这样，它是若干事件的一个代表性模型，如正常人向前看，必然就能形成以两眼为基点的约 120 度夹角的视野。这其中会有各式各样的人物、事件和场景：有运动的，也有静止的；有有生命的，也有无生命的；有自然的，也有人造的……无奇不有的大千世界就呈现于我们的视野之中，这就像我们在剧院中看戏一样，实际生活中的视野就如同舞台上的演出场景。蓝纳格的“舞台模型”实际上就代表了人类通过视觉活动获得外界景象这一类的事件。

人类有了这两种基本模型或基本意象图式（它们也是雷科夫所说的理想化认知模型，Idealized Cognitive Model，简称 ICM），基于其上进行认知加工，就能形成语言中一个限定分句的原型结构（详见本文集第七卷《认知语法概论》第五章）。

（三）互动方式

互动（Interaction）指主客体之间的互相作用，或者是主体与主体之间的相互作用。有了“互动”的概念，就强调了人在认知自然世界过程中可发挥出主观能动性作用，也就可解释不同人之间为什么会存在认知上的差异、思维上的分歧，不同民族的语言表达为什么会有不同。这是由于人类的认知方式不同，概念结构也有差异，所形成的原型、范畴、意象、图式、认知模型等也就存在一定的差异，语言表达也就有了差异。

因此，我们的心智不可能像镜子一样来反映客观外界，其间必有人的参与，含有一定的主观加工成分。马克思（1979：126）早在《1844 年经济学哲学手稿》中就强调了人在认识世界过程中的主体作用，人与自然界的互动关系，他所说的“人化的自然界”就是这个意思。

三、综述

对身体（包括身体部位、感觉器官等）和空间（包括地点、方向、运动等）的认识、互动方式的理解，在我们的概念系统形成过程中占据着不可替代的中心地位，这是体验哲学的基本观点，也是认知语言学家的共识，这是不难理解的。我们通过身体的感知逐步理解了现实空间，形成了一个空间意象图式结构，与此同时也获得了一个内在的空间逻辑，再通过人类的理性思维和想象力，便发展出若干新的概念意义和语言表达。

这一观点可从英语和汉语中找到很多例证，许多原来表示空间的词语（包括介词、副词、动词、名词等）可引申来表达若干其他语义域。如早就有学者（Anderson，安德森，1971；克拉克，1973；吉旺，1973；米勒和约翰逊－莱尔德，1976；Traugott，特洛格特，1982）论述过时间表达是空间表达的引申，即时间是空间的隐喻。莱昂斯（1977：718）和杰肯道夫（1983：189）也都认为：

（1）英语中几乎所有表示空间的介词也可表示时间；

（2）总的来说，时间介词与表达空间的介词是基本相同的。

不仅表示空间的介词可用作表示时间的介词，而且许多表示空间的动词也可用在时间概念的表达之中，例如：

We moved the statue from the park to the zoo.
We moved the meeting from Tuesday to Thursday.

The road went/extended from the city to the suburbs.
His speech went/extended from 2:00 to 6:00.

同时，我们也发现，时间介词短语与地点介词短语一样，以相同的方式附着在句子上。

德国的 Mouton de Gruyter 出版公司于 1996 年出版的第 8 卷《认知语言学研究丛书》，是由布茨和德文合编的论文集，这一卷丛书的书名就具有很大的吸引力——*The Construal of Space in Language and Thought*（《语言和思维中的空间识解》）。书中共收集了 30 篇来自不同国家的认知语言学家最新的研究成果，他们分别从不同的理论角度，基于不同的语言用法，展示了同一个命题：空间是人类形成其他认知域的基础。

正是由于人类有相同的身体构造，所生活的环境空间也有很多相似之处，感知体验虽有差异，但仍有很多共通之处，这就成为理解不同文化背景下语义结构的基础。相对性中具有普遍性，普遍性中也有相对性，两者具有辩证统一的关系。如语言中大量的情感词也是以身体经历、生理构造为基础而形成的，雷科夫（1987）曾论述了英语中几十种关于“生气”的表达方法，它们都与身体经验和生理构造有关。[①] 因此在语言形式与空间环境、身体构造、经验结构、认知方式等之间存在着显而易见的像似性关系，这些例子都说明了体验和认知在语言形成过程中所起到的基础性和决定性作用。

第三节　中国学者论语言的体验性

近年来我们所谈论的认知语言学起源于西方，但是其中一些最基本的观点我国古代学者早有论述，这是一个不可否认的事实。倘若外语界的同仁仅将目光盯着西方学者的论述，而忘却了我国本土文化传统中宝贵的语言理论，就可能使我们的研究走向片面化，甚至可能要犯“一叶障目，不见泰山”的错误，这是我们应当努力加以避免的问题。

关于体验哲学和认知语言学中提到的一些基本观点，以及“现实”“认知”“语言”三者之间的关系，《周易》中所指出的“近取诸身，远取诸

① 笔者（2001：375）也尝试探究人在生气、发怒时所出现的生理反应而形成汉语中大量关于“生气”的表达形式，并认为它们也完全是基于人类对客观现象的感知体验，与人的生理构造密切相关。

物”造字原则实际上就反映了我们祖先认识和描写事体的一个基本思路（参见第三章），文字是语言的一个重要组成部分，这与西方的语言体验观有异曲同工之处。

《周易》之后，我国古代有很多学者都述及了体验哲学和认知语言学的基本观点，如庄子、公孙龙、荀子、刘勰、王夫之、程瑶田、段玉裁、王念孙等（参见第二章第二节、第三章和第六章）。本节列述段玉裁和王念孙之后的学者在这方面的有关论述。

章太炎（1869—1936）在《语言缘起说》中提出：

（1）物之得名大都由于触受。

（2）诸言语皆有根。

在此，他一方面强调了语言中的词语起名与人们的身体经验密切相关，另一方面又认为应从身体经验角度来论述字词的根源。他还指出文字是先由图画而起，渐渐由繁而简。

黄侃也曾指出：

《说文》形动字多假物体为象。（黄侃述、黄焯编，1983：69）

也就是说，造字的理据必须是现实的、具象的，假借实物，是形容词和动词构字的规律。

陆宗达、王宁（1994：9，113）认为：

词汇，特别是它的意义是一种直接与民族生活、民族心理、民族文化密切相关的语言要素。

（词义引申）表现出各自民族自身的习惯……因为运用两种语言的人见到、听到、接触到的具体事物并不完全一样，不同民族的人观察事物的方法、心理也是不同的，因而，他们捕捉到的事物特点也必然有不同程度的差异。（陆宗达、王宁，1994：9，113）

有关例子参见第五章第三节。

词义在引申变化，或曰“隐喻性扩展”的过程中，也是基于人们的身体经验的，与人们观察事物的实践方法密切相关。陆宗达、王宁（1994：120）认为：

比喻义的产生实际根源于同状的引申，两物或外形相同，或情景、用途、特征相似，便可以甲喻乙。

人们是如何认识两物的外形、情景、用途、特征相同的，这也完全是靠人们的感知经验、观察认知。可见，词义的隐喻性引申是与人们在生活中的体验实践密切相关，这也就是认知语言学要提出“隐喻具有体验性”这一观点的原因。

戴浩一于1985年就提出了用时间顺序原则（时间顺序对汉语语序有直接影响）、整体—部分关系（汉语中常把整体放在部分前面）、空间词语的比喻用法（表示空间的词语可引申来表示其他概念）、突显原则（采取有标记用法突出说话人的兴趣、涉及的焦点）、信息中心原则（句子的前提在前，断言在后，已知信息排在新知信息之前）[①] 来论述汉语语法构造。他于 1987 年在美国俄亥俄州立大学东亚系举办的学术讨论会上，又进一步提出了以认知为基础的汉语功能语法，考察汉语语法如何反映汉族人从概念上认知现实世界，并使汉语具有了独有的特点。他的演讲论文于 1989 年正式发表，叶蜚声于 1990 年将其译为汉语，分两期发表在《国外语言学》（1990 年第 4 期和 1991 年第 1 期）上。他在论文中坚决主张放弃客观主义哲学观，应运用非客观主义哲学观（即体验哲学），从人类对时空的一些基本认知能力出发，结合一般交际原则来论述汉语语言结构是来自对现实的象征这一观点。他认为语言的表层结构直接来自表示语义的结构，而语义结构等于概念结构，概念结构又来自人类的身体经验，感知时空的基本手法，与人体构造密切相关。他在论文中指出：

人类因自身的生理构造而用特殊的、一贯的方法来感知客体、人、空间、时间和它们的相互关系。人类所生活的物质世界和人体的生理构造施加一定数量的约束于人类的感知和语言。

因此我们应当从人类最基本的体验感知能力，尤其是空间和时间方面的体验感知能力来解释汉语的语法结构。这样，语法就不是任意的、自主的、自足的形式系统，它原本就是概念化的现实的符号表达，受语义的直接支配，象征着人类在身体构造和动作约束下所体验和感知的现实，体现了人

① 信息中心原则与时间顺序原则是一致的：时间顺序原则决定于客观世界里的时间顺序，已知—新知原则决定于主观心理时间轴上的时间序列。这条原则还可用来解释汉语中修饰语为什么总是放在被修饰词语之前的现象。

们对现实世界的看法。因此，我们只有从体验和认知的角度来对汉语语法做出的分析才会具有更大的解释力。

另外，他在论文中还提到了原来表示空间概念的词，还可用来作为语言的“体”标记。我们可以从体验哲学角度对汉语语法中的“体”标记作进一步解释：“在”原来是表示空间处所的，如“存在”“在家”等；后来引申来表示时间，如“在晚上”；又引申为表明进行中的动作，如“我在写字”。这样在“在”的后面接上表示动作的动词，就有了“在这个动作期间”的意思，也就有了表示“进行”的意思。

“着”本来是表示“附着于某处”，引申为“穿着”（如“着新衣”）、“接触”（如“着地”）、“感受”（如“着急”）、“使用”（如“着手”“着力”）等义。由“附着”又可引申为“不脱离”，用于动作可表示“连续不间断”“状态还在持续”，此时就与“时间”有了关系，也就可用来表示“进行体”的意思，例如“我写着字呢”，“大盘小盘请差人吃着（《儒林外史》十三回）”，等等。

笔者（2003，2004）近年来也尝试运用体验哲学和认知语言学的基本原理分别从语言的不同层次对其成因做出了论述。

笔者（2005）曾对蓝纳格（1991）的弹子球模型和舞台模型、雷科夫（1987）的 SFH（形式空间化假设）以及特纳（1996）用事件结构所形成的概念系统来解释句法结构等观点进行了回顾和分析，并作了必要的修改，以此来论述语言中基本句法构造形成的理据。

上述几位学者的模型不同程度地存在以下 3 个问题：

（1）分析层面较为单一；

（2）侧重动态性的场景；

（3）主要针对英语的句法。

笔者针对这些不足提出了“事件域认知模型（Event-domain Cognitive Model，简称 ECM）”，如图 7.5。

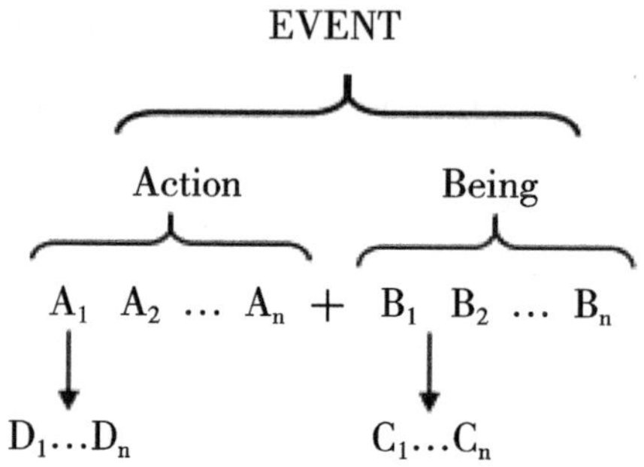

图 7.5　事件域认知模型

这一认知模型基本包括了日常事件的概况，符合人们的正常认知规律。儿童通常以“事件域”为单位来体验和认识世界，并将其作为知识块储存下来。该模型不但能够弥补国外学者模型的上述三点不足，而且可全面地解释概念结构的形成和句法构造的由来，还可以此解释语义和交际层面中的诸多现象，如换喻理论、缺省交际、脚本理论、时段分析、间接言语行为、事体命名、词性转换、词义变化、反义同词等，克服了国外学者模型的单一化问题，将分析范围扩大到词法以外的很多现象，不仅可用来解释英语句法的问题，还适用于大多数语言的句法成因解释。可见 ECM 是一种有较强解释力的认知方式，这又为认知语言学强调解释语言须用统一分析法提供了一个有效的分析工具（详见本文集第八卷第七章）。

第四节　结语

体验哲学和认知语言学关于语言的体验观，中外学者早有论述，这也与唯物辩证法的实践观基本吻合，其主要观点就是，概念和意义基于感知体验，而感知体验又是基于人的身体构造（包括具有丰富想象力的大脑），因而人类能用特殊的、一贯的方法来感知客体、他人、空间以及其间的种种关系。在这个基础上，人们通过隐喻等认知策略建构出其他概念（包括抽象概念），从而建构出概念系统，通过词汇化形成了语言，因此语言也具有体验性。例如：汉语中也有类似的情况，原来表示空间关系的“上 / 下、前 / 后、深 / 浅”等也可用来表示时间或其他概念。

（1）表示时间

上午、晚上、上半夜、上星期、上旬、上月、上弦、上辈子、上一代、上古、上岁数；

下午、下半晌、下半天、下半夜、下星期、下旬、下月、下弦、下辈子、下一代；

以前、前天、几天前、前半晌、前半夜、前汉、前夕；

以后、后天、几天后、后半晌、后半夜、后汉、年后。

（2）与动作、抽象概念共现

上班、上升、上工、上学、上不去、上场子、上等、上级、上报、上调、上策、上朝、上访、上告、上供、上缴、上进、上紧、上口、上膘、上心、上相；

下班、下降、下工、下学（= 放学）、下不来、下场、下等、下级、下达、下放、下策、下朝、下察（民情）、下手、下流；

前进、前程、前锋、前卫、前赴、前思、前生、前线、前奏；

后退、后路、后锋、后卫、后继、后想、后生、后方、后记等。

又如：汉语的“间”，本来写作“閒”，会意字，表示门有“缝隙”，从门内可以看到月光。后由“缝隙”引申为“隔开”“离间”；又因缝隙在两侧之间，引申出“中间”之义。后把读 jiān（一声）和 jiàn（四声）的“閒”写为“間”，后简化为“间”。此后，该字从空间域引申到了时间域，如“晚间”“夜间”“间日”等。

因此，概念和理性不是自治的，也不可能有独立于身体的心智能力和意义，这就批判了二元论。

语言的体验观还为语言来源于实践，与人类的概念结构和认知方式密切相关的观点提供了充分证据，这就批判了语言的天赋观和自治观。正如王寅、李弘（2003）所说：

> 人类的语言是从哪里来的？是从天上掉下来的吗？不是，这就批判了上帝创造语言的观点。人类的语言是从哪里来的？不是人的头脑里固有的，这就批判了语言天赋论。认知语言学认为语言是人们在对现实世界体验的基础上通过认知加工而逐步形成的，是主客观互动的结果。

从上面的分析可见，语言，不管是词汇还是句法，都是人们在对现实世界进行互动性感知体验的基础之上，并以此为出发点进行认知加工而形成的。因此，语言形式与概念意义之间是互为依存的，具有大量的像似性，这就不能不对任意说提出质疑（参见许国璋，1988）。

第八章　音义学与声训法

索绪尔仅从语言符号内部论述能指与所指的任意性关系，而且主要是基于词平面，且仅是就音响形象与概念之间关系得出的结论，不少学者对索氏的术语和论述提出了疑问：

（1）什么是“音响形象（sound image）”？

（2）“音响形象”和“概念”都是心理上的东西，与客观外界没有关系，如此分析是否合理、科学？是否是理论之唯一？

（3）能否将音响形象与概念之间的关系扩展到其他语言平面，从而得出结论说：任意性是语言的第一原则、头等重要的原则，支配着整个语言的语言学？

当今认知语言学家对这些问题进行了思考。

由于索绪尔的术语“音响形象”太抽象，不易理解和把握[①]，很多学

① 谈到音响形象时，“我们必须避免说到构成词的‘音位’。‘音位’这个术语含有声音动作的观念，只适用于口说的词，适用于内部形象在话语中的实现。”参见高名凯译本，商务印书馆，1996：101。

者就将“能指”简单说成了“语音”，把“概念”说成“意义”，因此任意性就成了音义之间的任意性关系。

索氏把音义层面上的任意性扩展到了整个语言层面，从而得出结论：任意性是语言的第一原则，头等重要的原则，支配着整个语言学，这在他的理论系统中是有一定道理的，但我们知道语言除语音层面之外，还有很多层面。当代认知语言学坚持语言的体验观，也就顺理成章地得出了语言具有像似性的结论（参见第七章），同时对语言各层面进行了广泛而又深入的研究，从词语发音、书写平面发展到句法、篇章、语用等层面，在进行了综合分析之后得出了结论：语言形式与所指意义之间具有大量的像似性。

我们知道，词汇的音义层面不等于词汇层面。就词汇层面而言，索氏也仅就语言里的基本符号或根词而言，还不包括复合词和派生词，因为它们是相对可论证的（索振羽，1994），而英语中的复合词和派生词占相当大的比例。Householder（哈乌斯霍德，1946）曾指出，英语中只有 9% 的词汇才是完全任意的。索氏所说的“词汇和任意性同义”（1996：184）就要大打折扣，更不用说汉语字词了。

汉字是以象形和表意为主的文字，形义具有理据性是其显著特点。汉语历来有“书画同源”一说，“近取诸身，远取诸物”常被视为早期汉字的构形原则，每个汉字背后就是一幅图画，其间的像似性显而易见。由于汉字源于象形，古代汉字与所表物之间的像似性程度就远远要高于当代汉字，因为汉字经历了不断简化的过程，但稍加注意，仍能发现其中的规律。

形义统一的原则反映了汉语的一般造字规律，义是形的根据（陆宗达、王宁，1994：31）。汉语语言文字具有图像性，可以传达字形信息（赵彦春，1999）。徐通锵（1998）认为：

汉语充分体现了汉民族“比类取象”的思维方式。

用认知语言学的行话来说，就是汉语形式像似于“比类取象”的思维方式。汉语在字的层面上采用了这种方式，形成了适应汉语结构特点的最佳书写方式。在这个基础上，形成了汉语的复合词，其编码格局可视为单字编码格局的延续和发展，继续遵循着“象（种差特征）+类（上义）”的原则，也在忠实地恪守着汉语“比类取象”的像似性编码方式。

可见，索氏的任意性即使在词汇层面也还有很多限制，又何以能将仅在音义层面上得出的不完整的结论扩展到整个语言系统呢?

因此，我们不能将只从分析某一个层面的某部分得出的结论任意地扩大至语言的其他一切层面，“音响形象”与“概念”不能代表词汇层面，“音义层面”也不能代表语言的各个层面。倘若这样，就容易给人造成一种“以偏概全”的感觉，这与理论研究的基本方法似乎是背道而驰的。

笔者对像似性（1999：32；2001：335）所作的定义则强调了像似性存在于语言的各个层面。本章主要探讨西方学者和我国学者对语音与语义之间像似性现象的研究。

第一节　音义学

即使在语言的音义层面，我们也不能一概而论地将两者之间的关系统统视为任意性，在英语中音义之间也存在很多像似性关系，倘若认真研究，深入考察，广泛收集，其数量也不可小视。

当然，我们对音义像似性的研究并不意味着我们要彻底否认音义任意性，而是意在引起人们充分注意音义之间存在很多像似性的现象，并对其加以思考、收集、分析和研究，不必为“语言是任意的”这一教条所束缚，而不去正视语言中存在大量像似性这一事实。

一、体验与模仿

认知语言学坚持语言的体验观，即使在语音层面上也是这样。大部分关于语言起源的理论是基于“声音模仿”的，这还是一种可以被接受的假设。其实，西方学者早就注意到了音义之间存在对应关系这一现象。例如柏拉图（前427—前347）曾在《对话集》中提出人类一般语言活动起源于拟声的论点。

柏拉图也曾举例：希腊字母 p（r）表示运动，因为发 r 音时，舌头需要颤动，如 ρετυ（流动），ροη（河流），τρόμος（颤动）等；希腊字母 λ (l) 表示软而平滑的东西，是因为这两个字母的发音就软而平滑。柏拉图还认为，名称可以揭示事物的本质［莱布尼茨的秘书 Eckhart（埃克哈特，1711），参见 Gensini（1994：7）］。柏拉图甚至认为每一个字母都是模仿事物一定的性质的。他说：

> 显然，名称乃是它所表示的事物的声音模仿，起名字的人总是以声音来模仿他所称呼的事物的。（转引自高名凯，1995：343）

古罗马人奥古斯丁也持和柏拉图相似的观点，提出了语言图像论。① 他认为人是以声音来模仿他所称呼的事物的。他举的例子是，拉丁语 mel（蜜）的柔软的声音表示它是甜蜜的东西，而拉丁语 acer（铁）的声音表示它是坚硬的东西。

法国学者 Mersenne（梅尔塞纳，1588—1648）在 17 世纪就发现，[i] 之类的元音在音感上一般同“细”“小”的概念相联系。他的这一发现比 Jespersen（叶斯伯森）要早很多年（参见 Robins，1967：131；王铭玉，2005：419）。

莱布尼茨则承认音义两者之间既有任意性，也存在必然的联系。他认为，人类的原始语言是根据拟声原则而创造出来的。在某种情况下，决定以什么声音或符号表示观念，是可以发现理由的。如古代若干民族用 r 这个字母表示激烈运动和流淌声，以后各个民族的语词中都可以找到许多同样的例证（徐友渔，1996：29）。

赫尔德于 1772 年《论语言的起源》（为柏林皇家科学院 1770 年获奖论文，并由科学院指定出版）一书中也认为语言的起源与人类对自然界中发出的声响的认知密切相关。他（1999：39—40）说：

人依靠知性统治自然，而知性也正是语言之母；从物体发出的声音中，人提取出区分特征，从而构成了一种生动的语言。

于是树就叫作“沙沙”，风叫作“嗖嗖”，泉水就叫“淙淙”，这样，人们就有了一部小小的词汇，等待着发音器官给它们打上印记。

---

① 维特根斯坦早期也持语言图象论观点，在后期研究中（1953），他批判了奥古斯丁的语言图象论，实际上也是对自己早期语言哲学思想的清算（王晓升，1999：53）。在后期，他不再把句子看作世界的图象，而是从人们的生活形式，从人们的活动中来考察语法，考察在我们日常生活中句子是如何被使用的，从而提出了一个崭新的语言哲学观——语言游戏论。

他（1999：46—47）以此为出发点，进而十分严厉地批判了任意说：

但是，并非所有的事物都会发声，那些并不发声的事物，人从哪里来的本领把它们变成语声，心灵怎么才能命名它们，使其获得符号？颜色、形状与它们的命名有什么样的关系呢？这类名称的产生与咩咩的叫声成为羊儿名称的方式有什么不同？超人起源说的捍卫者们对此有现成的回答：这是任意的！为什么绿色叫“绿”而不叫“蓝”？这有谁能解释，有谁能在上帝的理智中找到原因？毫无疑问，上帝喜欢这样，仅此而已！这一来，线索就被剪断了！所有关于语言发明艺术的哲学家探索于是都成了随意杜撰的空中楼阁。…… 一种根据肤浅空洞的任意性创造出来的语言是与他的整个善于类推的本性相背的。

赫尔德对任意说批判之严厉，读者可自己体会。

Tucker（塔克）于18世纪也注意到英语中的［ə］广泛用来表示“犹豫”（the prevalence of ［ə］ in English as a hesitation form），参见 Robins（1967：136）。

西方在论述语言起源时，多是从人类模仿声音的方法来加以论述，例如叶斯伯森就曾从语音模仿角度将语言的起源归纳成四种：

感叹说（Theory of Pooh-pooh，又叫“啵啵说”“呸呸说”）：最早的词是呼喊声，由于疼痛、恐怖、欢乐等感情而情不自禁地发出了本能的呼声，如 Ooh，Er，Ah 等。

拟声说（Theory of Bow-wow，又叫“咆哮说”“汪汪说”）：模仿自然界或动物的声音，如模仿禽兽发出的声音而便于追踪打猎。

声象说（Theory of Ding-dong，又叫“叮咚说”）：声音和意义之间有某种神秘的一致性，自然界的声音犹如铃声打击着人们，给人留下印象。

喘息说（Theory of Yo-he-ho，又叫“呦嘿嗬说”）：用劳动中喘息之声来给劳动的动作起名称，如模仿“举”或“拖”重物的劳动中发出的哼叫声 Heave。

这些理论大都涉及一个模仿声音的问题，仅是模仿的对象和方式有所不同罢了，因此说“人类语言起源于模仿”还是能为广大学者所接受的。

雅可布逊于 1941 年用德语出版了《儿童语言、失语症和语音普遍现象》一书，书中指出儿童习得语言的过程和世界语言的历史发展之间确实存在某种必然的对应现象。他还指出儿童在学习音位的次序时有一个突出的特点，即摹声起着重要的作用。幼儿正是在模拟自然声响中学会许多语音的，如用 r 模拟马达声、用 s 模拟哨声等。

这种拟声能力成为学习语音系统的起点。他还描述了婴儿在语言习得过程中最初的基本发音因素，叠音 papa，mama，tata，nini 等是人类个体最早的语音特征。从摹声到叠音，我们看到的正是潜伏在自然语言之初的“诗的功能”。

莱昂斯（1991：94）曾指出，一般的“自然语言”，其各个结构层次上的像似性要比语言学传统的名言警句所告诉我们的大得多。

鲍林格（1993：34）指出：

事实上，语言中的一切都有非任意的起因。有些变得任意性更大，有些变得任意性更小。

他（同上：33）还举了语音非任意性的情况：

把舌放在高和前的位置发出的元音和“小”的意义似乎存在着某种联系，特别是 wee（极小的）和 teeny（极小的）中的那个元音，而那些由舌处在低的位置发出的元音总是表示“大”的意义，这种联系不论在哪种语言里都是存在的。……切一块小东西时，我们用 chip 这个词，而切一块大的东西时则改用 chop。我们在指一薄片时用 slip，指一厚片时则用 slab。再则，nib 所描写的突出物要比 knob 表示的小得多。

丹麦语言学家叶斯伯森也有类似的论述（参见王铭玉，2005：419）。鲍林格（同上：336）指出，我们只能作这样的猜想，即在原始阶段中，语音和意义是相联系的。

Fónagy（冯纳杰，1999：19—22）较为详尽地论述了语音隐喻（Phonetic Metaphors），分析了语音与意义之间的像似性关系，并通过调查发现某些音常可用来表示某些特定的意义，而且音义之间的关系常可能与发音时所获得的感觉有关，如有些发音需用较大的力，口腔肌肉较为紧张，它们就不大可能用来表示“轻松、舒展”的意思。17 世纪的法国曾认为在公众场合下讲话，特别是上层妇女，口张得太大被认为是不合身份的，这样就使得法语中某些元音与“不礼貌”获得了隐喻性的联系。

体验哲学对音义关系同样具有一定的解释力。体验哲学认为，我们的范畴、概念、意义是基于身体经验的心理现象，是人类自身与客观外界（或人与人）互动的结果。语音也是基于人类的体验和认知的，人类在对自然界事物所发出声音感知的基础上，本能地模仿其声音，并用以表示该事物，这应当是最自然不过的，初民用某事物发出的声音来表示某特定事物就是基于他们的生活。每个语言中都存在一定数量的拟声字词，这就是最好的例证。在英语中还有很多将拟声表义的音素嵌入单词之中，这就是人们常说的“语音象征”现象，如英语中的 cra-，scr-，sl-，sn-，gr-，fl-，-ump，roll 等（参见布龙菲尔德，1980：307—309）（详见下文）。

这种经模仿直接形成的音义对应现象数量虽不多（但认真统计后数量也不可小视），却是人类言语之初。

我国学者对于体验与拟声的论述也很多，如清代训诂学家程瑶田所著的《果赢转语记》就很能说明问题（参见下文），王念孙晚年在给他这本著作所写的跋语中说：

双声、叠韵出于天籁，不学而能。

这充分肯定了语音与自然声音的关系。

钱钟书（1979：116）还从婴儿学说话的角度来解释这一现象：

象物之声（Echoism），厥事殊易，稚婴学语，呼狗“汪汪”，呼鸡“喔喔”，呼蛙“阁阁”，呼汽车“都都”，莫非“逐声”“学韵”，无异乎《诗》之“鸟鸣嘤嘤”“有车邻邻”……

钱先生用婴儿学语的生动实例来说明一个道理：摹声是人类语言能力之中较易达到的，似乎是一种本能。

因此，李葆嘉（2001：118）认为“象声”是一种最古老、最自然、最基本的命名方式，从中可以了解人类自然语言中的许多奥秘。他（2001：132）说：

"象声"不仅是人类认识事物的基本途径，而且是语言产生的必由之路，这是人类在漫长发展中的唯一选择。与此同理，文字必然起源于"象形"。象声和象形是人类所具有的符号化认识能力的两大渊源。

叶舒宪（1994：375）说：

摹声作为人类最早的言语能力之表现，不仅在汉语中直接催生了"重言"模式，而且间接地孕育了足以显示汉语诗歌潜能的另外两种模式——双声与叠韵。这三种模式的交互作用和错综组合，为汉语创作中的韵语——韵文形式奠定了音乐美的基础。

既然是"模仿"，也就不可能完全一样，而且会因民族而异，因此模仿是有限制的，能被模仿的自然界声音和事物形状是有限的，不出声的事物和抽象概念又何以能在声音上和形状上被模仿，因此祖先们就得运用其他方法来表达。另外，经模仿后成为语言中的语音，就必然还要受到语言发音系统的约束，其间的像似程度必然要打折扣，因此任意性也就在所难免。同时，我们也不能排除人在选择某一语音表达某个意义过程中"理性"所起的作用。正如许国璋先生（1988）指出的：

语言既是理性的行为，任意性到底存在哪里？

当然了，语言发展年代久远，语音又不断发生变化，各地方言交融混杂，其间的理据性变得难以辨认，以至于常人不去注意这些现象，而仅注意语言的传情达意的功能。马秉义（2002：125）指出：

从原始语根孳乳到现在，其发展过程不可知，而现今的面目却全非了，于是乎就形成了语言任意论。

语言在音义层面上存在较多的任意性现象，我们并没有因为注意到音义之间的理据性而走向对之全盘否定的极端，但我们也没有因为语言学界较为普遍地接受语言任意说而放弃对像似性的研究。正如笔者（2002，2003）所反复强调的：语言是处于任意性和像似性两极之间的，有的层面像似性较低（如语音层面），有的层面像似性较高（如句法层面等），有的语言像似性程度相对要高一点，有的低一点；有的语言在某个层面上的像似性比其他层面要高；同一语言的像似性程度可能会随着历史的发展而有所变化（例如汉语在近代出现的倒装句现象）。语言符号中的像似性与任意性是互补的，处于两端的语言是没有的，它们一定是在这两者之间的，在语言发展过程中，一直存在着这两种特性的变化。但总的来说，像似性要多于任意性，因此像似性辩证说比任意性支配说更有解释力。

二、音义学

苏联语言学家 Stanislav Voronin（沃蓉宁）于 1980 年正式提出了“音义学（Phonosemantics）”这一术语，且将其定位于一门研究语音和语义之间具有像似性关系的语言学科，并出版了《音义学原理》，也标志着这门学科的正式诞生（贺川生，2002）。该学科主要论述了这样一些音义像似性现象：拟声、语音象征、联觉通感、元音变换、重叠词、首音互换、俗词源学……其目的在于充分挖掘人类语言中音义之间的像似性关系，对被人们长期忽视的音义像似关系做出了合理的解释，这对于全面了解语言性质具有重大意义。

其实，我们若能对音义像似性现象加以全面和仔细的收集，就会发现大量的例证。如果我们不抱任何先入为主的立场，静而思之，就会发现这种现象比人们想象的要多得多。因此，我们认为音义学的深入研究不仅在理论上具有重要的意义，而且更进一步为认知语言学的基本理论增加了说服力，具有极为重要的实用价值，这对于我们大量识记英语单词具有重要的意义，下文仅简单列述几例［具体论述和例子详见本文集第十三卷《语义理论与语言教学》（下卷）］。

（1）象声词（Onomatopoeia）：各语言中都有一定数量的象声词，英语中约有 1300 个拟声词。

（2）语音象征（Sound Symbolism），例如英语中的 /gr–/，/fl–/，/sl–/，/sn–/，/–ish/，/di–/，/–ump/ 等，都与某一特定的声音或动作有关。

（3）发音时值像似于动作时值，例如英语中多以短元音表示急促、短暂的动作，以长元音、双元音来表示较缓慢的动作，这种音义像似性正是源自实际生活中的现象。急促的动作所需时值较短，在语言中发音时值也就相对的短；较为缓慢的动作延续时间较长，在发音中的时值就可相对长些，这是以人们在描述缓慢动作时常自然放慢讲话速度为理据的。

（4）降调表示肯定，升调表示疑问。语言中的肯定句多用降调，疑问句多用升调，这与人们的身体经验密切相关：重心向下则有稳定感和肯定感，重心向上则会不稳定，就会产生疑惑感。

第二节　声训法

我国古代学者早已注意到语言中的字词是音义的结合体，并论述了两者的结合方式（参见王宁，1996：47，128）：

（1）约定俗成；

（2）音近义通。

“约定俗成”不等于“任意性”（参见许国璋，1988），因为前者还有个如何约定，怎样俗成的问题（参见第六章），其间必须考虑到人和社会的因素。特别值得注意的是，我国训诂学中声训研究的音近义通观①，强调了音义之间的像似性。

所谓“声训（又叫‘音训’）”，指通过语音分析来解释词义的一种训诂方法，从音同或音近的关系来推求事物名称的出处和由来，以及指明文字通假的具体途径，同时还可以获得明了词义和词源的方法，得出了“音近之字，意义相通”的结论。

这种以声训探索词源的方法初始于先秦（对字词的音义关系的认识尚处于自发阶段的萌芽状态），盛于两汉（被广泛运用，班固的《白虎通义》是其大渊薮，许慎的《说文解字》，郑玄遍注群集，都处处以声通义，用法渐广），集大成于《释名》（为刘熙所作，他是郑玄的学生，全书以声训为体，着意推求语源），唐代学者集前人之大成（在注疏古籍时既有实践上的运用，也在理论上做出了一定的论述，揭示出音义关系三纲：声同、声近、声转），宋代的王子韶首倡右文说，元初的戴侗，明末的方以智、黄生亦论述了汉字可遵循“以声求义”的方法，时至清代，声训法研究得到了大发展（详见下文）。

---

① 按照王宁（1996：47，128）的论述，“音近义通观”是能够作为“音义约定俗成观”的对立面，按照许国璋（1988）的观点，“音近义通”作为“音义任意观”的对立面更妥。这样汉语中存在的大量音近义通现象，就构成了对音义任意说的反思。这样，我国的声训研究与西方“音义学”的研究思路就有了相通之处。

一、分期简述

本章将其大致分为三个时期简述如下。

（一）先秦两汉

我国最早的文学作品《诗经》中所运用的大量重言，主要是模拟自然界的各种声音的，例如：

鸟类的鸣声：关关、喈喈、丁丁、嘤嘤、交交、胶胶等；

虫或兽类的叫声：喓喓、呦呦等；

鸟兽动作的声音：肃肃、薨薨、令令、泄泄等；

风雨雷电江河的水声：习习、发发、弗弗、活活、潇潇等；

车声：邻邻、槛槛、哼哼、玱玱、央央、将将、锵锵等；

钟鼓之声：渊渊、咽咽、喤喤、喈喈、钦钦、简简等。

这说明了拟声词在我国最早的文学作品中就广泛使用，足以可见其在古代言语中占有一定位置。

通过音近义通的方法，以语音形式（音同或音近）为先决条件来揭示词源，推索词语的命名意义，是基本符合人们的认知规律的。同时用相近似的声音去表示相近似的意义，也是符合经济性原则的。

声训后来得到了许多古代训诂学家的青睐，被广泛用来解释古词的意义，例如《论语·颜渊》说：

政者，正也。子帅以正，孰敢不正？

《礼记·中庸》说：

仁者，人也，亲亲为大；义者，宜也，尊贤为大。

“正”的音既定之后，从事“政”的人，必须是“正”的，因此“正”“政”同音，合情合理。“人”的语音既定之后，那个人与人相爱的“仁”，也就用同样的声音去表示它，这种用相同或相近的语音来表示相同或相近意义的方法，体现出了我们祖先的智慧。又如《礼记·射义》说：

祈，求也。（以“求”释“祈”，通其音义）

《礼记·郊特牲》说：

富也者，福也。

《礼记·仲尼燕居》说：

礼也者，理也。

《孟子·尽心下》说：

征之为言正也。

“征战”的“征”取义于纠正的“正”，现在有证明、验证的意思。另外还有：

庠[1]者，养也。

校者，教也。

《周易》说：

需，须也。

离，丽也。

晋，进也。

乾，健也。

《毛传》说：

盗，逃也。

《毛传》中还有：

“威”得名于“畏”。

“仪”得名于“宜”。

“沦”得名于“轮”。

如此等等。

《说文解字》中也常用这样的方法来训释词义，如：

① 指古代的学校。

天，颠也，至高无上。

日，实也，太阳之精不亏。

门，闻也。

户，护也。

尾，微也。

发，拔也。

木，冒也。

士，事也。

葬，藏也。

君，尊也。

室，实也。

母，牧也。

诰，告也。

仲，中也。

刘熙的名著《释名》主要运用了声训的方法来解释词义，被认为是一部从语音角度解释意义的语源学专著，将声训法推向了一个高潮，如：

衣，依也，人所依以蔽寒暑也。

天，显也。

阳，扬也，气在外发扬也。

山，产也，产生物也。

光，晃也。

亭，停也。

功，攻也。

帐，张也。

地，底也。

道，导也。

如此等等。

（二）唐宋时期

孔颖达在《正义》中注解《毛传》中的“盗，逃也”时是这样表述的：

言其昼伏夜奔，逃避人也。

“盗”字取义于“逃”，也就推释了“盗”字得名的语源。还有：

赠，增也。

宋代蔡卞《毛诗名物解·释百谷》中有言：

黍，丹谷也。仲夏乃登，故谓之黍，而声与“暑”同。

这一解释说明了“黍”是在夏天成熟的，故而通“暑”，语源则明。这也充分体现出我们祖先对生活的体验和认识。

汉字的形声字不仅形旁表示意义，其声旁也可能表示意义，甚至有时声旁表示的意义还更接近词源。正是由于汉字形声字的声旁多在右边，很多学者发现了这种现象，提出了“右文说”。宋代的王子韶在总结前人论述的基础上，对这种理论进行了系统的论述和推阐：

凡字，其类在左，其义在右。

形声字的意符（左文）仅仅表示事物的类别范畴，它的声符（右文）才是意义所在。他揭示了具有同一“右文”的多个音同或音近的形声字，可能会共有一个或数个语义要素。例如沈括在《梦溪笔谈》中举例说道：

如“戋”，小也：水之小者曰“浅”，金之小者曰“钱”，歹之小者曰“残”，贝之小者曰“贱”，如此之类，皆以“戋”为义也。

后来很多学者对这一理论做出了补充论述，并运用这一原理做出很多解释。为便于论述，将梁启超等学者的论述也置于此处。他在《从发音上研究中国文字起源》中对“戋”的右文用法又作了很多补充：

丝缕之小者为“线”，
竹简之小者为“笺”，
竹木散材之小者为“栈”，
车之小者亦为“栈”，
钟之小者亦为“栈”，
酒器之小者为“盏”，
水之小者为“浅”，

水之扬子细沫为“溅”，

小巧之言为“諓”，

小饮为“饯”，

轻踏为“践”

薄削为“刬”，

伤毁所余之小部为“残”，

右凡“戋”声之字十有七，而皆含小意。

梁启超不仅补充阐述了右边含“戋”的一组形声字在音义之间的有机联系，而且作了数据调查，他认为这一现象占带“戋”字的总数的 70%。这也说明，我国学者早就注意到要对语言作量化分析。①

另外，古代训诂学家也注意到了右文用法，如《广雅·释诂》：

几，微也。

这个字可作为构字成分，表示“微”“小”“精细”之义，《说文解字》云：

仉，精详也。

叽，小事也。

① 庄子在《寓言》这一章中说：“寓言十九，重言十七。”“寓言十九，藉外论之。”（参见第十章第一节）

《字林》云：

玑，小珠也。

《玉篇》云：

钒，钩铓也。

“仑”有“回旋条理”的意思，“沦”“伦”“纶”“论”“轮”等都含此义，因此就用了“仑”作声符。如《释名》中的论述：

水小波曰沦。沦，伦也，水文相次有伦理也。
纶，伦也。作之有伦理也。
论，伦也，有伦理也。
轮，纶也，言弥纶也。周币之言也。

另外，“敖”与“大”有关，也有明显的音同义同的现象，例如：

骜，骏马。
獒，狗四尺。
螯，螃蟹等节肢动物的第一对像钳子样的大脚。
鳌，大龟。
謷，意为大。

另外从“嗷”“傲”“廒”“鳌”“熬”“遨”等字中也可循声而得此义。

“肖”常表示“小”的意思，如：

稍，苗末，叶末端渐小处。

艄，船尾，尾端渐小处。

霄，云端，高处视之渐觉小处。

梢，树枝尖端，末端渐小处。

鞘，鞭头细皮条，（系于）顶端而细小处。

消，水消减，使水小。

销，金消减，使金小。

削，用刀使减少。

在这一组同族词中，前5个是名词，含有“尖端渐小”的意思，可提出共同的义素“尖端、渐小”。后3个为动词，都有“使得变小”的意思，可提出共同的义素“使之小”。

汉语中同族的“瑕（玉小赤）”“霞（赤云气）”“葭（红芦苇）”“騢（赤白杂毛马）”“赮（赤色）”等中可提出共同义素“赤色”（参见李葆嘉，2001：121），就可理解繁体“蝦”字为何也要用“叚”，因为虾下了锅就会变红。

（三）清代

时至清代，声训法研究得到了大发展，进入声训研究的高潮，“因声求义”被视为训诂学中的一大法宝，经过程瑶田、段玉裁、王念孙、王引之、阮元、朱骏声、黄承吉、俞樾、江番、章太炎、刘师培、杨树达、沈兼士等的相继研究，得到很大发展。特别是自段玉裁在《六书音韵表》中建立起上古音系统之后，通过古音来寻求古义，“因声求义”就有了较为可靠的依据。这一训诂方法自然也就得到普遍承认，以至于清代学者对音义关系几乎无人不谈，无处不谈（苏新春，1995：17）。“因声求义”常被视为传统训诂学在方法论上的一次革命。自此音义相通的关系终于被揭明：古人制字，以声寓意，凡音同音近的字，往往义同义近。声训法的地位得以确立，学者们竭力倡导训诂学中应“以声通义，以古音求古义”。

程瑶田（1725—1814）在《果赢转语记》中专门探讨了“guo luo”这两个音所表示的意义，他说：

里谚所称，虽妇人孺子，见物之果赢然者，皆知以果赢呼之，虽微（非）草木之实，苟类是，即无不可与之以是名也。

果子落地就会发出“骨碌”之声，这就是“果”的来历，然后只要是圆形、下垂之物，或能发出此类声音的，都以“guo luo”名之，如：

有一种草本植物的果名就叫“栝楼（gua lou）”，为果赢之转语；
蜂之细腰者，其腹亦下垂，故谓之“蜾赢”；
有一种鸟也叫作“果赢”；
有一种瓜类植物的果实叫“果蓏（guo luo）”；
一种草称为“莪萝”；
有一种虫子叫“蛾”。
还可指器名“锅”；

或指舟名“舸艫”；

或指车名“枸篓”；

或指驼背“佝偻”；

或指山名“岣嵝”（就是湖南的衡山）；

或指圆形、可转动的轮子“轂轆”等。

这些皆以声命名。

今天的“葫芦”“蝌蚪”“花骨朵”等，都与“果臝”有关。他所说的“果臝然者”，即意为，只要是像“果臝”那样圆形、下垂的东西，或能发出类似的声响的东西都可从“果臝”之声得名。

后来还进一步发展出 kululu，gululu，dululu，tululu，bululu，pululu 等，还可省去首音节说成“lulu”，即汉语的“累累”“历历”等（参见马秉义，2002：124），正如程瑶田所说的：

声随形命，字以声立，屡变其物而不易其名，屡易其文弗离其声，物不相类也而名或不得不类，形不相似而天下之人皆得以是声形之，亦隧靡或弗似也。

“声随形命”是说按事物的形状而命之以一定的语音形式，如“果臝”之形圆，则凡圆形之物可称为“guo luo”，这就是，物各不同而名称则不变，书写形式不同而其声音不变。一个“guo luo”竟能系联出 200 多个词来。人类就是在这种对自然声音的体验和模仿基础上，逐步增加发音数量，完善发音器官，形成了语音系统。

段玉裁（1735—1815）也认识到了这一现象，他在《说文解字注》

中说：

凡同声多同义（声符同，意义也相同）。

他还举了很多例子，以说明同音或近音的字词可以相训，如：

门，闻也。
户，护也。
尾，微也。
发，拔也。

例如："于"声字多有"大"义。《说文解字》说：

芋，大叶，实根，骇人，故谓之芋也。

段玉裁注：

吁，惊也。

王念孙（1744—1832）在《释大》中说：

冈，山脊也；亢，人颈也。二者皆有大义。故山脊谓之冈，亦谓之岭，人颈谓之领，亦谓之亢。彊谓之刚，大绳谓之纲，特牛谓之犅，大贝谓之（魧），大瓮谓之（瓬），其义一也。

阮元（1764—1849）在《释门》中说：

凡事物有间可进，进而靡已者，其音皆读若“门”。或转若“免”、若“每”、若“敏”、若“孟”，而其义皆同，其字则展转相假，或假之于同部之叠韵，或假之于同纽之双声。试论之凡物中有间隙可进者，莫首于门矣。古人特造二户象形之字，而未显其声音。

朱骏声（1788—1858）在《说文通训定声》中亦有较为详细的论述，并认为刘熙的《释名》全书皆然。音相近则义相通，亦训诂之一道。所以清代学者总结出了“声同义同”“声近义同”“声转义同”的规律。

章太炎（1869—1936）在《文始》中提出了摹声说，在《转注假借说》中就提出：

语言最初的发生与人的触受有关。

原生造词源于自然之声，而且我们可以在某些词音上获得证实，如：

蛙、鸡、鸭、鹅、鸦、猫、蟋蟀等动物就是以它们的鸣叫来为之命名的；淋、沥、流、涟、涝、潦等词的词音似与水的滴沥声相关；软、蠕、柔、茸等词的声母上古音都为“日”纽，发音时舌面腻黏，似能给人柔软的感觉，等等。（王宁，1996：147）

刘师培（1884—1829）倡导“字义起于字音说”（《字义起于字音说》）。他在《小学发微补》（载《刘申叔遗书》1997：429）中说：

羊字之音近于羊鸣，雀字之音近于雀鸣……此皆字音像动物之音也。木字之音近于击木声，竹字之音近于击竹声，此皆字音像植物之音者也；铜字之音近于敲铜之声，拆（换木旁）字之音近于击拆（换木旁）之声，此皆字音像用物之音者也……可知古人创造字音，皆在观察事物之后，故能效物音以制字音。

杨树达（1885—1956）、沈兼士、黄承吉等对此都有论述。杨树达在《积微居小学金石论丛》（38、49页）中指出：

自清儒王怀祖、郝兰皋诸人盛倡声近则义近之说，于是近世黄承吉、刘师培先后发挥形声字义实寓于声，其说亦能圆满不漏矣。盖文字根于言语，言语托于声音，言语在文字之先，文字第是语音之徽号。以我国文字言之，形声字居全字数十分之九，谓形声字义但寓于形而不在声，是直谓中国文字离语言而独立也。其理论之不可通，故灼灼明矣。

观上方九例，吾国语言义逐声生之故，学者可以豁然明白矣。字义既缘声而生，则凡同义之字或义近之字，析其声类，往往得相同或相近之义，亦自然之结果也。

沈兼士（1933）在《右文在训诂学上之沿革及其推阐》中指出：

语根者，最初表示概念之音，为语言形式之基础。

另外还可列举很多例子：

“贲”声字多训“大”；
“农”声字多训“厚”；
“皮”之字有“分析”之义；
“吕”有“相连”之义；
“金”声“今”声之字有“禁制”之义；
言“黎”者有“迟缓”之义；
从“辰”之字有“动”义；
从“句”者可训“曲”；
从“奇”之字多训“偏”；
从“雀”“燕”声的字多含“白”义；
从“曾”声的字多含“加”“高”义。

如此等等，不一而足。

二、语调与意义

另外，我们知道语调与意义之间也存在一定的关系，也是不容忽视的。唐代的陆德明（约550—630）编成《经典释文》30卷，成为汉魏六朝以来音义研究的总汇，是阅读古书、研究古代音韵训诂的重要参考书。他在书中罗列了一些四声别义的现象。300多年之后的贾昌朝（998—1065）著《群经音辨》7卷对这一现象进行了较为深入的思考，辨析了古籍中四声别义的现象。他说：

夫轻清为阳，阳主生物，形用未著，字音常轻；重浊为阴，阴主成物，形用既著，字音乃重。

根据赵振铎（2000：328）的理解，清浊是指声调的区别，因形著用是指名词转化为动词，因用著形是动词转化为名词。同一个字，如作名词（是静态的物体），可用清音来表示；如作动词（是动态的，需要一定的力量才能使其运动），可用浊音来表示。南宋的岳珂（1183—1240）和毛居正、刘鉴，明代的吕维祺、袁之让等都对这个现象进行了论述。

李世中（1987）通过进一步研究又发现：汉语声调是具有象征意义的，并进一步总结出以下规律：

轻清者上浮而为天，重浊者下凝而为地。

例如：

表示“飘、扬、漂、浮、翱、翔、翩、悠、升”等义的字词用平声；
表示“降、附、堕、破、碎、废、溃”等义的字词用去声；
表示“绝、裂、折”等义的字词用入声。[①]

这其间的关系完全可从身体经验角度做出解释。

无独有偶，雷科夫和约翰逊（1980：138）也发现了升降调与意义之间的关系，并从体验哲学角度做出了解释，认为很多语言中疑问句多用升调是基于这样的经验之上的：人是站立在土地之上的，只有脚踏实地才感到稳妥，才有一种肯定感。而直立向上的状态是不十分稳当的，因而就产

① 这一假设从体验哲学角度来讲是能成立的，但由于语音的变化、方言的影响、认知的差异等因素，这种关系当然有很多例外。

生了一种疑惑感。在语言的语音中就表现为用向上的声调表示疑问，向下的降调表示肯定。

有人可能会问，英语中的特殊疑问句不是也用降调吗？其实特殊疑问句中还是传递了不少已知和肯定的信息，仅仅问的是其中某一部分的未知内容（雷科夫和约翰逊，1980：138），如：Who did John see yesterday?（约翰昨天见到谁了？）这个句子预设了 John saw someone yesterday（约翰昨天看见了某个人）这一肯定性的信息。

由于拼音文字不像汉字有四个可以区别意义的声调，因此雷科夫和约翰逊仅从分句的语调做出了一般的分析，但中西学者都注意到了声调与意义之间的关系，他们对两者之间的认识有相通之处。

我们知道，特定的语音、语调、语速、讲话方式，都可用来表现特定的语义内容（王寅，2001：347）。事情紧急时，人们会加快语速，当一个人发现某处失火了，一定会匆匆忙忙地拨打“119”，“气急败坏”地报告给消防队，“心急火燎”地快速说出“失火了”三个字，“急切盼望”消防队快点到。急促的语气，意味着事情紧急。如果此时慢声慢语地说“失——火——了”，或唱着报告紧急事宜，则与情景不符，会被误认为在开玩笑。慢声慢语，拖腔拖调只能适用于报“平——安——无——事”。

如果用吵架的语调去谈恋爱，保证谈不成；用谈恋爱的语调去吵架，这架恐怕也是吵不起来的。辩论时的语调与哄孩子睡觉时的语调必有明显差异，这也是毋庸置疑的。许国璋先生（1988）指出：

声调和语义的关系是有规则可循的。

三、评述

有很多学者认为，右文说对于字源研究是一种进步和发展（苏新春，1995：259；赵振铎，2003：111），但也有学者认为这是一个倒退。陆宗达、王宁（1994：356—362）认为，宋代王子韶提出的右文说，只能解释文字中的一部分现象，而不是全部，因为同声符不一定都同源，同源不一定都同声符。而且声符之字形带有意义，这一研究就会将字义关系局限在形声字的声旁形体上，使得字源研究受到一定的限制。从汉代开始的声训，就注意到要摆脱形体束缚，求诸声音，这就决定了"右文说"必定要为"右音说"所替代。

清代黄承吉提出"字义起于右旁之声"说，又称"右音说"，打破了形体局限，不再拘泥于声符的字形，而着重在它的声音，因为声符的选择也渐渐只存在声音这一因素而不拘泥于根词的形体了。清代训诂学家纠正了这种说法，同一系统形声字的意义联系不是因声符之形而有的，而是因声符之音而生的，因此右音说较右文说是一个进步。陆宗达、王宁（1994：21）指出：

> 大量的音近义通的现象不仅被训诂实践所证实，而且从理论上也逐渐得到了解释。在这个基础上便发展起了传统的语源学。音义关系也随之被挖掘得更为深入了。不论是从借字求本字，还是凭意义相通来系联同源，都需要以声音为线索，"因声求义"的训诂方法，更为引人注目地发展起来。

徐通锵、陈保亚（1998：253）也认为：

声训所以能解决汉语的语源问题，主要就在于“名之于实，各有义类”，同一个“声”表示同一个义类，呈现出“同声多同义”的系统性结构。杨树达的声训论抓住了这一关键性的“纲”，因而取得了一些重要的进展。

孙雍长（1997：246，15）指出：

用声训来解释其语词的命名由来，应当基本上是可行的，所以我们认为，所谓声训的主观性，主要是运用的失误，而不是声训本身缺乏存在的合理性。

意义可以从某一形体移附于另一形体，但这不同形体必须代表某一相同的声音。因此，如果说意义依附于形体相对地显得比较灵活，那么，意义寓存于声音则要相对稳定得多，牢固得多。义附于形的相对灵活性，正是建立在义存于声的相对稳定性的基础上的，离开了义存于声的相对稳定性，义附于形的相对灵活性便将无从谈起。

改革开放之后，我国汉语学界召开了多次训诂学研讨会，“因声求义”仍然是讨论的主题之一。据苏新春（1995：57）介绍，1985年的西安年会上关于以声求义方面的论文最多，可见声训法生命力之所在。

各民族的认知方式各有差异，人类的语言也是千变万化，形式和意义之间关系错综复杂，音义关系也是变化多端，我们必须依据史料，尊重事实，掌握尺度，持辩证观点。对于汉语来说，“因声求义”“音近义通”现象虽有较大的解释力，但也有一定的局限性。由于声训是训诂学家的主观行为，其间不可避免地要涉及各人推理思路的差异、爱好兴趣的不同，人言人殊的情况必然会发生，这也难怪声训一直受到不同的评论，其可靠性一直受到怀疑（赵振铎，2003：109）。另外，声训是以同源词为前提的，不可漫无边际地任意扩大使用。同源词必须音近而且义通，而且只有同源的派生词之间才有音近义通的现象，要想探求派生词的来源，便可沿着音和义这两条线索来找出它的源词。因此只有派生词才有探源的必要和可能，而自主词是无源可探的。如果把音近义通的现象扩大到自主词之间或同音的非同源词之间，那就必然要导致对音义关系的歪曲。陆宗达、王宁（1994：16—17）指出：

语言学中“放之四海而皆准”的定律是很少存在的。……只有在同根词之间才能具有这种音义关系，任意扩大它的范围，以为任何音近之词必义通或任何同义词必音近，便否定了词语的社会约定性，以致牵强附会，造成谬误。

从刘熙的《释名》到后来的声训，可以证明汉语中字词的音和义之间存在大量有机的和必然的联系，音义之间存在许多像似性现象，这是不可否认的事实。因此，有人担心这样论述下去可能会否定音义的任意性。这里我们想强调以下几点：

（1）语言研究应该尊重事实，如实客观地描写语言的真实面貌，不必被某一观点紧紧框住。

（2）研究这一现象并不意味着我们要走上极端，并以此来否定音义之间具有任意性，这也是不可取的。语言中的同音字、近音字很多，但它们不可能完全都义同或义近，语言中有很多同音异义词和异音同义词，这些都可用来说明音义之间具有任意性现象，但以此为由完全否认音义之间具有一定的有机联系，使之成为我们研究音义学的障碍，这也不是一个公正的态度。

（3）任意扩大“音近义通”的范围，把一切音义关系都看作有机的联系，这是不妥的；完全否定音义之间具有像似性，对其视而不见，不加研究，这也是有失偏颇的。我们持像似性辩证观。

（4）“约定俗成”不等于“任意性”，关于这一点许国璋（1988）早就指出过。我们知道，人们在如何约定，怎样俗成的过程中，必定要运用人的理性，既然有人的理性参与，这里就有个选择上的认知理据问题。

（5）音义之间既有任意性，也有约定俗成性，又有像似性，三者共存，正如陆宗达、王宁（1994：103）所指出的：

音义结合可能有约定的偶然，也可能有历时的必然。

而且，我们认为语言中各层次所反映出的任意性和像似性的程度有很大的差别。在语音层次上，任意性和约定俗成性要多于像似性，而在其他层次上则可能会有另外的情况，因为语言的语音差异之大，变化之快要大大明显于语言的其他层面，因此对于任意性和像似性问题不可一概而论。

第三节　结语

通过上文论述可见，中西方学者都注意到音义之间的像似性关系。音义学和声训法都是探讨语音与语义之间像似性关系的，在这一点上两者具有共性。但是相比之下，我国训诂学家情有独钟的声训法对于音义学这门学科做出了十分重要的贡献，他们对音义关系所做出的精彩论述和系统研究，年代要悠久得多，考证要详细得多，梳理要系统得多。他们对于语音与语义之间关系的论述，远非柏拉图、奥古斯丁、莱布尼茨等大学者所能比拟，也是他们所替代不了的。从沃蓉宁的音义学来看，他并没有读过中国有关训诂学的著作，不知道我国声训法之奥秘，倘若他能了解我国对音义学的这些论述，我想，他一定也会惊讶不已，可能会为我们祖先的智慧而拍案叫绝。

声训法能成为训诂学中的一种主要方法，主要是由汉语本身的特征所决定的，也可以说这是一种具有中国特色的语义理论。汉语为一音一字，总共约406个音，配上4个声调，约1330个带声调的音，要用这些音来表达众多的汉字（计算机字库中有6763个，《新华字典》约为11000个，《康熙字典》为47035个），就必然要出现较多的同音字。祖先们在音义选择方面也就要有所考虑，它们的结合多为理性行为之结果，其间存在许多像似性现象也就不足为奇了。因此，声训法是因汉字的特殊性质而出现的一种独特的训诂方法，当然是很难将其运用到其他语言中去的。

从沃蓉宁音义学可见，其研究对象主要是基于拼音文字的，所研究的内容较为广泛，方法较为多样，总结较为全面，从更为广义的角度探讨了语音与语义之间种种像似性关系，其覆盖面较大，诸如拟声、语音象征、联觉通感、元音变换、重叠词、首音互换、俗词源学等，努力挖掘人类语言中语音和意义之间所存在的种种像似性关系，并尝试从认知角度做出系统的、合理的解释，这样可有助于人们进一步了解语言的本质、起源、发展，对于理解语言符号的本质、语言类型、儿童语言习得、古代语言社会、语言起源及其发展、语言创作和语言教学都具有重大的意义，其解释力也就具有了普通语言学的性质。因此，笔者认为可将声训法（仅适合于中国的语言文字）视为音义学研究内容之一，后者是前者的上义范畴。

声训法有助于推求语源，沟通音义理据，不仅拓宽了音义学这门学科的研究范围，丰富其研究内容，增加其研究方法，而且可为其提供更多的理论根据和确凿证据，增加了这门学科的科学性、说服力和可信度。用相同或相近的语音来表示相同或相近意义的方法，正体现出我们祖先的智慧。通过这种方法，以语音形式（音同或音近）为先决条件来揭示词源，探索词的读音与意义之间的理据性联系，完全符合人们的认知规律，符合像似性的认知原则，也符合认知上的经济性原则。因此，无论是西方的音义学，还是我国外语界学者将要研究的音义学，都应该而且必须考虑到我国训诂学家的研究成果，否则这就不是一个世界范围内的完整的音义学理论。音义学这一名称虽是外国人提出来的，但其研究绝不是西方人的首创，就本章的论述来看，我国古代学者早就注意到研究音义之间关系了。

本章意在抛砖引玉，希望能引起国内外学者的密切关注，进一步挖掘我国悠久的、宝贵的、丰富的语义理论，特别是对音义关系方面的研究。对于外语界的同仁来说，在研究语言时一定要注意我们民族语言的特点，一定要借鉴我国各个时代的语言学研究成果，学习西方理论固然重要，“他山之石，可以攻玉”，但倘若言必说西，言必从西，只言“西”而不说“中”，往往只能是一种“单脚跳”式的行进。“我山之石，可以攻玉”，丰富而又宝贵的中国文化宝库必将能为我们的语言研究提供无穷的源泉，“双脚跳”才能跳得更高、更远。

因此我们必须将我国的训诂学研究与西方的语义学研究紧密结合起来，融古今中外语义理论于一体，不断加强与汉语界的有效沟通，相互取长补短，形成中西合璧、携手共进、互相融通、相得益彰的新局面，可望尽快解决“两张皮”问题，巧妙兼用“两股道上跑的车”的动力，便可形成一股势不可挡的合力。同时，两界人士都应坚持不懈地向西方介绍我国古今语义研究的成就，汇入“东学西渐”的文化潮流之中。我们可以预言：在21世纪，中西语义对比研究定会得到较大的发展。

因此笔者认为，学习西方的语义学，不应忘却中国的训诂学；研究西方的音义学，也须懂得中国的声训法。

第九章　中西语义引申研究对比

早期西方学者在讨论词义变化时，往往根据词义引申变化后的结果将词义引申分为四种类型：

（1）词义的扩展；

（2）词义的缩小；

（3）词义的贬降；

（4）词义的扬升。

他们还根据词义变化的途径分为：

（1）辐射型；

（2）连锁型。

我国很多学者也运用了这种分析方法来论述汉语词义的变化规律［参见赵振铎（2003：224）］。

认知语言学认为，意象图式、隐喻机制、理想化认知模型（ICM）等是我们扩展意义的主要方式，它们既发生在字词层面，也出现于句法构造层面，相互交织在一起构成了人类的概念网络，从而也就形成了我们的语义网络。本章前二节主要基于认知语言学家的基本研究方法，分析英语

“OVER”“ON”以及汉语“上”的语义引申机制。其实，我国学者在字词层面上对隐喻性意义引申现象早有系统论述，而且已经取得了阶段性成果，曹先擢、苏培成于1999年编撰出版了《汉字形义分析字典》（北京大学出版社），共收常用字7000多个，较为详细地注明了多义字意义引申的途径，这类似于西方认知语言学家对多义词“OVER”“ON”意义链扩展途径的论述。第三、四两节主要对比中西学者在语法化研究方面的情况，以及句法构造层面上的语义引申研究。

第一节　“OVER”的语义引申分析

Brugman（布鲁格曼，1981）于1981年首先对OVER进行了意象图式分析，雷科夫（1987：419—440）对其进行了总结，归纳出几个主要意象图式，并认为各种意象图式突出了不同的射体和界标，以及所经过的路径，这三者所显示出的各种相对位置、形状、尺寸、维度、作用等信息，可以构成OVER的意象图式，如动静关系、覆盖关系、接触关系、方位关系、路径关系、距离关系等，以期来解释OVER的多义现象。

在进入具体论述之前，有必要对几个术语作一简单介绍：

（1）意象图式

约翰逊于1987年在*The Body in the Mind*：*The Bodily Basis of Meaning*，*Imagination*，*and Reason*（《寓身于心：意义、想象和推理的体验基础》）一书中，较为详细地论述了意象图式对于意义引申和理解、认知推理的重要性及其主要特征。约翰逊（1987：xiv–xix）在书的前言中对该术语作了描述（参见第三章第三节），接着又对其作了进一步解释：

> 人类的身体运动、对物体的操纵和感知互动包括反复出现的样式，如果没有这种样式，我们的经验就将变得一团糟，并不可理解。我把这种样式叫作“意象图式”，因为它们主要起意象性抽象结构的功能。

正如术语本身所示，它既有“意象”的含义，又有“图式”的含义。作为“意象”，它是动态和感知经验的心智表征，具有非命题性；作为“图式”，它不仅仅限于某一具体的感知或活动，具有概括性和规律性。由于意象图式不是具体的心智图象，前者比后者更加概括和抽象，与 Image 不同。因此，意象图式能够以类推的方式来建构无限的感知、意象、事件等（详见本文集第八卷第五章）。

（2）射体和界标

在每一个关系性述义中，各个被突显的参与者是不对称的，其中一个叫作射体（Trajector，简称 TR），它是最突显的参与者，是关系侧显中的图形，标示了关系述义中被聚焦的一个实体，处于一对或一组关系中最突显的位置。另一个为界标（Landmark，简称 LM），标示了关系述义中其他被次突显的实体，为射体的定位提供参照点（参见蓝纳格，1987：217）。

一般来说，分句的主语对应于射体，宾语则对应于界标（但从信息的重要性角度来看，宾语常表示新知信息）。在所有格构造中，中心名词对应于射体，而所有者是作为提供参照点的界标。

心理学中“图形－背景（Figure-Ground）”这对概念描写了感知的一般特征，“侧显－基体（Profile-Base）”“射体－界标”这两对概念是“图形－背景”在认知语法分析中的一种具体应用。“侧显－基体”主要是针对词语意义而言的，“侧显”有对应的概念外指物，既可指“事体”，也可指“关系”，但仅有这对术语还不够，如：

The cat is on the mat.
The mat is on the cat.

这两句都是突显“关系（be）on”的，但它们描述了不同的空间关系，因而意义是不同的。

可见，仅有“关系”这一概念还不行，还需要对不同的关系做出深入描写。认知语法创立了“射体–界标”这对术语，并以此来解释被侧显的关系中参与者被聚焦的程度是不同的。最受注意的参与者就叫主要图形（或主要焦点），较次受到注意的叫次要图形（或次要焦点）。

这两对概念在认知语法中是十分重要的，而且非常实用，可很好地解释词义是如何基于意象图式不断引申扩展的。“OVER”主要有 7 种意义（详见本文集第八卷第五章）。

第二节　“上”的语义引申分析

我国汉语界学者曹先擢、苏培成于 1999 年编撰出版了《汉字形义分析字典》，较为详细地对 7000 多个常用字进行了语义引申分析，这种分析方法就类似于西方认知语言学家对多义词“OVER”“ON”意义隐喻性扩展途径的论述。该字典对“上”是这样表述的（此处笔者对义项的顺序作了一点调整）：

（1）构字理据为：指事字，以长横为标准，上边有一短横表示处于其基准之上；

（2）接下来介绍该字的本义，指：高处，上边，这是就空间而言的；

（3）自然可用来表示：物体的上边，即表面；

（4）接着可用来逐步表示抽象概念，如：次序在前（空间和时间），地位在上，尊长；

（5）进而继续向抽象方向发展，可用来表示质量高；

（6）作动词，由低处到高处，并由此引申为："前往""做"，又可引申为"达到"；还可引申为表示动作的趋向、结果；

（7）表示"附加"。

每条意思都配有古汉语的例子，很能说明问题。

这充分说明，我国汉语界的学者早已认识到多义字的各个义项间存在种种隐喻性引申的联系，他们从认知角度对"语义链（Meaning Chain）"现象作了较为全面、深刻、系统的研究，正如编者在内容简介中所说：

从字形分析入手，说明字形和字义、字音的联系，说明本义和引申义之间的联系，举出例证说明古今字义的传承和用法的重要变化。

从上可见，汉语的"上"与英语的OVER、ON经历了不同的引申途径，而且意义范围也不完全相同，这其间显示出语义引申的民族性，也说明了人类存在不完全相同的认知途径和方式。

另外，笔者发现汉语中的"出"字有类似于英语OVER、ON的语义引申方法。《说文解字》：

出，进也，象草木益滋，上出达也。

这里指的是草木向上、向外生长出来。这个动作在不同的点上来看，就可能形成不同的观察结果：

（1）站在它原来的动作出发点来看，它是“出”，从里面去到外边；

（2）站在它所达到的动作目的点来看，它是“到”，从里面来到外边；

（3）站在它所达到的动作目的点来看它与原来的出发点之间的距离，它又是“离开”“越过”“超出”。

因此，一个“出”字，从三个不同的空间观察点来看，就有不同的感受，形成了不同的意义链（参见苏新春，1995：249），可简述如下：

（1）“出”义 ⟶ 出现、显露、发泄，也可指，往外拿 ⟶ 出产 ⟶ 制作；

（2）“到”义 ⟶ 处于、居于，可引申指，出席、出庭；

（3）“离开”义 ⟶ 出轨、出界。

可见，意象图式的转移在各民族中可有不同的途径，但都具有自然性特征，具有认知上的现实性，一个词项中普遍存在各种多义关系，正可用来说明这种认知的现实性。通过隐喻性的引申机制来分析一词多义的现象，则明显具有较强的解释力。

通过上述的分析也可见，我国语言学家在字义隐喻引申方面的认知研究起步还是较早的，而且已经编出了较为成熟的字义分析字典，对我国的字源研究做出了重要的贡献。他们虽然没有用诸如“意象图式”或“射体－界标”之类的理论术语来论述，但字典中用了大量古汉语的实际例句对字义引申过程做出了合理的、系统的解释，功不可没。

而西方学者到目前为止还没有编出一部类似于曹先擢、苏培成的词典，国外认知语言学家的论述尚停留在对个别词，主要是介词和个别动词，进行分析的阶段，对其他词类的分析也十分有限。看来，要能编出一部像样的英语词义引申词典，他们还有不少的路要走。

第三节　中西语法化研究对比

一、西方学者的论述

“语法化（Grammaticalization）”受到了越来越多语言学家的关注，特别是认知语言学家对其做出了较多的论述。语法化通常指一种字义或词义变化的结果，多为从实义向虚义，从虚义向更虚义方向的引申变化。

直到18世纪，法国哲学家Condillac（孔狄亚克，1715—1780）才发现，动词的屈折形态（如时体标记）原来是由独立词项演变而来的现象。19世纪的历史比较语言学家也对语法化研究做出了一定的贡献，如Bopp（葆朴，1791—1867）于1816年举出印欧语言中许多实词虚化的例子，这对原始印欧语言的拟构起到了重要作用。Schlegel（施莱格尔，1767—1845）于1818年指出虚化是为了加快语言交流的速度，如指示代词变为冠词，数词“one”变为不定冠词，等等。

法国语言学家Meillet（梅莱）于1912年在其论文《语法形式的演化》中首先提出“语法化”这一术语，认为语法化主要研究自主词转化为起语法作用的成分（Ungerer and Schmid，吴格勒、施密德，1996：255）。这一观点以及上述学者对语法化的定义与我国古人“实词虚化”的说法基本吻合。

此后，许多学者在这一领域辛勤耕耘，发表了大量论文和著作，主要专著列述如下：

Lehmann（雷曼，1982）出版了 *Thoughts on Grammaticalization: A Programmatic Sketch*；

Heine 和 Reh（海涅、雷赫，1984）出版了 *Grammaticalization and Reanalysis in African Languages*；

Traugott 和 Heine（特洛格特、海涅，1991）出版了 *Approaches to Grammaticalization*；

Heine，Claudi 和 Hünnemeyer（海涅、克劳迪和胡那梅额，1991）出版了 *Grammaticalization: A Conceptual Framework*；

Hopper 和 Traugott（郝泊、特拉格特，1993）出版了 *Grammaticalization*；

海涅（1993）出版了 *Auxiliaries: Cognitive Forces and Grammaticalization*。

正是他们的努力，将语法化研究带入一个新时期。

认知语言学之所以如此关注语法化现象，是因为通过对语法化过程的研究，可以从历时角度寻找语言形式和功能演变的动因，进一步揭示人类的认知与语言发展之间的像似性现象，以进一步证明语言不是一个自治的系统，并将语言的历时研究与共时研究紧密结合起来，从更深层次上对语言做出认知解释。

蓝纳格也在认知语法理论框架中论述了语法化现象，他于 1990 年在《认知语言学》第一期上发表了题为《主观化》的论文，论述了主观化和语法化的关系，该论文后来收在他同年出版的 *Concept, Image, and Symbol: The Cognitive Basis of Grammar* 书中，在 2000 年出版的 *Grammar and Conceptualization* 一书的第十章中再次论述了这一观点。他（2000：296，306）将语法化描写为：

词项演变成一个语法成分的过程。

他还指出，当句子主语控制力逐步衰减时，语法化的程度就会逐步增高；主语的控制力衰减到极端时，语法化程度也就极高，句子也就具有了极高的主观化程度。

Sweetser（斯威策，1990：27，148）认为，语法化就是从实义词项状态变为语法词素状态，是语义向更加抽象方向变化的一种常见结果。

海涅等（1991：2）认为语法化就是要表明词项在哪里起到语法作用，语法单位在哪里起到更抽象的语法功能。

郝泊和特拉格特（1993：1）指出“语法化”这一术语有两层意思：

（1）研究语法形式和构造是如何出现的，它们是如何被使用的，又是如何影响语言形成的；

（2）研究词项如何随着时间的推移成为语法形式的过程。

泰勒（1996：349）认为，语法化就是语言中以往的词项逐步图式化，越来越失去原有丰富的概念内容的变化过程。

Dirven 和 Verspoor（德文、维尔斯泊，1998：62，206）也指出，语法化主要研究原来可以自由运用的词素，后来在构词或句法中作不可独立使用的语法标记的过程。他们的论述基本上是相同的。

雷科夫和约翰逊（1999：512）将语法化、像似性、隐喻、换喻、辐射性范畴等都列入认知语言学的研究范围之中。

Ungerer 和 Schmid（1996：255—260）也以一节的篇幅（6.2）论述了语法化，并认为它与像似性研究密切相关。

二、我国学者的论述

笔者近年来反复强调，语义理论和隐喻研究不是西方学者的特权，语法化研究也不是西方学者的专有领地，从所收集到的资料来看，我国学者在这一方面的研究要大大早于西方学者，他们很早就系统地研究“实词虚化”现象，如：

大抵古人制字，皆从事物上起。今之虚字，皆古之实词。（元朝周伯琦《六书证讹》）

这或许就是对该领域研究的一个最好的注解。

我们知道，介词和连词在今天的汉语中已被视为虚词，而在先秦文献中它们大多还仅具有表示实义的功能。这些词在那时虽可表示部分虚义，但还没有虚到今天这个程度，也就是说尚未彻底虚化。

例如，“以”字，在《诗经》中大部分还保留了“使用”“给予”“按照”“带着”“拿”等实义，在《左传》中后来被当作介词的地方，除可以直接理解为上述义项之外，还可与“率领”“认为”“和……共同”“依……标准”等来对当，可见，“以”的意思还不是很虚。

另外，今天常作介词用的“从”“由”“与”“同”“于”等在先秦文献中，相当一部分还含有动词的实义，都能找到单独作主要成分的例子（王宁，1996：216）。

关于词类的虚实之分，自汉代已有虚实两分的萌芽，毛亨的《诗诂训传》中就有了虚词的概念，书中常用“辞”“辞也”等训语。许慎的《说文解字》也已经有了把实词和虚词区分开来的想法和用法。何九盈认为我国学者早在汉魏时期就开始研究虚词，他（1985：192）指出，汉代的《毛传》《说文》以及郑玄的注、笺都从训诂的角度对“名”（或字，即实词）和“辞”（或词，即虚词）进行了区别，他们使用了“叹词”“禁词”“语已词”“别事词”“语助词”“语辞”等术语来分析虚词[①]。赵振铎（2000：324）也对我国古代学者的虚词研究作了一个简略的总结：

汉儒解经，首先出现了“辞”这个名称，用来表示一部分虚词，魏晋南北朝继承了这个传统，唐代修《五经正义》有义类和语助类的说法，萌芽了词分虚实的观念。到了宋代才出现了实字、虚字的名目。

刘勰、孔颖达、柳宗元、戴侗、卢以纬等大学者对这类现象也都有论述。

刘勰在《文心雕龙·章句篇》中把语气词分为三类：发端、札句、送末。这三类就相当于句首语气词（如夫、惟、盖、故等），句中语气词（因填补音节而产生，如之、而、于、以等），句末语气词（如乎、哉、矣、也等）。句末语气词在断句的同时，在句子基本意义的基础上增添了某种语气，以表现说话人的感情。

孔颖达在《五经正义》中以“为义”和“不为义”将词分为两类：一类是义类，另一类是语助类。前者指有意义的，即“全取以制义”，包括后来语法学所说的名词、动词、形容词、象声词、数词、量词和人称代词，今称实词；后者被认为是没有意义的，即“假辞以为助”，包括了今天汉

① 我国古代学者对实字和虚字的分法有不同看法，各术语所囊括的内容也不尽相同。曾有学者主张用实字指名词，用虚字指动词，因其不像名词那样是实在的存在物。还有一些学者的分类与今天的分类则比较接近。另外，宋代的黄震在《黄氏日抄》中就提到了动字和静字，可以说，从那个时代起语言学家们就认识到“词类”问题了。

语语法学中虚词的内容，给后世研究虚词的学者以很大的启迪。

柳宗元在《复杜温夫书》中对杜温夫使用虚词不当提出了自己的看法，并把句末的虚词分为两类：

（1）疑辞；

（2）决辞。

他还提醒人们注意这两类虚词各有特点，不可混淆。

宋末元初的戴侗（1225 或 1226—1310 或 1311，1313）在《六书故》（刊于 1320 年）中论述假借现象时区分出两种情况：实词和虚词，认为虚词大都属于假借，并把虚词进一步分为 7 类：

（1）发语（句首虚词）；

（2）卒语（句末虚词）；

（3）顺语（表示肯定的虚词）；

（4）反语（表示否定的虚词）；

（5）疑语（疑问词）；

（6）间语（句子中间的虚词）；

（7）嗟叹之声（叹词）。

元代的卢以纬受到上述学者的影响，早在 600 多年前就写成了第一本研究文言虚词的专著《语助》（刊于 1342 年），进一步深化了对虚词的研究，并以专著的形式出现，将 130 多个虚词作为研究对象，对其进行分类论述，阐释其意义，而且述及了虚词在句子内部和句子之间的结构关系，很有启发性。他在汉语的虚词研究上可谓是空前的，也对后世这方面的研究产生了深远的影响。

时至清代，出版了20多部虚词词典，如刘淇的《助字辨略》（共收虚词467个）、王引之的《经传释词》（共收虚词254）、袁仁林的《虚字说》等，使得“实词虚化”的研究得到了空前的发展。

赵振铎（2000：190）依据我国古代学者对语法化研究具有如此悠久的历史，曾大胆断言：

在西方的语言学著作里把词分为实词和虚词两大类，这种二分法是受到汉语语言结构研究的影响而形成发展起来。尽管他们不一定就是直接受到孔颖达的影响，但孔颖达最早而完整地提出这个看法则应该充分肯定。

汉语中所说的“实词虚化”，基本相当于英语的术语“Lexical-item-to-morpheme Perspective”，其主要内容主要局限于词汇意义由实而虚的变化，而西方所说的“Grammaticalization”则侧重于研究语言范畴和语言成分是如何从实义词语产生的，因此比汉语的“实词虚化”范围要广。

而且，当今的语法化理论除了研究词汇层面的虚化现象之外，还要深入研究句法、语篇和语用等层面的虚化现象（Discourse-to-morphosyntax Perspective），甚至还将从典型概念结构所产生出来的句法构造的内容也囊括在内（参见第七章第二节第二点），因而语法化研究可大致区分出三个不同的层面：狭义语法化、广义语法化和最广义语法化［参见笔者2005年（第5期）在《四川外语学院学报》上发表的文章《狭义和广义语法化研究》］。

因此，当今语法化的研究范围比“实词虚化”更为宽广，内容更为丰富，方法更为多样，解释也更为深入，说服力也更强。因此，我们可以认定，“实词虚化”仅是“语法化”的内容之一。

第四节　字词意义的引申与句法构造意义的引申

我国古代学者早就注意到字义、词义引申变化的现象，并且在许多文献中对这种现象都有较多论述，而且不乏精辟之处，但是对句法构造义的引申注意不够，研究不深，论述也不系统。

我国古代的训诂学家早就注意到词义引申现象，如唐代的徐锴在《说文系传》中在解释很多词义时就说明了词义引申现象，清代的段玉裁、孙诒让、朱骏声等也都对词义引申现象做出了阐发。陆宗达、王宁（1994：318）就我国古代和现当代学者对字词义引申研究作了一个很好的总结：

词义引申问题，是训诂学中的一个非常重要而引人瞩目的问题。如郑玄注“三礼”时就已经开始分析引申义；徐锴著《说文系传》已经有了谈引申的术语；段玉裁一部《说文解字注》，贯穿了本义与引申义的问题；朱骏声在《说文通训定声》里以“转注”囊括了引申现象，不乏精辟的分析；而章太炎先生创“转注假借说”，又以假借囊括引申，他不但把引申作为词义运动的基本形式来分析，而且把引申理论贯穿到他的字源专著《文始》中去，用引申来解释义通现象；黄季刚先生则把引申提到训诂学的定义中来，给这一问题以更重要的地位。

我国古代学者很早就注意到字词义的引申现象，并对具体字词义有过精彩论述，如对汉字“打”的意义引申分析就很典型。宋代欧阳修（1007—1072）在《归田录》卷二中对“打”字的多义情况做出了较为详细的意义引申分析：

其本义本谓考击，故人相殴，以物相击，皆谓之打。而工造金银器亦谓之打，可也，盖有槌（锤）击之义也。至于造舟车者曰“打船”“打车”，网鱼曰“打鱼”，汲水曰“打水”，役夫饷饭曰“打饭”，兵士给衣粮曰“打衣粮”，从者执伞曰“打伞”，以糊粘纸曰“打粘”，以丈尺量地曰“打量”，举手试眼之昏明曰“打试”。……打字从手，从丁，丁又击物之声。

他认为从“打”的本义派生出的制作金银器物是可以理解的，其间的隐喻性引申关系较为明确，但是“打”还有多种意义和本义关系不明显，当然他对后面所提到的现象没能做出深入的分析，如若仔细推敲一下，还是能发现其间的隐喻性联系的。

后来张世南在《游宦纪闻》中又说道：

今俗说谓打鱼、打水、打船、打伞、打量之类，于义无取。沙随先生云：往年在太学炉亭中，以此语同舍，有三山黄师尹曰：丁，当也。以手当之也。其义该而有理。

刘昌诗在《芦浦笔记》卷三中又补充说：

左藏有打套局，诸库支酒谓之打发，诸军请粮谓之打请，印文书谓之打印，结算谓之打算，贸易谓之打博，装饰谓之打扮，请酒醋谓之打醋、打酒，盐场装发谓之打袋，席地而睡谓之打铺，包裹谓之打角，收拾为打叠，又曰打迸。畚筑之间有打号，行路有打火、打包、打轿，负钱于身为打腰，饮席有打马、打令、打杂剧、打诨，僧道有打化，设斋有打供，荷胡床为打交椅，舞傩为打驱傩。又宋歌曲词：打环木楼床，谁能座相思。又有打睡、打喷嚏、打话、打闹、打手、打和、打合、打过、打勾、打了，至于打糊、打面、打饼、打钱、打百索、打条、打帘、打荐、打席、打篱笆。街布戏谑有打砌、打调之类，因并记之。

据赵振铎（2000：264）说，这还没有把当时的材料完全举出来，但从上述材料所看，“打”字的组合能力十分强大。

他们基本上还是在字词层面进行分析研究，尚未触及语法构造层面。笔者于2001年曾根据原型范畴理论，将字词层面的研究和语法层面结合起来，着重从语法构造角度分析了“打”字用法的隐喻性引申变化的途径。

典型的“打-SVO（主谓宾）语法构造”原来是表示“使动者用手或器具做出挥舞动作，撞击于某对象”的，人们不断通过隐喻性思维机制扩展其用法和意义，逐步将这个构造扩展成了一个动态的、适应性很强的语法构造，以使其能适应许多复杂表达的需要。汉语中的“打”字原义为“用手或器具用力撞击某物或某人”，表示“打击”“攻打”“殴打”之意。

在分析“打”时我们发现，其用法和语义的延伸路径和方向较为复杂，本书拟以5个动作基要维度和3个用法特征为主线，则可较为清楚地将其语义和主动宾搭配引申路径串通起来。5个基要维度是指“力度”“方向”“目的”“对象”“主体”，3个用法特征是指“常用性”“组合性”“跨类性”。

（1）力度：从“强”到“弱”

①“打”字的本义是“人用力打击某物或某人”，需要挥动手臂，积蓄力量，用手或器具等使劲撞击或敲打对象，如“打人”“打屁股”“打狗”“打鸟”“打耳光”“打钟”等。《说文·手部》新附：“打，击也，从手丁声。”

②生活中有很多活需要挥动手臂用力地干，与上述本意用法相似，诸如“打钎”“打铁”“打麦子”“打夯”“打柴”等。

③需要用手，但不需要很用力的活也可用“打”字表示，延伸出“手臂动作幅度不大、力度降低，仅含有用手臂干活”之意，如“打铃”“打毛衣”“打针”“打电子游戏”“打手势”“打信号”“打粉底”等。基于“用手臂动作”还派生出“仅用手或者手指头”动作之意，如“打电话（拨电话号码和通话）”“打算盘”“打字”“打键盘”“打文件”等。

④在此基础上引申出“用手写或画”之意，如“打勾”“打叉”“打草稿（起草文章）”“打个问号（画个问号）”“打格子（用尺画线）”“打介绍信（开出或领取介绍信）”“打分”“打成绩”“打卡”等。

（2）方向：上下、前后、左右、晃动、循环、向上、向外、混合

①“打”字除用来表示手臂上下、左右、前后等方向使劲之外，还可表示循环转动的方向，这就产生了“搅拌、搅动”之义，如“打鸡蛋”“打年糕”“打陷儿”“打糨子”“打浆糊”等。

②“挥动手臂”时手臂要晃动，基于这一意象图式可隐喻性地引申出“其他事物晃动”的意义，如“打秋千”“打摆子”“打哆嗦”“打晃儿”等。

③除“挥动”和“循环”这两个方向之外，还可产生“向上”的动作方向，因而就有了“举”和“提”的含义，如“打灯笼”“打火把”“打伞”“打帘子”等。

④也可能是手臂在几种方向上的混用，既有左右或先后摆动，又有向

上的动作，如“打招呼”“打旗子”等。

⑤还可强调“向外”的方向，这就使得“打”有了“发射”之意，如“打枪”“打炮”“打信号弹”等；基于此义汉语还有“打江山”之说，意为靠打枪放炮、动用武力获得之意。照相界还有“打光”的说法。

（3）目的：干活、制造、交际、娱乐

①从第一部分第2点可见，“打”原来主要表示“为某一目的用力干活”。汉语中还有“打工”“打杂”等说法，表示“干活”。

②“打”主要表示动作过程，执行这一过程所产生的结果自然就含有“制造”之义，而且“挥臂动作，使劲地打”也是人们制造物件时常见的而又突显的动作，因而该字通过隐喻映射系统自然就扩展出了“建造、制造”之义，如“打家具”“打刀”“打锄头”“打井”“打烧饼”“打船”“打车”“打首饰”“打包裹”“打草鞋”“打洞”等。

③很多挥动手臂需要用力的体育活动也用“打”表示，如“打排球”“打篮球”“打羽毛球”等；基于此还延伸出“打游戏机”，主要也是用手来玩。其他娱乐活动涉及挥舞手臂动作也可用“打”来表示，如“打拍子”“打扑克”“打麻将”“打鼓”，我们还有“打击乐”的说法。

④为了人们之间的交际而挥动手臂，如“打招呼”“打旗语”等。“打哈欠（经常要伸懒腰，用手拍拍嘴）”也向人们传递了一种“精神不振”的信息。汉语还有“打瞌睡（小睡片刻）”的说法。

（4）对象：从“具体”到“抽象”

①“打”的对象原来是具体的事物（参见上文例句）。

②这一动宾构造还扩展出后接抽象名词的用法，如“打起精神”“打交道”“打官司”“打主意”“打马虎眼”“打官腔”“打比喻”等。这其中虽然感受不到或看不到明显的物理性的力，但我们依旧能够体悟出其

中心理上“力”的存在。

在有些表达中，如“打游击”“扫黄打非”等，依旧能体会到既要依靠武力、物理力，也要依靠心智力的含义。

（5）主体：从“人”到非“人”

在“打-SVO构造”中，“打”字前面的施事主体也可作隐喻性扩展，如“鸡在打鸣”“瓦片打漂”“雨打芭蕉”“风浪打船”“天在打雷”“天在打闪”“上牙打下牙”等，即发出“打”这一动作的施事性主体从“人”延伸为“非人”。

除上述对“打”这一动作所涉及5个基要维度的分析之外，其意义的扩展还与以下3个用法特征密切相关。

①常用性

由于人类大多数基本动作是由“手”发出的，又由于“打”字的高频使用，这就使得“打”成为一个常见的通用动词，可用来代替很多其他动词，如“打酒（买酒）”“打水（取水）”“打的（乘坐出租车）”“打枪（点火放枪）”“打信号（发射信号）”“打结（捆）”“打补丁（缝补）”“打粮食（收集）”“打领带（戴）”“打成绩（计算、评估）”“要求被打回来（拒绝）”“打出局（打败）”“打点滴（注射）”“打石膏（覆盖）”等。另外，我们完全可以想象人类之初打鱼时可能要用力投掷器具才能打到鱼，用“打”表示这一动作也属正常，但今天人们更多的是用诸如网的工具来捕鱼，因此“打鱼”中的“打”就有了“捕”的意思。

上海方言“打头”意为“洗头”。

②组合性

“打”的常用性还体现在它可与某些动词性的语素结合起来成为一个双字动词，如“打击”“打动”“打造”“打扫”“打扮”“打扰”“打磨”“打量”“打算”“打倒”“打骂”“打滚”“打听”“打开”“打捞”“打闹”“打望”“打猎”“打嗝”“打赌”“攻打”“殴打”“拍打”等。

它还可能接用另一个双字动词或表示动作的词语，如“打掩护”“打佯攻”“打穿插”“打埋伏”“打寒噤”“打赤脚”等。

③跨类性

“打”的有些用法在延伸过程中不一定仅遵循一种基要维度或用法特征，可能是多种因素作用的结果，如“打手势”和“打招呼”等可能会涉及力度和目的的变化，“打瞌睡”所涉及的因素可能就更多。

这种跨类特征使得有些“打 -SVO 构造”具有了多义性，有时既有本意用法，又有隐喻性用法，如“打气”既可指用气筒之类的工具向轮胎或球中注入空气，也可隐喻性地表示“为某人鼓劲”。“打牌”既可表示“打扑克牌”，也可用于隐喻，如说“打‘和平’牌”。又如“打强心针”。

因此隐喻性意义引申可分别从字词层面和语法构造（Grammatical Construction）层面来加以论述，本章对“打”也主要从词义和构造义两个角度做出的分析，就我国学者目前的研究情况来看，一般是对前者论述较多，但仅停留在字词层面，而对后者论述不足，即使有所涉及，也缺乏系统的论述。在这一点上，当代西方的认知语言学家比我国学者研究范围要更为宽广，程度要更加深入，并将其上升到思维方式的高度，这值得引起我国汉语界当代学者的注意（详见下一章）。

第十章　中西隐喻理论对比研究

隐喻研究的历史源远流长。从古希腊时期亚里士多德到现在，前前后后2000多年间，有众多学者做了大量研究，隐喻理论也是层出不穷，如（参见王寅，2001：303—3315）：

（1）亚里士多德的指称说；

（2）Quintillian（昆提良）的替代说；

（3）Kittay（柯台）等人的转移说；

（4）Matthew（马修）、韩礼德、乔姆斯基等人的变异说；

（5）Kennedy（肯尼迪）等人的分类说；

（6）理查斯和Black（布莱克）等人的互动说；

（7）赛尔、Morgan（摩根）、莱文森等人的语用说；

（8）Cohen（柯恩）等人的语义说；

（9）当代认知语言学的认知说。

在过去长达2000多年的时间里，一般将隐喻视为一种修辞手段，可是约从20世纪初到现在，众多的学者对其从哲学、认知等角度做出更为深入的研究，提出了隐喻的认知说，认为隐喻是人类观察世界的途径，是认识新概念、表达新思想、创造新义的主要方法。他们甚至认为语言、概念、行为就其本质而言是隐喻性的，隐喻是我们赖以生存的基础（雷科夫和约翰逊，1980），可直接影响人类的认知、行为和语言。认知语言学家们认为隐喻是语言、概念、认知、行为的本质特征，概念是隐喻的结构化，行为也是隐喻的结构化，因此语言也是隐喻的结构化。

隐喻研究不是西方学者的专利，我国古代学者对其也早有论述。

关于西方学者对隐喻的论述，近年来我国外语类期刊发表了大量文章，此处不再多述，而我国学者关于隐喻研究方面的系统论述却不多见。笔者于 2001 年为苏州大学英语语言文学专业研究生编写的《认知语言学与语言教学》教材对其作了初步论述，可以说是对这一方面的缺陷作了点滴弥补。我们又分别于 2003 年在《解放军外国语学院学报》第 2 期[①]，2004 年在《外语与外语教学》第 10 期上发表文章对其作了论述。胡壮麟于 2004 年出版了《认知隐喻学》，对中国的隐喻研究也做出了较为全面的小结。本书则在此基础上尝试对中西隐喻研究进行较为系统的梳理和对比。

---

① 该文题为《中西隐喻对比及隐喻工作机制分析》，后被教育部《高等学校文科学报文摘》2003 年第 3 期部分转载。

第一节 中国学者隐喻研究简史

一、概述

正如语义研究不仅仅是西方学者的特权一样（王寅，2001：88），对隐喻理论的阐释，也绝不仅是西方学者的领地，我国古代学者早已认识到比喻（含隐喻）对于语言表达的重要性，而且他们也触及比喻与思维的关系，这表明我国古代学者对隐喻认知理论的阐释要远远早于西方。

我国书面语中最早的比喻现象，可见于殷代的《盘庚》三篇，如上篇中："若网在纲，有条而不紊。若农复田力穑，乃亦有秋。"在《诗经》（世界上最早的诗集，约成于公元前1700年至公元前600年之间）中也有对譬喻的论述，如在《大雅·抑》中就有：

取譬不远，昊天不忒。

这句话意思是，取譬喻须近在眼前，上天赏罚毫厘不差。孔子所说的"能近取譬"（《论语·雍也》）与这种观点是相通的。

《诗经》运用了大量的比喻，如归纳出的三种修辞手法赋、比、兴中后两种就都是比喻。"赋"是直叙其事（"直书其事，寓言写物"的一种直说手法）；"比"是用类似的事物相譬喻，以刻画事物，表达情感，主要包括明喻、隐喻等；"兴"是"环譬以托讽"，常用于文章开头，即先打比方，再说真义，先言他物，并以此为发端，触发自己的情感，而后引出全篇，阐发本义，“婉而成章”地打比方，通常会产生“文已尽而意有余”的效果。根据朱自清在《诗言志辨·比兴》中的统计，《诗经》305篇中经《毛传》注明“兴也”的就有116篇（参见张志公，1996：210）。

以他物说此物，也是一种隐喻，所以“兴”也可大致被视为一种隐喻。周策纵（1986：229）指出，其实有时兴即是喻。李湛渠（1996：127）指出：

广泛言之，兴亦比之一种，只不过一般的比都是“写物以附意，飏言以切事”的，是以物比物，以类比类，往往比较明显；而兴则是“环譬以托讽”的，是以义比义，类限不严，往往比较隐晦，需“发注而后见”也。

可见，“兴”被学者们理解为“引譬连类”，并没有仅被视作一种修辞技巧，而更接近于一种类比联想、思维推理的方法，只要两种事体之间在某一方面具有某种关联，便可将它们同化为一类现象。

何九盈将中国古代语言学大致分为6个时期（先秦、两汉、魏晋南北朝、唐宋、元明、清），笔者据此将古代隐喻研究大致划分为5个时期（将唐宋元合并，明清合并），并在此基础上增加第6个时期——20世纪。

二、先秦时期

世界上最早的诗集《诗经》中常用的三种修辞手法为——赋、比、兴，其中后两种就大致属于今天所论述的隐喻（广义用法）。《诗经》中也有对譬喻的论述，在其《大雅·抑》中就有“取譬不远，昊天不忒”的说法，意思是说，取譬喻须近在眼前，上天赏罚毫厘不差。

有学者将“兴”理解为“引譬连类”，认为它不只是一种修辞技巧，而更接近于一种类比联想、思维推理的方法，只要两种事物之间在某一方面具有相似性，便可将它们同化为一类现象，这种触类旁通式的思维方式和表达技巧得到孔子的充分肯定，并将“引譬连类”视作思维的典范，这可谓隐喻认知论的先声。

孔子早在2500年前就论述了隐喻，同时还指出了隐喻对于类比联想的思维具有十分重要的作用，这就涉及当今隐喻认知理论的基本观点了（参见下文）。

为了辩说、论战的需要，比喻理论应运而生。这一时期还有很多学者，如墨子、惠施、荀子，对辩说论战中的譬喻用法进行了总结，这对提高谈说术起到了很好的作用，但他们的论述较为零碎、尚无系统。墨子最早对“譬”下了定义：

辟也者，举也物而以明之也。（《墨子》）

辟即譬，也物同他物。墨子就常常以人们熟悉的事体或以寓言作譬。惠施指出：

夫说者，固以其所知喻其所不知而使人知之。（刘向《说苑·善说》）

荀子在《非相篇》中述及辩论的方法时说：

譬称以喻之，分别以明之。

这句话意思是说，人们在谈说的时候，可以通过比喻的方法来启发别人，用分辨明晰的方法来开通别人，强调了譬喻在谈说中是一种不可缺少的方法。他在《强国篇》中又提到了这一谈说的策略：

譬称比方。

他在《非相篇》中还述及了譬喻的效用：

以近知远，以一知万，以微知明。

他在《正名篇》中指出：

凡同类、同情者，其天官之意物也同，故比方之疑似而通，是所以共其约名以相期也。

这句话的意思是，凡是同一个民族、具有相同情感的人，他们天生的感官对事物的感觉印象是相同的，所以通过各种比喻就可以把事物说得大体相似，就可使别人能够理解和通晓了，这就是人们能共同使用约定事物的名称而互相交往的原因。

墨子、惠施、荀子都认为要用知道的事体来喻说不知道的事体，比喻的作用是为了使对方明白，易于理解，比喻是论辩中不可缺少的一种方法。这就清楚地表明了隐喻的解释功能和修辞功能。

三、两汉时期

这一阶段对比喻的研究比先秦时期的论述范围广，涉及比喻的条件、性质和重要性及其产生的原因。西汉初年刘安在《淮南子》中说：

假象取偶，以相譬喻。

假譬取象，异类殊形。

这就是说，人们要善于寻找不同物象之间相同或相偶合的地方，这样才能形成譬喻，也就是我们今天所说的隐喻中本体和喻体之间相似点的问题。而且在使用譬喻时所取之象必须是“异类”和“殊形”，也就是今天所说的本体和喻体要“跨域”，异类和殊形通过偶合，才算是“偶”得巧妙，才能“喻”得恰当。

《毛诗序》指出：

故诗有六义焉：一曰风，二曰赋，三曰比，四曰兴，五曰雅，六曰颂。

其中“比”就是比喻。东汉郑众注《周礼》说：

比者，比方于物也；兴者，托事于物也。

他认为“比”是用比喻来突出事物的特征。哲学家王符明确提出：

夫譬喻也者，生于直告之不明，故假物之然否以彰之。（《潜

夫论·释难》）

譬喻就是指，用直接表达说不清楚，就只能借助其他事物来加以说明。郑玄也认为，不学习用譬，就不能写成好诗。因为诗多不直言，常用比喻来委婉达情。

西汉淮南王刘安在《淮南子·要略》中曾明确指出：

已知大略而不知譬喻，则无以推明事。

其中就言明了“言天地四时而不引譬援类，则不知精微”的道理。王充对之亦有论述，他说：

何以为辩？喻深以浅；何以谓智？喻难以易。（《论衡·自纪篇》）

这就是说，在论辩中要用“浅易”的话语来阐明自己深邃的思想。

另外，这个时期的董仲舒、王充等对之亦有论述。王逸还对《离骚》中的隐喻进行了归纳。

汉代学者的这些论述与孔子的观点亦有相通之处，强调了隐喻的重要性，并把诗歌构成的思维机制比喻为打开思路的绝妙手法，解说为认识事物的一个法则，确实是具有历史深远意义的言论。这正是当今认知语言学所说的隐喻性思维的先声。

四、魏晋南北朝时期

这个时期的学者主要论述了隐喻的定义、分类、作用以及与文体的关系。刘勰论述了比喻的定义、分类、作用以及与文体的关系，他在《文心雕龙·比兴》中对其作了较为全面的研究，有精辟的论述，对后世影响很大。他说：

故“比”者，附也；“兴”者，起也。附理者切类以指事，起情者依微以拟议。起情故兴体以立，附理故“比”例以生。“比”则蓄愤以斥言，“兴”则环譬以托讽。

这段话意思是说，比的意思就是比附，兴的意思就是兴起。比附事理完全切合所说的事物，触物兴情可以依据事物细微之处来进行发挥。有时因感物兴情而写诗，所以兴的手法就出现了；也有用比附事理来进行创作的，所以比的手法就产生了。比是把郁积要说的情感，借用类似的事实来加以申述；兴是通过曲折委婉的方法，把内心的寄托告诉别人。

他将比与兴的区别总结成：

比显而兴隐。

他进一步指出用作比喻的事物是纷繁多样的，且对喻体进行了分类：

或喻于声，或方于貌，或拟于心，或譬于事。

即喻体可用声音作喻，或用形貌作喻，或用主观意念作喻，或用具体事物作喻。同时，他还提出了好隐喻的标准：

物虽胡越，合则肝胆。

即要把比喻用好，必须做到本体和喻体应像北方和南方那样离得很远，两者看起来是毫不相干的事体，同时又必须在比喻之后，使本体和喻体像肝胆那样密切，两者要有相似的地方。这就大致相当于刘安所说的“异类取偶”“殊形相譬”。类属上的“异类”或“胡越”，本质上的“相偶”或“肝胆”，就道出了比喻须具有对立统一的特征，这是一种颇有见地的论述，也就是本书所说的“隐喻始于矛盾，结于统一”。

刘勰将比喻分为两类：比义（以具体的事物来比抽象的义理）和比类（以具体的事物来比具体的形貌）。

东晋时才女谢道韫（谢安的侄女）曾留下一句比喻雪的名句，一直被人传诵。有一日下大雪，谢安将家人召集起来咏雪，谢安的侄子谢郎说“撒盐空中差可拟”，将下雪喻说成“撒盐”，大家并不觉得很妥帖。而谢道韫悠然遐想后说道：“未若柳絮因风起。”她将飞雪比喻成柳絮，比撒盐更为恰当。

五、唐宋元时期

唐代的皎然（生卒年不详）认为：

取象曰比。（《诗式》）

当然这一观点是不完整的。

唐代的皇甫湜接受了刘安和刘勰关于比喻“异”和“同”的观点，他在《答李生书》中也说道：

凡喻必以非类，岂可以弹喻弹乎……凡比必于其伦。

这就说出了比喻既有“非类”的特征，又有“同类（伦）”的特征。唐代的贾岛在《二南密旨》中说：

四时物象节候者，乃诗家之血脉也。

这就是说，诗人必须用“四时物象节候”作为喻体，它们就是诗人的血脉。皎然在《诗式》中也主要从喻体角度提出了“取象曰比”的观点，即以“象”为喻体。他接着还说：

凡禽鱼草木人物名数，万象之中义类同者，尽入比兴。

这也就是说，世上万物都可作为喻体。仔细想来，这里就已经涉及这样一个诗歌创作观和哲学观：倡导诗歌中的形象思维，以及世界万物之间可能存在的各种联系。当然，仅从喻体角度来论述比喻不能算是一个完整的比喻理论。

南宋的朱熹（1130—1200）认为：

比者，以彼物比此物也。（《诗集传》）

南宋的陈骙在《文则》中较为详细地论述了比喻，指出：

《易》之有象，以尽其意；《诗》之有比，以达其情。文之作也，可无喻乎？

他还述及了直喻（即明喻）的特点：

或言犹，或言若，或言如，或言似，灼然可见。

他最早以《诗经》为语料对象进行了统计分析，并将譬喻分为十类：借喻（又叫直喻，即明喻）、隐喻、类喻、诘喻、对喻、博喻、简喻、详喻、引喻、虚喻。他的分类显然比刘勰的要细，但他有时以形式，有时以功能分类，未能使用统一的标准。

我国古代学者所论述的“引申”大致相当于西方学者所说的“隐喻”。陆宗达、王宁（1994：318）指出，郑玄在注“三礼”时就已经开始分析引申义；徐铠著《说文解字系传》也用到这个术语。宋末元初的戴侗认为，具体的事物有形，文字可以肖其形以表达其义；义理道术则无形可象，如何以有形表无形，这就要靠“引申”。引申的基础在于“物”与“理”之间有某种关联。他充分认识到了“无形”与“有形”、“抽象”与“具体”之间的关系，在探求词义引申规律时认为具体的词义之所以能引申出抽象的意义，就是因为词义的引申体现了“器”与“道”①、“具体”与“抽象”的关系。抽象存在于具体之中，具体之中有抽象。所以他说：

① 朱熹说：“形而上者，无形无影是此理；形而下者，有形有状是此物。”“理”是“形而上”的道，是抽象的；“器”是个体的事物，是“形而下”的，是“具体”的。

圣人因器以著象，立象以尽意，引而申之，触类而长之，而天下之精义靡有遗忘焉。

这句话意思是说，圣人以具体的事物形状标示事物的形象、意义，以形象表达与之相关的抽象道理，文字表义的道理正在于此。这就是戴侗所说的“充类之术”（即引申、隐喻），他举的例子是：

道，从辵，本为人之行路；理，从玉，本为玉之文理，引而申之，则道之广大，理之精微者无不通，以充类之术也。（《六书故》）

“道”表示道路，理表示玉之文理，后来用“道”“理”引申来指称道术、法则、理义。这就是由具体到抽象的引申。语言正是运用了这种方法，才可能发挥其经济性特征，人们就能用有限的词语表示无限的概念。党怀兴（2000：162）认为，戴侗对这种方法从理论上进行了总结，在实践上进行了运用，确实是语言研究的一大发展。

六、明清时期

明代开始出现汇编比喻的专书，如徐元大的《喻林》，共分10门，580类，收集了丰富的典籍资料，是研究我国古代隐喻的难得资料。

清代的吕佩芬编写了《经言明喻编》，其中收集了十三经中的比喻，共得喻词7391条。作者还将文章立言之法归为两类：正言（相当于直说，明说）、喻言（相当于本书所说的隐喻）。他将比喻分为三类：物喻、人喻、事喻。

段玉裁一部《说文解字注》，贯穿了本义与引申义的问题；朱骏声在

《说文通训定声》里以“转注”囊括引申现象，不乏精辟的分析；章太炎先生创“转注假借说”，又以“假借”囊括引申，不但把引申作为词义运用的基本形式来分析，而且把引申理论贯穿到他的字源专著《文始》中去，用引申来解释义通现象；黄季刚先生则把引申提到训诂学的定义中来，给这一问题以更重要的地位。

清末的吴曾祺在《涵芬楼文谈·设喻第十九》中较为详细地论述了比喻运用的四点注意事项：

尝谓设喻之失，凡有数端。一曰：泛而不切，好取华辞，无关实义是也。二曰滞而不化，胶于实迹，反昧大意是也。三曰熟而不鲜，袭取旧闻，不得新义是也。四曰俗而不韵，杂用俚言，有伤大雅是也。明此四端，则于设喻之道，思过半矣。

七、20 世纪①

在这百年间，中国学者对隐喻的认识大多还是局限于修辞层面。例如，唐钺（1923）在《修辞格》中，陈望道（1932）在《修辞学发凡》中，黎锦熙（1936）在《修辞学比兴篇》中，基本上都是在辞格框架中论述隐喻的。

钱钟书（1979）在《管锥编》中，也提到了比喻有“二柄”和“多边”，也基本上属于修辞层次上的论述。

孔子等先贤能在 2500 年前论及隐喻的认知作用，确实是一件了不起的事情，但可惜的是这一观点没能得以延续和发展，我国大多古代学者和现代学者还是将隐喻视为一种语言上的修辞手段，特别是当今汉语界的很

① 不包括 20 世纪 80 年代后对隐喻认知观的引进介绍。

多学者也往往只看到了隐喻的修辞功能，如在1999年出版的《辞海》中对隐喻的定义还为：

比喻的一种，本体和喻体的关系比之明喻更为紧切。

这一定义与1979年、1989年版的完全相同，还局限于传统的“修辞观”[①]，仅多了一个本体与喻体之间可表示偏正关系的例子：“在四化建设的舞台上，每个人都可大显身手。”（以“舞台”喻“四化建设”）这确实令人感到有点遗憾。

体验哲学和认知语言学认为，隐喻不仅是语言中的修辞现象，而且是人类认知活动的工具和结果。隐喻在本质上是一种思维现象，具有重要的认知功能，是人类认识新兴事体、建构概念系统、形成各类学科的不可缺少的认知策略。汉语界也有学者注意到了这一点。就笔者所知，我国汉语界的张明冈（1985：8）于1985年谈到了隐喻的认知功能，他指出：

比喻的基本作用有二：一是认识作用；一是修辞作用。

他认为，人们通过对已知事体同未知事体之间相似点的比附，可以从已知的领域向未知的领域前进，扩大知识面。他（1985：147）还说，有

① 这一观点反映在语言教学大纲或教学实践中，更倾向于将其归入修辞学，应属语言能力之一种，因而并没有将其视为语言教学中的一项重要内容来认真考虑。目前受到隐喻认知理论的影响，国内外已有不少学者提出在教学中要注意培养学生的“隐喻能力”，并将这种能力单独列出来，与语言能力、交际能力并列为三大能力（参见王寅，2004）。这就将隐喻上升到“认知”这一高度来认识。

人把比喻称为“形象的形象”，因为形象的一切特征在比喻中表现得特别明显，在任何艺术形象上，其直接的字面意义的背后，总是贯穿着深刻的意义。在比喻中形象表现的这些根本特征（即“任何时候都不局限于它字面上的意思”）都充分地显现出来。无论对于艺术家还是对于艺术作品的接受者，比喻都是思想的特殊途径，是思维的特殊方法。比喻思维有助于艺术成为关于生活的、综合的、整体的知识。

张明冈能在汉语界一片“隐喻修辞论”的声音中提出隐喻的认知功能，而且将认知功能置于修辞功能之前，这确实是难能可贵的。但他的隐喻认知观也存在缺陷，他只说到了隐喻是基于相似性这一点，而没能认识到隐喻还可以创造相似性，但雷科夫和约翰逊（1980）又仅只强调了后一点。笔者主张将两者结合起来论述，隐喻既是基于相似性的，又可以创造相似性，例如当我们说“婚姻是牢笼”时，一方面说出了婚姻与牢笼的相似之处，都有“禁锢”之义；另一方面，当我们把“婚姻”和“牢笼”并置，实际上也就对事体再次进行范畴化，重新划分了概念范畴，创造出了这两类事体之间的关联性。因此，我们（2003）主张可分别从这两个角度来论述隐喻的工作机制。

第二节　“比”“兴”与“隐喻”

世界上最早的诗集《诗经》，约成于公元前 1700 年至公元前 600 年之间，诗中常用的三种修辞手法为：

赋，直叙其事；

比，主要包括明喻、暗喻（即隐喻）；

兴，先打比方，再说真义，就是先言他物，而后引出所咏之辞，以他物说此物，也是一种隐喻，更接近于话语隐喻或篇章隐喻。

周策纵（1986：229）指出：

其实有时兴即是喻。

“比”，主要包括明喻和隐喻，这是典型的比喻，不必多言，此处从略。“兴”更多地属于语篇层次上的隐喻。朱自清曾将“比体诗”分为四大类：

（1）咏史：以古比今；

（2）游仙：以仙比俗；

（3）艳情：以男女比君臣；

（4）咏物：以物比人。

可见“比”和“兴”都涉及语义或概念的跨域使用，这与当下认知语言学中所说的“隐喻认知论”有共通之处。

《诗经》一开头就说：

关关雎鸠，在河之洲。窈窕淑女，君子好逑。

以“雎鸠求鱼”与“男子求女”这两者在“求”上具有相似性为基础，将这两者引譬连类，用前者来隐喻性地表达后者。这里本体为男、女，喻体为雎鸠、鱼，喻底（相似性）则为求。又如《卫风·淇奥》中云：

有匪君子，如切如磋，如琢如磨。

美君子文采风流，似象牙经过切磋，似美玉经过琢磨。“切磋”和“琢磨”原来是指加工美玉的方法，而在此处被隐喻性地用于描写君子学道修身的功夫，当今这两个词组已常作隐喻用法，类似于死隐喻。

庄子在《寓言》中还用“光线”和“影子”来喻说两物之间的依赖关系、存在与不存在、生与死的关系等。这也是将隐喻运用来阐述哲学道理的许多例证中之一例。

我国有学者将“兴”还理解为“引譬连类”，可见并没有仅将其视为一种修辞技巧，而更接近于一种类比联想、思维推理的方法，只要两种事物之间在某一方面具有相似性，便可将它们同化为一类现象。

“引譬连类”就是要“善取类”，这种触类旁通式的思维方式和表达技巧得到孔子的充分肯定，使得后来的学者更加精于此道。子曰：

诗，可以兴，可以观，可以群，可以怨。（《论语·阳货》）

“诗可以兴”此后得以流行。孔子还对儿子孔鲤说：

不学诗，无以言。

这句话意思是说，不从诗歌中学习引譬连类的联想方式，就不能具备在正式场合论说发言的能力。“善取类”就成了当时衡量个人理性教养程度的基本尺度。

Heidegger（海德格尔，1991：6）曾指出：

一切冥想的思都是诗，一切创作的诗都是思，思与诗是邻居。

这与我们2500年前孔子的思想以及其后哲人的观点，何其相似乃尔！而与孔子几乎同时代的柏拉图将诗视为非理性的观点，形成了鲜明的对比。叶舒宪（1994：413）指出：

需要强调的是，孔子不是把《诗》作为艺术品来看待的，而是当作类比思维的典范，希望人们能够从中学到主观联想式的推理方式和表达方式。由此看来“诗可以兴”的命题绝不是什么文学批评的命题，它表明了孔子作为中国的诗性智慧的理论奠基者，对于“诗·语言·思想”这一本体论关系的深刻洞见，对于类比联想的思维方式的特别推崇。

此后，这种“善取类”的类比联想的推理方式和表达方式就广为流行。惠施将隐喻视为：

以其所知喻其所不知而使人知之。（刘向《说苑·善说》）

这实际上也涉及隐喻的认知功能。汉代刘安等人在《淮南子》中说：

言天地四时而不引譬援类，则不知精微……从大略而不知譬喻，则无以推明事。

把诗歌构成的思维机制譬喻为打开思路的绝妙手法，解说为认识事物的一个法则，确实是具有深远意义的言论。这些观点可被视为“不学诗无以言”的最好注解。这正是当今认知语言学所说的隐喻性思维的预言，原来隐喻认知理论从我国古代哲学家孔老夫子一直延续至汉代哲人，就已流行了几百年之久。我们似乎可从这里找到当代隐喻认知理论的最早始源，它就发源自我们这片神奇的土地之中，就在东方文明古国——中国，倘若当代西方学者能认识到这一点，可以想象，他们也会大惊不已，为此而拍案叫绝！

至于对隐喻进行量化统计问题，我们的老祖宗也早就有了一定的认识。庄子在《寓言》这一章中说：

寓言十九，重言十七……寓言十九，藉外论之。

这段话意思是说，在我所说过的话中，寄托寓意的话（或假托的话）占全部言论的十分之九，重复别人说过的话或借用先哲、时贤的言论占十分之七。寄托寓意的话占十分之九，都是借助于他人他事来发议论，借他人的话说自己的意思（秦旭卿等，1997；冯钟芸，1995）。可见，我国古人早就认识到隐喻在言谈写作中所占的比例是极高的。同时，这不就是当今西方学者所认为的隐喻具有普遍性的最早量化论述吗？据雷科夫和约翰逊等学者统计，隐喻在日常语言中约占 70%，有的西方学者认为这个比例还要更高。这些观点也正与庄子的说法十分接近。

通过这一简单对比可见，当代西方认知学者对隐喻的认识，以及对隐喻使用的比例数的调查，竟与我们祖先的发现有如此惊人的相似之处，同时也为我们采用定量分析语言的方法找到了最初源头。我们不仅要为我们的祖先感到自豪，同时，外语界在引进西方理论时，切切不可忽视我们的本土理论。真可谓知己知彼，方可百战不殆！

第三节　隐喻与文化

隐喻，如同语言一样，是深深扎根于社会情景、文化知识之中的，在当前中西文化对比研究的论著中，其实蕴藏着大量的隐喻性文化内容。

只要稍稍观察一下，看看我们周围所使用的语言，听听我们四边人群所说的话语，处处可见隐喻，时时与其相逢，翻开报纸，大幅标题的隐喻性历历可见。再稍微了解一下民间许多风俗习惯，似乎都与隐喻结下了不解之缘，俯首即拾，人们谈起其间的丰富含意，不免津津乐道，点头称是。例如：春节期间，将大红“福”字倒着贴，“福倒”这一概念被隐喻性地转义为“福到”。大年初一要吃汤圆，意在团团圆圆；吃年糕，意在年年升高。结婚时在枕头中放入生的枣子和花生，被隐喻性解释为“早生”和“花着生”（一个男孩、一个女孩间隔着生）。家人在吃梨时，忌分开来吃，以避讳“分离”。送别客人时吃面条，意为友谊长存。

在国内，数字“4”会引起不少人的厌恶，汽车牌照不要“4”，电话号码排斥“4”，证件号码中也忌讳“4”。在有些大宾馆中，房间号码、楼层就去掉了“4”。这都因其谐音为“死”所致，日本文化中也有类似的现象，这里实际上就将数字系统中的发音“si”映射到了生命概念域“si”中来。而数字 6 和 8 却大受欢迎，因为它们的谐音是“六六大顺”“发发发”。更有甚者，有部分人看看汽车牌号，读读电话号码，就能猜度出主人的地位。随着这一社会性思潮的迅速扩展，这才出现了有些行业要拍卖号码的现象，主要“价值规律”也是遵循其中所含 6 和 8 的多少来确定的（参见李弘在 2005 年《四川外语学院学报》第 3 期上发表的文章《语音隐喻初探》）。

可在自然序列中又怎能缺少“4”这个数字呢？因此为了在心理上求得某种安慰和平衡，就运用“音乐疗法”，硬将数字4说成音阶“fa”，这样好歹算是扣上了“发”这个音，图得吉利，似乎就可“逢凶化吉”，达到聊以自慰的效果了。

在西方许多国家和地区，数字13也为大多数人所讨厌，这与古代一些传说有关。[①]这一贬义被隐喻性地沿用至今，门牌号码不要13，运动员号码回避它，宾馆中的楼层号、房间号也有很多是空缺该号的。西方还有“黑色星期五”的说法，即每月的13日，又逢星期五，这一天会有不少人找借口全天不起床，以躲避灾难。

中西方许多关于“狗”的隐喻则有很大不同，这也与文化差异密不可分。这类隐喻性用法实在是不胜枚举，此处因篇幅所限不多举例。阅读一下有关中西文化对比的论著就可体会更深，隐喻真可谓我们须臾不可或缺的工具。让我们都做一个有心人，认真注意一下我们生活中的隐喻吧，对其加以收集、整理、分类，再与西方有关隐喻进行对比，不仅可以丰富语言表达，加深对不同民族文化的了解，对于开拓我们的创造性思维百利而无一害，而且可以更加深刻地理解我们祖先和当代西方学者所提出的隐喻认知理论的深远哲理之所在。

① 据说，古希腊的赫西俄德告诫农民不要在13号开始播种。在古巴比伦，有13个月的闰年用一只“倒霉的乌鸦”来标志。魔鬼总是和12个巫婆一起开13人聚会。据《圣经》载，耶稣及其12个门徒共13人，他被犹大出卖时所进“最后的晚餐”的那一天又恰逢星期五，因此13号再逢星期五则是大大不吉利。

第四节　结语

隐喻研究，如同语义理论一样，绝不是西方学者的专利，通过中西学者论述的对比可见，我国古代哲人早就意识到隐喻与思维之间的联系，其中有些论述比当今西方学者要早2000多年。因此，外语界的学者不能仅将眼光盯在西方的理论和著作上，而必须研读我国的本土文化，注意中国学者的研究动态，他山之石固可攻玉，但也不可忘却我山之石也可攻玉这一事实。

近来我们十分高兴地看到不少汉语界学者出国留学和从教，运用国外新理论来研究汉语，大大拓宽了研究空间，并出版和发表了不少既有民族性又有国际性的专著和论文。同时国内还出现了两栖类研究生，外语专业的学生考上汉语界研究生，拓宽了两界往来的渠道。我们外语界的学者也希望能有中文专业的学生考上外语界研究生，以使两界优势互补，得到平衡发展。

语义理论研究要走中西结合、通过中西对比来铺平洋为中用的道路（参见王寅，2001：88—105）。我们这些年来在这方面做了一点尝试，还远远不够。我们也十分高兴地见到很多学者在这方面做出了不少贡献，可喜可贺。

中西语义理论对比研究是一个大课题，需要大家携手合作，共同努力，经过不懈努力才能有望在21世纪取得重大进展。

第十一章　语义研究差异原因初析

从上述几章可见，我国学者对于释义、语义的研究，比起西方的研究，历史要悠久得多，内容要广泛得多，史料要翔实得多，著作要丰富得多。但中西方在语义上的研究为何会形成“两股道上跑的车”的现象呢？现笔者结合自己的理解和学习体会，试述中国训诂学与西方语义学形成差异的主要原因。

第一节　语言认识的差异

在西方文化中，语言被视为神圣而又崇高的东西，语言是宇宙发生的本源和动力，这从古希腊文化以及《圣经》中对文字的叙述可见一斑。在西方，善于驾驭语言来传播知识或信仰的人被奉为理想人格，如苏格拉底的街头演讲，Jesus（耶稣）的登高训众，Cicero（西塞罗）的雄辩之才，他们都是为人们所景仰的楷模。

但我国古代对于语言有着与此不同的看法。为能将中西语义理论研究的差异论述清楚，笔者拟先从老子和庄子对语言的论述讲起。

老子在《道德经》第一章就说：

道，可道，非常道；名，可名，非常名。

无名，天地之始；有名，万物之母。

故常无，欲以观其妙；常有，欲以观其徼。

此两者，同出而异名，同谓之玄。玄之又玄，众妙之门。

这段话的意思是，道，可以用言词表达的，就不是永恒的道；名，可以说得出来的，就不是永恒的名。无名，是天地的原始；有名，是万物的本源。所以，常从"无（无形象）"来认识道的微妙，常从"有（有形象）"中来认识道的极限。"无"和"有"这两者，同一来源而不同名称，它们都可说是很深远的。从深远而向更深远处探索，是认识自然一切变化的总则。

从这段话中可见老子对语言持有一种矛盾的看法：

（1）老子一方面强调了语言的重要性，也许是保存了上古失传的神话中的语言观，这就与西方语言创世说有异曲同工之处。他认为语言虽不能穷尽事物的本相，但人类认识却还少不了语言的帮助。这从第二行可见：宇宙天地始于没有名称的无差别混沌状态，世界万物的产生是以语言命名为前提的。

（2）但另一方面老子又解构了对语言的古老迷信，认为人类的语言是有限的，它并不能真正地、完全地把握宇宙之本体和规律。这从第一句就可看出，可用语言表达出来的"道"就不是真正意义上的恒常之道了。因此，在老子看来，真正的道（世界按本来面目而存在，自有其发展变化规律，可以创造本源和宇宙本体）注定是不可言传的，表达出了一种“语言有限说”的观点。从第 3 行可见，老子更加偏爱“无名”，倾向于“观其妙”的认知方式。

（3）将“无名（常无）”与“有名（常有）”两者结合起来[①]，即将语言概念的和非语言概念的、抽象的和直观的两种认知方式结合起来，就可以更为全面地认识自然规律，更为完整地把握宇宙本体。这就是第 4 行的基本意义。

庄子对语言也持类似老子的双重观点，他在《齐物论》中说：

道行之而成，物谓之而然。

事物由于有了称谓才能在理性秩序中找到位置，没有称谓加以区别和归类，无差别的万事万物似乎只能存在于一团混沌之中，但他在《外物篇》中又说：

筌者所以在鱼，得鱼而忘筌；蹄者所以在兔，得兔而忘蹄；言者所以在意，得意而忘言。[②]

这被人们总结成“得鱼忘筌，得意忘言”，成为人尽皆知的名句。

孔子轻言传而重身教。《左传》中云：

---

① “无名”和“常无”是指，先于语言而存在的本体和用非语言方式直观本体的可能。“有名”和“常有”是指，语言符号的生成和借助于语言符号去把握外界事物。

② 筌是用来捕鱼的，捕到了鱼便忘了筌；蹄是用来逮兔子的，逮到兔子后便忘了蹄；言语是用来表达心意的，领会了心意之后便可忘了言语。

太上有立德，其次有立功，其次有立言。

可见立言是作为一种下等的选择。后人奉为圣书的《论语》只不过是孔门弟子们编辑起来的孔子生前的语录。

道家和儒家的语言观可总结成“重意而轻语”“重行而轻言”，这一观点似乎就基本定下了语言不为人们所重视的地位，十分丰富的“小学”也只是经学研究的附庸，未能形成独立的语言学和逻辑学理论。

在介绍过道家和儒家的语言观之后，我们就可理解我国学者对语言研究、语义研究的传统态度了，训诂学所处的地位也就可想而知了，对训诂学未能形成我国系统的语义理论也就不足为怪了。

第二节 “名”为政治服务

儒家虽有“名正言顺”的理论，孔子也主张确认语言名称与所指代的事物之间的对等关系，但他们的论说未能给中国带来语言的科学，因为该理论的目的并不在于语言本身，而主要是在政治伦理方面。子曰：

名不正，则言不顺。

此句的主旨不在于语言方面的研究，而在于强调封建社会中的君臣父子尊卑等级的严格划分。

荀子作《正名》，根本目的也不在于论述语言。他视“析词擅作名”者（用己意来解析言辞或擅自制造名词以乱正名的人）为“大奸”，因为把名称搞乱了，个人妄加解释，就会导致严重的政治后果。

公孙龙也讲正名，“唯乎彼此”，其目的也是为封建社会的政治服务的，而不在于语言本身。

萧兵、叶舒宪（1993：208）在所著的《老子的文化解读》中指出，正名说表面上是在说语言，实际上关心的却是语言应用中偏狭的一面，可以说，对语言符号本身的兴趣在这里完全被功利目的所扭曲了。西方文化强调语言符号本身的价值，中国的语言观源于儒道两家思想，从一开始就表现出对语言作为交际工具的不重视、不信任，过分强调语言作为政治、伦理的编码符号。在这样一个基本的政治观点指导下，“小学”只能被视为经学的附庸。

在我国悠悠2000多年的封建社会中，经学一直被视为重要理论，而“小学（古代对语言文字学科的传统称呼）”被视为经学的附庸①，是为释读经学服务的，因而一直处于一种从属的地位，进而对语言的重视程度不够，就使得训诂学失去了发展成为独立学科的外部条件。

在对经学训释时，很多学者借注释之机，行发表自己思想之实，这充分反映出语言具有经学附庸之性质。

从本质上说，训诂学是沟通古今语义的桥梁，是理解古代文献（包括经学）的必要工具。申小龙（1993：196）认为，通过这座语义的桥梁，一代又一代华夏学人研读着前人的思想、哲学、宗教、历史、价值观念乃至欢乐和痛苦。然而这座桥梁远非自足的，它伴随着经学的兴盛而伸向彼

---

① 何九盈（1985：2）认为这一说法有道理，但不全对。他认为不应用西方语言学和现代语言学的标准来衡量古代语言学。他认为《方言》《说文解字》《释名》三大名著的产生，就是语言学独立成为一门学科的标志。

岸，既是此岸经学母体的一种肢体引申，又是彼岸先人经书密码遗传的一种文化专利。

当然，经学的发展也大大推动了作为其附庸的训诂学的发展。

第三节　重实用，轻理论

我们知道，在我国历史上历代统治者曾将经书视作思想统治的有力武器，不同朝代的君主往往都要利用经学理论为自己的统治服务，在这样的形势下，便需要不断对传统的经学著作进行注释，因此不少经典著作被一遍一遍地反复加以注释，就使得训诂学的解释功能不断得到壮大和充实，使其逐步显现出解释学的特征。

同时，熟读经书又是封建知识分子博取功名的唯一出路，早期训诂学是经学的附庸[①]，训诂学对于解读经书是十分重要的，也具有很大的实用性，使其逐步成为一门实用性的学科。在《后汉书·卢植传》中就曾提出过传统文字训诂学应以“为实”为目的，在《汉书·河间献王德传》中也明确过这门学问应以“实事求是”为指导思想。因此，训诂学研究主要带有“重材料”“重实践”的特点。

陆宗达、王宁（1994：314）曾指出：

① 从汉代以来，“小学”一直是经学的附庸，直到清朝乾嘉鼎盛时期，仍未能全然摆脱其附庸的地位。清朝末年章太炎在此基础上将其发展成一门独立的语言文字学。他所提出的“语言文字学”这个名称虽被采用，但他为这门学科所设计的内容，却并没有为后来人所接受。

（传统的训诂学重材料、重实践的研究方法）带给它从实际出发，不事空谈的优良学风，但也同时带给它明显的弱点，那就是缺乏对理论的探讨，更缺乏对原理、规律的系统阐述，言其然者多，言其所以然者少。

这一现象不仅存在于训诂学领域，其实我国古人在很多领域都有不很注重理论研究的倾向。杨自俭（2003）指出：

由于整个中华民族历史上缺乏形式逻辑的洗礼，所以在学术界不少人长于经验思维，短于逻辑思维。前者在方法上主要靠直觉、类比、归纳，而后者主要靠公理系统、推理、演绎。方法论上的缺陷使我们的学术研究长期陷入一个误区，以为从以往的材料中归纳出几点看法，或悟出一些想法，这就是理论。

实际上经验思维的结果只是逻辑思维的起点，唯有经过推理、演绎，才可能构造出有逻辑系统的理论。我们有很多研究成果缺乏理论系统，致使许多大家也没能成为有影响的学派的领袖或代表人物，这很值得我们思考和研究。中国语言学界有没有学派，可能有不同看法，但至少没有理论上有完整体系、在世界上产生了巨大影响的学派。

何九盈（2000：5）也指出：

中国的语言学一直未能登上最高峰，与理论思维的缺乏有直接关系。中国没有产生一个具有世界影响的语言学理论家，也没有一部具有世界影响的语言理论著作。恐怕不仅语言学界如此，其他人文学科似乎也难说谁的理论体系在世界范围内产生了巨大的影响（孔老夫子不算，因为他是古人），登上了最高峰。

这一分析还是很能说明问题的，语言学是这样，训诂学也是这样，其他人文学科研究也有类似的情况。重实用，轻理论，即使有理论概括，也往往是在材料分析或使用研究过程中的归纳和概括，而没有认真思考建构一个较为完整的理论体系，这都说明了我国古代学者重视实证研究，而不习惯进行理论方面的深入探索和系统阐述。

第四节　重文轻理

我国历史上学术研究存在重文轻理、文理研究严重脱节的现象。

汉代开始以读经为博取功名富贵的途径，后来历代王朝多以治经之术来考录政府官员，这就促使了古代学者为求功名，只得围绕经学打圈圈，而忽视对自然科学的重视，就更谈不上会有人考虑将语义研究与自然科学结合起来的问题，因此用逻辑公式表达语义、创建人工语言、构想语义的数学模型等，只能是西方学者的发明。

第五节　我国 20 世纪哲学研究的局限

西方20世纪的哲学研究出现了语言转向，给语言研究带来了一片生机，产生了很多新观点、新方法、新理论。分析哲学（形式语言学派、日常语言学派）、现象学、存在主义、解释学、解构主义等，以及近来的认知科学等，这些哲学理论大大推动了语言研究，特别是给语义研究带来了一个崭新的局面。

相比之下，我国20世纪的哲学，除了新儒学、新理学[①]之外，似乎并没有形成像西方那样有代表性的理论，就是新儒学、新理学也没有把语言提高到像西方语言哲学对待语言的高度，因而使得原来就落后的语义研究又失去了理论动力。

第六节　语言内部结构规律的特殊性

汉语属孤立语，英语属屈折语，两者之间存在较大的差异，我国自20世纪70年代末在吕叔湘先生的大力倡导下，开始英汉语言的对比研究，至今已取得了丰硕成果。

笔者于1996年出版的《英汉语言区别特征研究》一书中，曾将英汉两种语言的主要区别特征概述为：

剪辑式与临摹式、后续性与前置性、形合法与意合法、葡萄型与竹竿型、正三角与倒三角、名词化与动词化、虚用型与实说型、浓缩型与展开型、具体词与概括词、词素法与偏旁法。

此处笔者再略述一些主要区别特征。

① 参见方松华，《20世纪中国哲学与文化》，学林出版社，1997。

一、汉语语法范畴的模糊性较大

相对于英语的语法范畴而言，汉语中所归纳出的语法范畴的模糊性要大一些，这主要反映在以下几个方面：

（1）汉语的词类实在难以划分，跨类现象比比皆是，因而往往失去了划分词类的意义。而英语的词汇可大致划分出10大词类（尽管有跨类现象），更有较为丰富的后缀来表示词性。

（2）汉语的句子界限不很分明，在很多情况下既可用逗号，也可用句号（古汉语曾不用标点符号）；而英语句子有明确的句法标记（句首单词的首字母大写，句后有句点或其他符号）。

（3）汉语动词没有及物与不及物之分，大多数动词既可当及物动词，又可当不及物动词，如“吃”，既可以说“吃饭”“吃菜”，也可用作不及物动词，如“你吃了吗？”而英语动词明确地区分为及物动词和不及物动词，且及物动词之后必须接宾语。

（4）汉语的句类划分难以规范。英语有5大基本句型，实际上就是以“主语＋谓语＋（宾语）”为基础变化而来的。[①] 与此相比，汉语句子较难归类。汉语有很多无主句，有些成分是主语还是话题，界限也不十分明朗；省略谓语、宾语的现象俯拾即是。

（5）词类与句子成分之间缺少严格的对应性。一般来说，在英语中，能作句子主语、宾语、表语的词类主要是名词、代词，以及可起名词作用的成分，如不定式、动名词、名词分句等。谓语主要由动词来担当。而在

① 表语也可视为一种宾语，因此有的学者就将“主系表”视为主谓宾。就宾语而言，可有单宾语、双宾语、宾语＋补足语。笔者（1999：158）曾尝试将英汉两语言的基本句型归纳成：起语＋主语＋谓语＋宾语，其中“起语＋主语”为话题，“谓语＋宾语”为述题。

汉语中缺乏这种对应性，就主语、谓语而言，似乎什么成分都可担当。

难怪有人基于上面这些论述，得出了汉语没有语法的说法。

二、形态与非形态之分

西方语言形态标记丰富，往往运用语法形态标记来表示各种语法关系，如名词的单复数、主宾格、所有格、时体、语态、语气、比较级、最高级、主谓一致等，这就使得语法研究必然要成为一门学科，从词法到句法的研究基本满足了对西方语言分析的需要，适应了语言表达的规律。

而汉语为非形态语言，缺乏这些语法标记形式，分析语言主要是为了获得句义。要获得句义，就需要涉及词义训释、语音讲解、修辞描述等，这也就成了训诂学的主要内容。倘若汉语也有十分丰富的形态标记，我们的祖先肯定也会发展出系统的语法理论。

三、汉语以神摄形，英语以形摄意

由于汉语缺乏语法标记①，表达时往往随着语义走势来行句，形随意转，并不将自己的表达局限于某一固定的语法格式之中，这就使得汉语表达十分灵活，句式呈多样化趋势，语句显得较为流畅，因此可叫作“以神摄形”。相比之下，英语表达要考虑套用句型、符合语法格式，“形式”必须符合语言的表达规律方可，因此可叫作“以形摄意”。

正如笔者（2000）所述，汉语属孤立语，缺乏形态变化，语句结构独特，句型灵活多变，表达着重意念，话题现象较为突显，语项组合简单自然，

---

① 有学者认为汉语也有语法标记，但没有英语的丰富，如着、了、已、过，但它们也是单独的字，而不像英语那样通过专职表示语法的标记。

流散铺排，似断若连，不受固定形式的束缚，以神摄形。又因口语与书面语相差甚远，随着历史的前进，古典文献更需释义，因而训诂学包含了如此丰富的内容，占据着如此重要的地位。

第七节　中西语义对比研究展望

当我们在为历史悠久的训诂学未能成为一门研究语义的系统学科而惋惜之时，就更加激起了我们要大力加强研究这一领域的欲望。20 世纪 80 年代以来，我国语言学者基本实现了“迎头赶上”的理想：中文界出版了多种训诂学著作，还成立了训诂学会；外语界的学者也开始认真研究西方语义理论，出版了不少介绍西方语义理论和学习体会的著作和教材，既有继承，也有发展和应用。此时，中国进入了一个语义研究大丰收的高潮时期，确实令我们十分振奋，也令西方学者刮目相看。

但外语界尚未召开过讨论语义学的专题研讨会，也未成立语义学研究会一类的组织让大家畅谈语义研究的体会和心得，相对于汉语界而言，可谓落后了一步。据笔者观察，外语界学者对汉语界的语义研究知之甚少，汉语界学者对外语界的语义研究情况不明，这主要是由于两界往日“老死不相往来”所致。可见汉语界和外语界在语义研究方面一直是吕叔湘先生所说“两张皮”的重灾区。贾彦德虽于 1992 年编著出版了《汉语语义学》，尝试将中外语义理论结合起来进行对比论述，这使得中西语义理论对比研究中的“两张皮”灾情有所减轻，但是并没有彻底解决这一问题。因此笔者认为在语义学研究的未来发展中，应注意以下几个方面的事情：

（1）加强汉语界与外语界的交流。汉语界的语义研究除了应加强对训诂学史和训诂学方法论的研究，还应加强对国外语义理论的了解，重视中西语义理论的对比研究，进一步贯彻洋为中用的方针，不断拓宽语义研究的视野，丰富其方法和内容。外语界的同仁也应加强训诂学方面的修养，贯彻中西结合方针，将西方语义理论融入本土文化之中，提高理论研究的实用性。这样，就能确保两界人士的有效沟通，互相学习，互参会议，尽快解决“两张皮”重灾区的问题，巧妙兼用“两股道上跑的车”的动力，以形成一股强劲的合力，深入进行系统的中外语义理论、历史、方法的对比研究。

（2）加强中西方的交流。两界人士都应尽快地、坚持不懈地向西方翻译和介绍我国古今语义研究的成就，尽快地让西方学者了解我国关于语义研究的历史和现状，让其汇入“东学西渐”的文化潮流之中，让语言学这门学科成为真正意义上的世界范围内的系统理论，同时也使他们认识到语义理论绝非西方学者的专利。

（3）语义研究中应高度重视理论性与实践性相结合，解释性与系统性相结合，理论与教学相结合。

（4）加强在认知语言学理论框架里的中西语义理论对比研究。我们知道，认知语言学是将语义研究置于首要地位的，有学者认为认知语言学的核心内容主要就是认知语义学。语义已经成为当今语言学所关心的核心内容，这就是笔者（1993：1）在《简明语义学辞典》前言中开头的两句话：

当今语言学的研究大有语义化之趋向；

当今语义学的研究享有“时代的标志”之美称。

由于汉语的特点，语义一直是汉语研究中的主要内容，将其形式化显得较为艰难，因此，我们认为从认知和功能的角度来研究汉语更加适合汉语的特点，这方面的研究已经取得了许多阶段性成果。所以我们应当充分注意我国汉语界在认知功能方面的研究成果，再结合西方认知语言学理论，可望取得中西语义理论对比研究的更大成就！

（5）更高目标：建设中国语义学研究的队伍，在不久的将来应争取建成我国自己的语义学派，重立世界学术之林，为丰富和完善世界范围内的语义学理论做出我们的贡献。

我们十分有把握地预测，在21世纪头几十年里中西语义理论的对比研究将会得到较大的发展。外语界学者也将会召开有关语义学研究的专题讨论会，届时将邀请汉语界语义学家或训诂学家参加，同时外语界的学者也应积极参加汉语界有关训诂研究的讨论会，两界人士还应参加更多的国际会议，将我国传统的训诂学研究与西方语义学研究紧密结合起来，融古今中外语义理论于一体，深入进行中西语料和语义理论的对比研究，从更深层次上挖掘人类研究语义的经验，使得全人类对古今中外的语义研究在内容上、方法上、体例上、原则上相互取长补短，形成中西合璧、携手共进、互相融通、相得益彰的新局面，使得语义学成为真正意义上的全世界范围内的重点学科。

参考文献

[1] ANDERSON J M. The grammar of case: towards a localistic theory [M]. Cambridge: CUP, 1971.

[2] BLACK M. Metaphor [C] //BLACK M (ed.). Models and metaphors: studies in language and philosophy. New York: Cornell University Press, 1962: 25–47.

[3] BLACK M. More about metaphor [C] // ORTONY A (ed.). Metaphor and thought. Cambridge: CUP. 1993: 19–41.

[4] BLOOMFIELD L. Language [M]. New York: Holt, 1933.

[5] BOLINGER D. Meaning and form [M]. New York: Longmans, 1977.

[6] BUCHLER J. The philosophy of Peirce: selected writings [M]. London: Routledge and Kegan Paul, 1940.

[7] CHAFE W L. Meaning and the structure of language [M]. Chicago: University of Chicago Press, 1970.

[8] CHOMSKY N. Aspects of the theory of syntax [M]. Cambridge: MIT Press, 1965.

[9] CHOMSKY N. Knowledge of language: its nature, origins, and use [M]. GREENWOOD PUBLISHING GROUP, LLC, 1986.

[10] CLARK H H. Space, time, semantics, and the child [M] //MOORE T E (ed.). Cognitive development and the acquisition of language. New York: Academic Press, 1973: 27–63.

[11] CROFT W, Cruse D A. Cognitive linguistics [M]. Cambridge: CUP, 2004.

[12] DAVIDSON D. The structure and content of truth [J]. The Journal of Philosophy, 1990, 87 (6): 279–328.

[13] DIRVEN R, VERSPOOR M. Cognitive exploration of language and linguistics [M]. Amsterdam: John Benjamins, 1998.

[14] FAUCONNIER G, Turner M. The way we think: conceptual blending and the mind's hidden complexities [M]. New York: Basic Books, 2002.

[15] FAUCONNIER G. Mappings in thought and language [M]. Cambridge: CUP, 1997.

[16] FREGE G. On sense and reference [C] //GREACH P, BLACK M (ed.). Translations from the philosophical writings of Gottlob Frege. Oxford: Basil Blackwell, 1960: 56–78.

[17] GENSINI S. Criticism of the arbitrariness of language in Leibniz and Vico and the 'natural' philosophy of language [C] //SIMONE R (ed.). Iconicity in language. Amsterdam/Philadelphia: John Benjamins, 1995: 3–18.

[18] GIVÓN T. Mind, code and context: essays in pragmatics [M]. London: Lawrence Erlbaum Associates, 1989.

[19] GIVÓN T. Syntax: a functional–typological introduction (Vol.2) [M]. Amsterdam/Philadelphia: John Benjamins, 1990.

[20] GIVÓN T. The Time–axis phenomenon [J]. Language, 1973, 49 (4): 890–925.

[21] GODDARD C. On and on: verbal explications for a polysemic network [J]. Cognitive Linguistics, 2002 (13): 277–294.

[22] GREENBERG J H. Some universals of grammar with particular reference to the order of meaningful elements [C] //GREENBERG J H (ed.). Universals of Language.2nd edition. London: MIT Press, 1963: 73–113.

[23] HAIMAN J. Iconic and economic motivation [J]. Language, 1983, 59 (4): 781–819.

[24] HAIMAN J. Iconicity in syntax [C]. Amsterdam & Philadelphia: John Benjamins, 1985b.

[25] HAIMAN J. Natural syntax: iconicity and erosion [M]. Cambridge: CUP, 1985a.

[26] HAIMAN J. The iconicity of grammar: isomorphism and motivation [J]. Language, 1980, 56 (3): 515–540.

[27] HALLIDAY M A K, HASAN R. Language, context and text: aspects of language in a social–semiotic perspective [M]. Victoria: Deakin University Press, 1985.

[28] HEINE B, CLAUDI U, HÜNNEMEYER F. Grammaticalization: a conceptual framework [M]. Chicago: University of Chicago Press, 1991.

[29] HEINE B, REH M. Grammaticalization and reanalysis in African languages [M]. Hamburg: Helmut Buske Verlag, 1984.

[30] HEINE B. Auxiliaries: cognitive forces and grammaticalization [M]. Oxford: OUP, 1993.

[31] HOPPER P J, TRAUGOTT E C. Grammaticalization [M]. Cambridge: CUP, 1993.

[32] JACKENDOFF R S. Semantics and cognition [M]. Cambridge,

MA：MIT Press，1983.
[33] JAKOBSON R. Quest for the Essence of Language [J] . Diogenes，1965，13 (51) : 21–37.
[34] JOHANNES P L，EUGENE A N. Greek–Englsih lexicon of the new testament：based on semantic domains [M] . 2nd edition. New York：United Bible Societies，1996.
[35] JOHNSON M. The body in the mind：the bodily basis of meaning，imagination，and reason [M] . Chicago：The University of Chicago Press，1987.
[36] LAKOFF G，JOHNSON M. Metaphors we live by [M] . Chicago：The University of Chicago Press，1980.
[37] LAKOFF G，JOHNSON M. Philosophy in the flesh：the embodied mind and its challenge to western thought [M] . New York：Basic Books，1999.
[38] LAKOFF G. Women，fire，and dangerous things：what categories reveal about the mind [M] . Chicago：The University of Chicago Press，1987.
[39] LANGACKER R W. Concept，image，and symbol：the cognitive basis of grammar [M] . Berlin/New York：Mouton de Gruyter，1990.
[40] LANGACKER R W. Foundations of cognitive grammar (Vol.I) : theoretical prerequisites [M] . Stanford：Stanford University Press，1987.
[41] LANGACKER R W. Foundations of cognitive grammar (Vol.II) : descriptive application [M] . Stanford：Stanford University Press，1991.
[42] LANGACKER R W. Grammar and conceptualization [M] . Berlin：

Mouton de Gruyter, 1999.

[43] LANGACKER R W. Space grammar, analysability, and the English passive [J] . Language, 1982, 58 (1) : 22–80.

[44] LANGACKER R W. Subjectification [J] . Cognitive Linguistics, 1990, 1 (1) : 5–38.

[45] LEECH G N. Semantics [M] . London: Penguin Books Ltd, 1974.

[46] LEHMANN C. Thoughts on grammaticalization: a programmatic sketc (Vol.1) [M] . Köln: Universit ät zu Köln, Institut für Sprachwissenschaft, 1982.

[47] LYONS J. Semantics (Vol.2) [M] . Cambridge: CUP, 1977.

[48] LYONS J. The origin of language, speech and languages [M] //Lyons J (ed.) . natural language and universal grammar. Cambridge: CUP, 1991: 73–95.

[49] MARTIN B, RINGHAM F. Dictionary of semiotis [M] . New York: Continuum Intl Pub Group, 2000.

[50] MILLER G, JOHNSON–LAIRD P N. Language and perception [M] . Cambridge, MA: Harvard University Press, 1976.

[51] OGDEN C K, RICHARDS I A. The meaning of meaning: a study of the influence of language upon thought and of the science of symbolism [M] . New York: Harcourt, Brace & World, 1923.

[52] ORTONY A. Metaphor and Thought [M] . Cambridge: CUP, 1993.

[53] PÜTZ M, DIRVEN R. The construal of space in language and thought [C] . Berlin/New York: Mouton de Gruyter, 1996.

[54] RAFFAELE S. Iconicity in language [C] . Amsterdam/Philadelphia: John Benjamins, 1995.

[55] RHODES R A, LAWLER J M. Athematic metaphors [C] // HENDRICK R

A, MASEK C S, MILLER M F（ed.）. Papers from the seventeenth regional meeting of the Chicago linguistic society（CLS 17）. Chicago: Chicago linguistic society, 1981: 318–342.

[56] ROBINS R H. A short history of linguistics [M]. London: Longman Limited, 1967.

[57] RUSSELL B. A history of western philosophy [M]. New York: Simon and Schuster, 1945.

[58] SLOBIN D I. The child as linguistic icon–maker [M] //HAIMAN J（ed.）. Iconicity in syntax. Amsterdam/Philadelphia: John Benjamins, 1985: 221–248.

[59] SWEETSER E E. From etymology to pragmatics: metaphorical and cultural aspects of semantic structure [M]. Cambridge: CUP, 1990.

[60] SWEETSER E E. Grammaticalization and semantic bleaching [C] //AXMAKER S（ed.）. Berkeley linguistics society. Proceedings of the fourteenth annual meeting: general session and parasession on grammaticalization. Berkeley（Calif.）: Berkeley linguistics society, 1988: 389–405.

[61] TAYLOR J R. Cognitive grammar [M]. Oxford: OUP, 2002.

[62] TAYLOR J R. Linguistic categorization: prototypes in linguistic theory [M]. Oxford: Clarendon Press, 1989.

[63] TAYLOR J R. Possessives in English: an exploration in cognitive grammar [M]. Oxford: Clarendon Press, 1996.

[64] TAYLOR J R. Some pedagogical implications of cognitive linguistics [C] // GEIGER R A, RUDZKA–OSTYN B（ed.）. Conceptualizations and mental processing in language. Berlin/New York: Mouton de Gruyter, 1993: 201–226.

[65] TRAUGOTT E C, HEINE B. Approaches to grammaticalization (Vol.II): types of grammatical markers [M]. Amsterdam: John Benjamins, 1991.

[66] ULLMANN S. Semantics: an introduction to the science of meaning [M]. Oxford: Blackwell, 1962.

[67] UNGERER F, SCHMID H-J. An introduction to cognitive linguistics [M]. New York: Addison Wesley Longman Limited, 1996.

[68] VERHAAR J W M. On iconicity and hierarchy [J]. Studies in Language, 1985, 9(1): 21–76.

[69] WAUGH L. Let's take the con out of iconicity: constraints on iconicity in the lexicon [J]. The American Journal of Semiotics, 1992, 9(1): 7–47.

[70] WIERZBICKA A. Lingua mentalis: the semantics of natural language [M]. New York: Academic Press, 1980.

[71] WIERZBICKA A. The semantics of grammar [M]. Amsterdam: John Benjamins, 1988.

[72] WILSON N L. Substances without substrata [J]. Review of Metaphysics, 1959, 12(4): 521–539.

[73] ZIPF G K. The Psychobiology of language [M]. Boston: Houghton Mifflin Company, 1935.

[74] 鲍林格. 语言要略 [M]. 方立，李谷城，等译. 北京：外语教学与研究出版社，1993.

[75] 曹先擢，苏培成. 汉字形义分析字典 [M]. 北京：北京大学出版社，1999.

[76] 陈波. 奎因哲学研究：从逻辑和语言的观点看 [M]. 北京：生活·读书·新知三联书店，1998.

[77] 陈波. 逻辑学是什么 [M]. 北京：北京大学出版社，2002.
[78] 陈望道. 修辞学发凡（第2版）[M]. 上海：上海教育出版社，1997.
[79] 戴浩一，叶蜚声. 以认知为基础的汉语功能语法刍议（下）[J]. 当代语言学，1991（1）：25—33.
[80] 翟锦程. 先秦名学研究 [M]. 天津：天津古籍出版社，2005.
[81] 杜文礼. 语言的象似性探微 [J]. 四川外语学院学报，1996（1）：60—65.
[82] 冯浩菲. 中国训诂学 [M]. 济南：山东大学出版社，1995.
[83] 冯友兰. 中国哲学简史 [M]. 涂又光，译. 北京：北京大学出版社，1996.
[84] 高名凯，石安石. 语言学概论 [M]. 北京：中华书局，1963.
[85] 高名凯. 语言论 [M]. 北京：商务印书馆，1995.
[86] 高云莉，方琰. 浅谈汉语宾语的语义类别问题 [J]. 语言教学与研究，2001（6）：62—65.
[87] 荀况. 荀子译注 [M]. 高长山，译注. 哈尔滨：黑龙江人民出版社，2003.
[88] 郭在贻. 训诂学 [M]. 长沙：湖南人民出版社，1986.
[89] 海德格尔. 诗·语言·思 [M]. 彭富春，译. 北京：文化艺术出版社，1991.
[90] 何九盈. 二十世纪的汉语训诂学 [C] // 刘坚. 二十世纪的中国语言学. 北京：北京大学出版社，1998：53—90.
[91] 何九盈. 中国古代语言学史 [M]. 广州：广州教育出版社，1995.
[92] 何九盈. 中国现代语言学史 [M]. 广州：广东教育出版社，2000.
[93] 贺川生. 音义学：研究音义关系的一门学科 [J]. 外语教学与研究，2002（1）：22—29，80.

[94] 赫尔德．论语言的起源［M］．姚小平，译．北京：商务印书馆，1999.

[95] 洪堡特．论人类语言结构的差异及其对人类精神发展的影响［M］．姚小平，译．北京：商务印书馆，1997.

[96] 洪诚．训诂学［M］．南京：江苏古籍出版社，1984.

[97] 侯敏．易象论［M］．北京：北京大学出版社，2006.

[98] 胡适．先秦名学史［M］．合肥：安徽教育出版社，1999.

[99] 胡壮麟．美国功能语言学家 Giv ó n 的研究现状［J］．国外语言学，1996（4）：1—10.

[100] 胡壮麟．系统功能语言学近况［J］．外国语，1998（1）：2—6.

[101] 黄侃．文字声韵训诂笔记［M］．黄焯，编．上海：上海古籍出版社，1983.

[102] 霍凯特．现代语言学教程［M］．索振羽，叶蜚声，译．北京：北京大学出版社，1986.

[103] 季国清．语言的本质在“遥远的目光”中澄明——语言哲学的新视野［J］．外语学刊，1998（3）：45—50.

[104] 贾彦德．汉语语义学［M］．北京：北京大学出版社，1992.

[105] 蒋绍愚．古汉语词汇纲要［M］．北京：北京大学出版社，1989.

[106] 金景芳．周易讲座［M］．吕绍纲，整理．桂林：广西师范大学出版社，2005.

[107] 李葆嘉．理论语言学：人文与科学的双重精神［M］．南京：江苏古籍出版社，2001.

[108] 李葆嘉．荀子的王者制名论与约定俗成说［J］．徐州师范学院学报（哲学社会科学版），1986（4）：87—90.

[109] 李弘．语音隐喻初探［J］．外国语文，2005（3）：70—74.

[110] 李世中．谈汉语声调对词义的象征性［N］．光明日报，1987-

04—14.
[111] 李恕豪. 中国古代语言学简史［M］. 成都：巴蜀书社，2003.
[112] 廖名春.《周易》经传十五讲［M］. 北京：北京大学出版社，2004.
[113] 列宁. 唯物主义和经验批判主义［M］// 列宁. 列宁全集（第18卷），中共中央马克思、恩格斯、列宁、斯大林著作编译局，编译. 北京：人民出版社，1988.
[114] 刘坚. 二十世纪的中国语言学［C］. 北京：北京大学出版社，1998.
[115] 刘师培. 刘申叔遗书［M］. 南京：江苏古籍出版社，1997.
[116] 刘勰. 文心雕龙［M］. 郭晋稀，注译. 长沙：岳麓书社，2004.
[117] 卢梭. 论语言的起源：兼论旋律与音乐的摹仿［M］. 洪涛，译. 上海：上海人民出版社，2003.
[118] 陆国强. 现代英语词汇学［M］. 上海：上海外语教育出版社，1983.
[119] 陆宗达，王宁. 训诂与训诂学［M］. 太原：山西教育出版社，1994.
[120] 马秉义. 果赢转语与R词组比较［C］// 杨自俭. 英汉语比较与翻译（4）. 上海：上海外语教育出版社，2002：123—130.
[121] 马克思，恩格斯. 德意志意识形态［M］// 中共中央马克思、恩格斯、列宁、斯大林著作编译局，译. 马克思恩格斯全集（第3卷）. 北京：人民出版社，1960.
[122] 马克思，恩格斯. 马克思恩格斯全集（第22卷）［M］. 中共中央马克思、恩格斯、列宁、斯大林著作编译局，译. 北京：人民出版社，1965.
[123] 马克思. 1844年经济学哲学手稿［M］// 中共中央马克思、恩格斯、

列宁、斯大林著作编译局，译．马克思恩格斯全集（第 42 卷）．北京：人民出版社，1979.
[124] 孟琮，郑怀德，孟庆海，等．动词用法词典［M］．上海：上海辞书出版社，1987.
[125] 濮之珍．中国历代语言学家［M］．上海：上海文化出版社，2004.
[126] 濮之珍．中国语言学史［M］．上海：上海古籍出版社，2002.
[127] 钱锺书．管锥编［M］．北京：中华书局，1979.
[128] 萨丕尔．语言论：言语研究导论［M］．陆卓元，译．北京：商务印书馆，1985.
[129] 申小龙．中国语言学：反思与前瞻［M］．郑州：河南人民出版社，1993.
[130] 沈家煊．句法的象似性问题［J］．外语教学与研究，1993（1）：2—8，80.
[131] 束定芳．隐喻学研究［M］．上海：上海外语教育出版社，2000.
[132] 苏新春．当代中国词汇学［M］．广州：广东教育出版社，1995.
[133] 苏新春．汉语词义学［M］．广州：广东教育出版社，1997.
[134] 孙雍长．训诂原理［M］．北京：语文出版社，1997.
[135] 索绪尔．普通语言学教程［M］．高名凯，译．北京：商务印书馆，1980.
[136] 索振羽．索绪尔及其《普通语言学教程》［J］．外语教学与研究，1994（2）：51—56.
[137] 唐淑云．治国名儒：荀子［M］．北京：中国华侨出版社，1996.
[138] 汪榕培，李冬．实用英语词汇学［M］．沈阳：辽宁人民出版社，1983.
[139] 王宏印．白话解读公孙龙子［M］．西安：三秦出版社，1997.

[140] 王铭玉. 语言符号学[M]. 北京：高等教育出版社，2004.

[141] 王宁. 训诂学原理[M]. 北京：中国国际广播出版社，1996.

[142] 王树人. “象思维”与原创性论纲[J]. 哲学研究，2005（3）：32—36.

[143] 王寅，李弘. 体验哲学和认知语言学对句法成因的解释[J]. 外语学刊，2003（1）：20—25，112.

[144] 王寅. 简明语义学辞典[M]. 济南：山东人民出版社，1993.

[145] 王寅. 解读语言形成的认知过程——七论语言的体验性：详解基于体验的认知过程[J]. 四川外语学院学报，2006（6）：53—59.

[146] 王寅. 论语言的体验性：基于体验哲学和认知语言学提出的语言新性质[J]. 中国外语，2006（5）：22—27.

[147] 王寅. 论语言符号象似性——对索绪尔任意说的挑战与补充[M]. 北京：新华出版社，1999.

[148] 王寅. 认知语言学的哲学基础：体验哲学[J]. 外语教学与研究，2002b（2）：82—89，160.

[149] 王寅. 认知语言学与两代认知科学[J]. 外语学刊，2002a（1）：9—14，112.

[150] 王寅. 认知语言学之我见[J]. 解放军外国语学院学报，2004a（5）：1—5.

[151] 王寅. 荀子论语言的体验认知辩证观——语言哲学再思考：语言的体验性之五[J]. 外语学刊，2006（5）：1—7，112.

[152] 王寅. 隐喻认知理论的新发展——语言体验性论文之六：从神经学角度论证隐喻和语言的体验性[J]. 解放军外国语学院学报，2006（5）：1—5，37.

[153] 王寅. 英汉语言区别特征研究[M]. 北京：新华出版社，1996.

[154] 王寅．语言的体验性——从体验哲学和认知语言学看语言体验观［J］．外语教学与研究，2005a（1）：37—43.
[155] 王寅．语言学中“意义”的定义综述［J］．山东外语教学，1992（Z1）：101—104，70.
[156] 王寅．语义理论与语言教学［M］．上海：上海外语教育出版社，2001.
[157] 王寅．再论语言的体验性——认知语言学的语言体验观［J］．山东外语教学，2005b（2）：3—8.
[158] 王寅．中西学者对体验哲学的论述对比初探［J］．外语与外语教学，2004b（10）：35—40.
[159] 王寅．中西语义理论的对比与翻译理论的建设［J］．中国翻译，2000（3）：8—11.
[160] 维特根斯坦．名理论（逻辑哲学论）［M］．张申府，译．北京：北京大学出版社，1988.
[161] 维特根斯坦．哲学研究［M］．李步楼，译．北京：商务印书馆，1996.
[162] 温公颐．先秦逻辑史［M］．上海：上海人民出版社，1983.
[163] 伍铁平．语言学是一门领先的科学——论语言与语言学的重要性［M］．北京：北京语言学院出版社，1994.
[164] 萧兵，叶舒宪．老子的文化解读［M］．武汉：湖北人民出版社，1994.
[165] 邢公畹．语言论集［M］．北京：商务印书馆，1983.
[166] 徐通锵，陈保亚．二十世纪的中国历史语言学［C］// 刘坚．二十世纪的中国语言学．北京：北京大学出版社，1998：225—294.
[167] 徐通锵．说“字”——附论语言基本结构单位的鉴别标准、基本

特征和它与语言理论建设的关系［J］．语文研究，1998（3）：2—13.
［168］徐友渔，周国平，陈嘉映，等．语言与哲学——当代英美与德法哲学传统比较研究［M］．北京：生活·读书·新知三联书店，1996.
［169］许国璋．许国璋论语言［M］．北京：外语教学与研究出版社，1991.
［170］许国璋．语言符号的任意性问题——语言哲学探索之一［J］．外语教学与研究，1988（3）：2—10，79.
［171］许威汉．训诂学导论［M］．上海：上海教育出版社，1987.
［172］薛贻康，张大同，马新，等．中国智慧精典［M］．济南：山东大学出版社，1993.
［173］荀况．荀子选译［M］．雪克，王云璐，译注．成都：巴蜀书社，1991.
［174］荀况．荀子［M］．杨倞，注．上海：上海古籍出版社，1989.
［175］荀况．荀子［M］．潘嘉卓，聂翀，译注．广州：广州出版社，2001.
［176］亚里士多德．范畴篇　解释篇［M］．方书春，译．北京：商务印书馆，1959.
［177］严辰松．语言临摹性概说［J］．国外语言学，1997（3）：21—25.
［178］杨俊光．惠施公孙龙评传［M］．南京：南京大学出版社，1992.
［179］杨宪邦．中国哲学通史（第一卷）［M］．北京：中国人民大学出版社，1987.
［180］杨自俭．为《论语言符号象似性》作序［M］//王寅．论语言符号象似性——对索绪尔任意说的挑战与补充［M］．北京：新华出

版社，1999.
［181］杨自俭. 语篇和语境——《衔接与连贯理论的发展及应用》序［J］. 解放军外国语学院学报，2003（2）：1—5，10.
［182］叶舒宪. 诗经的文化阐释［M］. 武汉：湖北人民出版社，1994.
［183］殷昆，珍泉. 易经的智慧［M］. 兰州：甘肃文化出版社，2004.
［184］张洪明，颜洽茂，邓风平. 汉语“河”词源考［J］. 浙江大学学报（人文社会科学版），2004（1）：64—71.
［185］张明冈. 比喻常识［M］. 北京：北京出版社，1985.
［186］张世禄. 张世禄语言学论文集［M］. 上海：上海教育出版社，1988.
［187］荀况. 荀子全译［M］. 邬恩波，吴文亮，译注. 海口：三环出版社，1991.
［188］张韵斐，周锡卿. 现代英语词汇学概论［M］. 北京：北京师范大学出版社，1986.
［189］章太炎. 国故论衡·语言缘起说［M］. 陈平原，编校 // 刘梦溪. 中国现代学术经典. 章太炎卷. 石家庄：河北教育出版社，1996.
［190］赵彦春. 关联理论对翻译的解释力［J］. 现代外语，1999（3）：276—295.
［191］赵振铎. 训诂学纲要（修订本）［M］. 成都：巴蜀书社，2003.
［192］赵振铎. 中国语言学史［M］. 石家庄：河北出版社，2000.
［193］中国大百科全书总编辑委员会《哲学》编辑委员会. 中国大百科全书·哲学 II［M］. 北京：中国大百科全书出版社，1998.
［194］周策纵. 古巫医与“六诗”考——中国浪漫文学探源［M］. 上海：上海古籍出版社，2009.

附录一

书中主要外国人名汉译对照表及中国主要学者、著作

由于书中外国人名较多，在叙述时以外国原名为主。首次出现时，原名在前，括号中标出汉译；以后再出现时一般用外文原名，不再标出汉译名。

著名人物的名字有固定汉译，首次出现时一般也是先用原名，在括号中标出汉译；以后再出现，仅用汉名，如亚里士多德、柏拉图、索绪尔、罗素、维特根斯坦、乔姆斯基等。

为方便读者，本附录列出本书主体部分所述及的主要外国人名汉译对照表，以及主要学者的索引，以作查询之用。

英语人名	汉　译	书中页码
Allen	阿仁	3
Anderson	安德森	176
Aristotle	亚里士多德	16，64，69，87，92，104，124，242
Augustinus	奥古斯丁	16，92，188，189，259
Austin	奥斯汀	27，33
Ayer	艾耶尔	4，25

（续表）

（续表）

英语人名	汉　译	书中页码
Halliday	韩礼德	序 1，29，165，242
Hasan	哈桑	165
Heidegger	海德格尔	前言 4，前言 5，69，259
Heine	海涅	229，230
Herder	赫尔德	63，163，164，189，190
Hjelmslev	叶尔姆斯列夫	20
Hockett	霍凯特	94
Householder	哈乌斯霍德	186
Humboldt	洪堡特	93，95，98
Hopper	郝泊	229，230
Hünnemeyer	胡那梅额	229
Jackendoff	杰肯道夫	169，170，176
Jakobson	雅可布逊	96，191
James	詹姆斯	27
Jespersen	叶斯伯森	189，190，192
Jesus	耶稣	263，265
Johnson	约翰逊	序 19，47，67，70，96，152，166，169，171，213，214，223，230，243，257，261
Johnson-Laird	约翰逊－莱尔德	168，176
Katz	卡茨	4，99
Kennedy	肯尼迪	242
Kirsner	柯斯纳	102
Kittay	柯台	242
Korzybski	柯日布斯基	4
Kripke	克里普克	4
Lakoff	雷科夫	序 17，序 19，47，67，70，96，97，152，166，169，170，175，177，181，213，214，223，230，243，257，261
Langacker	蓝纳格	序 3，序 17，47，70，97，101，169，171—175，181，224，229
Lawler	劳勒	97
Leech	利奇	2，3
Leibniz	莱布尼茨	92，189，219
Lehmann	雷曼	229
Levinson	莱文森	97，242
Louw	娄乌	99
Lyons	莱昂斯	97，169，176，191
Malinowski	马林诺夫斯基	165
Martin	马丁	82
Marx	马克思	164，167，175
Matthew	马修	242

（续表）

英语人名	汉　译	书中页码
Meillet	梅莱	228
Mersenne	梅尔塞纳	189
Mill	密尔	16
Miller	米勒	168，176
Moore	摩尔	27
Morgan	摩根	242
Nänny	南尼	103
Nida	奈达	99
Ogden	奥格登	19，22，24，86，98
Peirce	皮尔士	27，95
Piaget	皮亚杰	37，168
Plato	柏拉图	16，87，92，103，104，188，219，260
Postal	波斯特尔	4，99
Protagoras	普罗泰戈拉	63，64，168
Pütz	布莰	63，169，176
Quine	奎因	29，146
Quintillian	昆提良	242
Reh	雷赫	229
Rhodes	罗德	97
Richards	理查斯	19，22，24，86，98，242
Ringham	林厄姆	82
Robins	罗宾斯	序 5，87，189，190
Rousseau	卢梭	63，92
Russell	罗素	4，16，64
Ryle	赖尔	5
Saussure	索绪尔	序 6，序 9，序 17，前言 6，目录 3，19，20，41，76，80—84，88—91，93—96，104，131，138，140，145，160，185
Sapir	萨丕尔	94
Schlegel	施莱格尔	228
Schlick	石里克	4
Schmid	施密德	228，230
Searle	塞尔	33
Simone	塞曼	95，96，103
Slobin	斯拉宾	92，96，101
Socrates	苏格拉底	87，104，265
Strawson	斯特劳森	29
Sweetser	斯威策	230
Tarski	塔尔斯基	4
Taylor	泰勒	序 17，前言 6，47，94，97，163，168，171，230

（续表）

英语人名	汉 译	书中页码
Traugott	特洛格特	176，229
Tucker	塔克	190
Turner	特纳	73，74，181
Ullman	乌尔曼	3，96
Ungerer	吴格勒	228，230
Vendryes	万戴斯	98
Verhaar	乌哈尔	96
Verspoor	维尔斯泊	230
Vico	维科	92
Voronin	沃蓉宁	195，219
Wierzbicka	维尔茨比西卡	96，103
Wilson	威尔逊	146
Wisdom	威斯顿	27
Wittgenstein	维特根斯坦	4，16，27，29—30，109，189
Zipf	哲普夫	101
	班固	197
	蔡卞	202
	曹先擢	223，225，227
	陈保亚	215
	陈波	120，123
	陈骙	252
	程瑶田	目录 2，36，44—45，163，178，193，206—208
	陈望道	144，255
	程颐	23，34，43
	戴浩一	129，163，179
	戴侗	197，232—233，253—254
	邓析	107，120
	董仲舒	107，127，129，249
	杜文礼	131
	段玉裁	目录 2，36，44—45，178，206—209，235，254
	方松华	273
	方以智	197
	冯浩菲	11，13
	伏羲	49，59，63，75
	高长山	142
	高名凯	164，185，188
	公孙龙	目录 2，17，36，40，48，79，88，107，112—114，120—125，128，161，163，178，269
	郭晋稀	42
	郭沫若	49，59
	郭璞	31

（续表）

英语人名	汉　译	书中页码
	郭在贻	8，32
	韩非子	目录 2，25—26，36，42，51，105—107，113—114，126，128
	贺川生	195
	何九盈	8，12，78—79，81，86，231，245，269，271
	洪诚	9
	胡适	49，53，62，72，77，139，143—144
	胡壮麟	序 7，序 16，序 22，130，243
	黄承吉	207，211，215
	黄侃	9，10，178
	黄生	197
	黄震	232
	黄宗羲	35
	惠施	79，88，107，112，120，122—123，161，246—247，260
	季国清	131
	贾昌朝	212
	贾彦德	11，276
	江番	207
	蒋绍愚	12
	皎然	251—252
	金景芳	54，58
	孔颖达	23，28，31，34，62，202，232，234
	孔子	目录 4，34，49，53，61，63，72，88，106—107，110—111，114，116—117，122，157，159，161，244，246，249，255，259—260，267—268
	老子	目录 4，20，28，39，69，70—71，88，106，114—115，157—159，266—267
	李葆嘉	前言 6，147，193，206
	李弘	序 13，序 23，184，262
	黎锦熙	255
	李世中	213
	李恕豪	29，39
	梁启超	49，203—204
	廖名春	60，72
	列宁	165
	刘安	248—249，251，260，348
	刘昌诗	236
	刘坚	13
	刘鉴	213
	柳敬亭	35

（续表）

英语人名	汉　译	书中页码
	刘淇	234
	柳宗元	232—233
	刘师培	49，207，210—211
	刘熙	24，86，128，197，201，210，217
	刘勰	目录 2，36，42—43，48，64，67，163，178，232，250—251，253
	陆德明	212
	陆国强	129
	卢以纬	232—233
	陆宗达	7，9，11，133，163，178—179，186，215，217—218，235，253，270
	吕佩芬	254
	吕维祺	213
	马秉义	194，208
	毛亨	231
	毛居正	213
	孟子	32—33，61，106—107
	墨子	目录 2，17，20—23，36—38，80—81，85—86，88，106—107，111—112，114，117—119，246—247
	女娲	49
	欧阳建	28
	欧阳修	236
	潘嘉卓	142，148
	濮之珍	79，155
	钱钟书	193，255
	阮元	207，210
	沈家煊	130
	沈兼士	207，211
	沈括	203
	神农氏 = 炎帝 = 连山氏	49
	申小龙	9，269
	苏培成	223，225，227
	苏新春	9，31，207，215—216，227
	孙诒让	235
	孙雍长	13，23—24，32，45，61，78，81，216
	索振羽	186
	唐淑云	148
	唐钺	255
	王弼	29，54

（续表）

英语人名	汉　译	书中页码
	王符	248
	王夫之	目录 2，36，43，48，178
	王铭玉	131，189，192
	王念孙	目录 2，23，36，43—45，86，178，193，206，209
	王引之	206，234
	王宁	7，9，11，133，163，178—179，186，197，210，215，217—218，231，235，253，270
	汪榕培	129
	王树人	69，70—71
	王晓升	189
	王寅	序 1—4，序 6—9，序 11—12，前言 1，前言 4，13，47，66，136，152，161，165—166，184，214，242，244，256，264
	王子韶	197，203，215
	温公颐	113
	萧兵	269
	邢公畹	78
	徐复	32
	许国璋	129，140，184，194，197，214，218
	许慎	122，127，163，197，231
	徐锴	235
	徐通锵	186，215
	徐友渔	189
	徐元大	254
	许威汉	11
	轩辕氏 = 黄帝 = 归藏氏	49
	薛贻康	65
	荀子	前言 2—3，目录 2—4，29—31，36，40—42，75，86，88，106—107，125—126，137—157，159—161，163，178，246—247，268
	严辰松	131
	杨倞	80，141，148
	杨俊光	112
	杨树达	32，207，211，216
	杨宪邦	78，120，123，141，154
	杨朱	110，114
	杨自俭	前言 6，271
	姚小平	164
	叶蜚声	180

（续表）

英语人名	汉 译	书中页码
	叶舒宪	194，260，269
	殷昆	49，59—60
	尹文子	25，86，107，111，114，120—123，125，128
	袁仁林	234
	袁之让	213
	俞樾	207
	岳珂	213
	翟锦程	38，40，77，104，106，119，122，125，141
	张明冈	256—257
	张申府	109
	张世禄	12
	章太炎	10，139—140，163，178，207，210，235，255，270
	张世南	236
	张以文	142，148
	张韵裴	129
	赵彦春	186
	赵振铎	7，77—78，134，213，215，217，222，232，234，237
	郑玄	77，197，232，235，249，253
	郑众	248
	周策纵	245，258
	周公	49，63
	周文王	49，63
	朱骏声	207，210，235，254
	朱熹	31，252—253
	庄子	前言 5，目录 2，20—21，27—29，36，39，88，106，108，110，114—115，178，204，259，261，266—267

附录二

本书主要术语（含英文汉译对照表）

英 文	汉 译
Action	行为
Action Chain	动作链
Agent（简称 AG）	施事者
Anathema	遭人诅咒的词
Anthropocentricism Anthropocentrism	人类中心论
Arbitrariness	任意性，任意说
Autonomous	自治的
Axiom	公理
Base	基体
Being	事体
Billiard-ball Model	弹子球模型
Blend，Blending	整合，融合
Canon of Sigularity	单一原则
Cinderella	灰姑娘
Code	符码
Coded	符码内容
Cognition	认知
Cognitive Grammar	认知语法
Cognitive Model（简称 CM）	认知模型
Cognitive Science	认知科学
Concatenation	连锁
Concept	概念
Conceptual Integration	概念整合

（续表）

英 文	汉 译
Conduit Metaphor	导管隐喻
Construe，Construal	识解
Content	内容
Convention	约定俗成
Conventionalist	习惯派
Denotational Theory	外延论
Diagrammatic Icons	拟象符
Diagrammatic Iconicity	拟象像似性
Displacement	超时空性
Distortion	扭曲素
Double-scope Blending	双域整合
Ego	自我
Egocentricity	自我中心论
Embodied Philosophy，Philosophy in the Flesh	体验哲学
Embodiment	体验、体验性
Energy Head	能量源
Erosion	腐蚀剂
Event–domain Cognitive Model（简称 ECM）	事件域认知模型
Family Resemblance	家族相似性
Figure	图形
Focus	焦点
Form	形式
Form Miming Meaning	形式模仿意义
Gestural Complex	姿态复合体
Grammaticalization	语法化
Grammatical Construction	语法构造
Ground	背景
Icon	像似符
Iconicity	像似说
Iconicity in Language	语言中的像似性
Idea	观念
Idealized Cognitive Model（简称 ICM）	理想化认知模型
Image	意象
Image Schema	意象图式
Imagic Icon	映像符
Innate	天赋的

（续表）

英　文	汉　译
Interaction	互动
Katz-Postal Hypothesis	卡茨 – 波斯特尔假设
Landmark	界标
Logical Positivism	逻辑实证主义
Maximal Field	最大区域
Meaning	意义
Meaning Chain	语义链
Meaning-in-use	意义用法论
Metaphor	隐喻
Morphological Form	词汇形式
Motivation	理据说
Mover	移动者
Natural Syntax	自然句法
Naturalist	自然派
Non-Expression	零位表达
Ockham's Razor	奥卡姆剃刀
Off line Cognition	下线认知
Online Cognition	在线认知
One Meaning，One Form	一形一义
Onomatopoeia	象声词
Onstage Region	舞台表演区
Patient（简称 PAT）	受事者
Perspective	视角
Phonetic Metaphor	语音隐喻
Phonosemantics	音义学
Physei	本质论
Principle of Actuality	现实原则
Principle of Charity	信念沟通原则
Principle of Economy	经济原则
Principle of Iconicity	像似性原则
Principle of Optimality	最佳原则
Principle of Verification	证实原则
Principle of Univocability	单义原则
Profile	侧显
Prototype Category Theory	原型范畴理论
Radial Category	辐射性范畴
Radiation	辐射
Reference	所指
Referent	所指物
Schema	图式

（续表）

英 文	汉 译
Scope	范围
Sémantique，Semantics	语义学
Semantic Triangle	语义三角
Sense	系统意义
Setting	场景
Shared Features	共同特征
Sign	符号
Signans（Signantia）	能指
Signatum（Signata）	所指
Signifiant	能指
Signifie	所指
Signified	所指
Signifier	能指
Simile	明喻
Sound	声音
Sound Image	音响形象
Sound Pattern	音响形象
Sound Symbolism	语音象征
Space Grammar	空间语法
Stage Model	舞台模型
Substance	实体
Symbol	符号
Syntactic Iconicity	句法像似性
Theory of Bow-wow	拟声说、咆哮说、汪汪说
Theory of Ding-dong	声象说、叮咚说
Theory of Pooh-pooh	感叹说、啵啵说、呸呸说
Theory of Yo-he-ho	喘息说、吆嘿嗬说
Thesei	约定论
Thought	思想
Trajector	射体
Triangle of Signification	语义三角
Truism	公理
Utterance	话语
Viewer	观察者
	八卦
	比类取象
	避世
	标记像似性
	参验

（续表）

英　文	汉　译
	词汇学
	大别名
	大共名
	大象无形
	道
	地瓜
	定名说
	范畴
	概念
	概念论
	感知体验
	个体（殊相）
	共相
	孤立语
	观念论
	果蠃
	核名说
	话题像似性
	校勘学
	解释学
	举
	举名说
	空穷
	距离像似性
	句式像似性
	历史词汇学
	历史语义学
	历物说
	立象
	立意
	名
	名家，名学
	名实相符、名实相副
	名实之辩、名实之争
	名闻实喻
	名与实
	名正言顺
	普遍性
	妻子

（续表）

英 文	汉 译
	取实予名
	筌蹄鱼兔
	认知
	三才
	善名
	善取类
	身物说
	声训
	声训法
	实词虚化
	时间顺序原则
	释名说
	书画同源
	数量像似性
	双名说
	顺序像似性
	太极
	天官
	天君
	天人合一
	同名异实，同名异物
	同实异名，同物异名
	突显原则
	谓
	谓名说
	唯名论
	唯实论
	文势
	文字学
	无名、无名说
	五路
	五刑
	悟性
	狭义认知语言学
	象，象理论，象思维
	像似性
	小学
	心生言立
	信息中心原则

（续表）

英　文	汉　译
	行为论
	修辞学
	虚词
	训诂
	训诂学
	循名责实
	言意之辨
	以名拟实，以名命实
	以实举名，以实检名
	以象喻义
	义理
	意念
	义势
	义训
	意义
	引譬连类
	音近义通，声近义同
	因声求义
	音韵学
	有名
	右文说
	右音说
	语法学
	语境论
	语言
	语言符号
	语源学
	约定俗成
	真名说
	正名说
	正名兼制名说
	证实论
	整体—部分关系
	指
	指称论
	治世
	治物
	字典编纂学

附录三

中国古代语言学简史表

时期	阶段	成果		代表人物、重要作品或主要思想
萌芽时期	先秦 –6C 至 –3C	1. 名学：诸子论名实，语言与社会政治、思想意识、逻辑思维的关系 2. 名物训诂、文字研究 3.《尔雅》	道家	老子（约 –571 至 –471）：无名；名生于道；避世
				庄子（约 –369 至 –286）：无名；道不当名，物谓之而然（达意 / 遮蔽）
			儒家	孔子（–551 至 –479）：正名；名正言顺；治世
				孟子（–372 至 –289）：修补正名
				荀子（–325 至 –238）：正名兼制名；制名以指实
			墨家	墨子（–468 至 –376）：举名；以名举实、名当拟实；治世
			名家	邓析（–545 至 –501）：双名；两可之说；治物
				尹文子（约 –360 至 –270）：定名；形名相应，定名分
				惠施（–390 至 –317）：历物
				公孙龙（–320 至 –250）：谓名；唯乎其彼此
			法家	韩非子（–280 至 –233）：核名；综核名实；治世

（续表）

时期	阶段	成果		代表人物、重要作品或主要思想
确立时期	两汉 –3C 至 3C	三大名著（辞书） 文字 词汇 词源学	今文学派	毛亨：《毛诗诂训传》
				董仲舒（–179 至 –104）：真名说、声训　（汉代隶书）
			古文学派	刘歆（–53 至 23）、贾逵（30 至 101）、班固（32 至 92）　（秦前鲁国文字）
				马融（79 至 166，班固的弟子）、郑玄（127 至 200，马融的弟子）
				西汉末年 佛教传入中国（语音）
				扬雄（–53 至 18）：《方言》（方言学奠基之作）
				许慎（约 58 至约 147）：《说文解字》（文字学、词汇学）
				刘熙（196 至 219）：《释名》（第一部词源学）
发展时期（1）	魏晋南北朝 3C 至 6 C	1. 音韵学（第一次高峰）：反切、四声 2. 发展辞书，词义研究 3. 文学批评、修辞学		李登（魏国 3C）：《声类》我国最早的韵书　（音韵研究）
				吕静（晋朝）：《韵集》
				周颙（？至 485）、沈约（441 至 513）：四声
				张楫（220 至 265）：《广雅》
				吕忱（吕静之兄）：《字林》
				顾野王（519 至 581）：《玉篇》
				陆德明（约 550 至 630）：《经典释文》
				刘勰（约 465 至约 532）：《文心雕龙》
发展时期（2）	隋唐宋 6 C 至 13C	1. 语音研究 《切韵》系统		陆法言（隋）：《切韵》
				丁度（宋）：《集韵》53525 字
				陈彭年（961 至 1017）：《广韵》
				韩道昭（南宋）：《五音集韵》
				唐代和尚：字母之学
				等韵学（现代语音学、音位学）：周德清
			字母 等韵学 古音学	吴棫（约 1100 至 1154）、项世安、程迥、郑庠等研究古音学
		2. 文字学		颜元孙（颜之推之后）《干禄字书》，张参（《五经文字》776）等正字形之学
				徐铉（917 至 992）　徐锴（920 至 974）
				王圣美：右文说
				王安石（1021 至 1086）：《字说》（右文、声训、形训、义训）

（续表）

时期	阶段	成果		代表人物、重要作品或主要思想
范围扩大时期	元明 13C 至 17C	1. 音韵学（第二次高峰） 元明等韵学、明代古音学 2. 文字学 3. 辞书 4. 语法		周德清（1277 至 1365）：《中原音韵》
				刘鉴（元）：《经史正音切韵指南》（1336）
				桑绍良、徐孝、方以智（《切韵原声》）、金尼阁、利玛窦等 10 种明代作品
				杨慎（1488 至 1559）：《转注古音学》
				焦竑（1540 至 1620）：《笔乘》
				陈第（1541 至 1617）：《毛诗古音考》
				戴侗（1225 或 1226 至 1310 或 1311，1313）：《六书故》（1320）
				周伯琦：《六书正讹》（1351）
				李文仲：《字鉴》
				赵宧光：《说文长笺》
				梅膺祚：《字汇》（1615）
				张自烈：《正字通》（1642）
				方以智（1611 至 1671）：《通雅》（1663）
				朱谋㙔：《骈雅》（1587）
				卢以纬（元）：《语助》（1324）第一部关于虚词的著作
全面发展时期	清代 17C 至 19C	古音古义成就突出 古代语言学大总结 1. 古音学 2. 今音学 3. 等韵学		顾炎武（1613 至 1682）：《音学五书》研究古音的奠基之作
				毛奇龄（1623 至 1716）：《古今通韵》
				江永（1681 至 1762）：《古韵标准》 两弟子：戴震、程瑶田
				戴震（1724 至 1777）：《答段若膺论韵书》两弟子：段玉裁、王念孙
				段玉裁（1735 至 1815）：《六书音韵表》
				江有诰（1773 至 1851）：《诗经韵读》等
				钱大昕（1728 至 1804）：研究古声
				江永、戴震 （今音学：研究《切韵》系统）
				陈澧（1810 至 1882）：《切韵考》
				马自援《等音》、林本裕《声位》、潘耒《类音》
				江永《音学辨微》、李汝珍（1763 至 1830）《音鉴》、庞大堃《等韵辑略》
				戴震（1724 至 1777）：《转语二十章序》
				程瑶田（1725 至 1814）：《果蠃转语记》
				王念孙（1744 至 1832）：《释大》
				黄承吉：《字义起于右旁之声说》

（续表）

时期	阶段	成果		代表人物、重要作品或主要思想
全面发展时期	清代 17C 至 19C	4. 词源学		黄生（1662 至？）：《字诂》＋段玉裁
				郝懿行（1755 至 1823）：《尔雅义疏》
				王念孙（1744 至 1832）：《广雅疏正》
				王引之（1766 至 1834）：《经义述闻》
				俞樾（1821 至 1907）：《群经平议》《诸子平议》
		5. 训诂学语义学		倡导者：惠栋、戴震、钱大昕、朱筠
				四大家：段玉裁，桂馥（1736 至 1805）《义证》，王筠（1784 至 1854）《说文释例》，朱骏声（1788 至 1858）《说文通训定声》
		6. 文字学（《说文》之学）		金文 / 甲骨文：吴大澂（1835 至 1902）《说文古籀补》，孙诒让（1848 至 1908）《古籀拾遗》等
				袁仁林《虚字说》（1710），刘淇《助字辨略》（1711）
				王引之（1766 至 1834）：《经传释词》
		7. 语法		俞樾（1821 至 1907）：《古书疑义举例》 弟子：章太炎《章氏丛书》
				马建忠（1845 至 1900）：《马氏文通》

注：

1. 本表基本以年代和学派为主线排序和归类，尽量两者兼顾。

2. 有些学者的生卒年不详，表中未标。还有些学者的生卒年在不同论著中有不同的标注，本处尽量将其收集起来，供学者研究参考。

墨　子：–490 或 –480 或 –479 或 –475 或 –468 或 –463 至 –420 或 –403 或 –390 或 –385 或 –381 或 –376；

孟　子：–390 或 –389 或 –372 至 –306 或 –305 或 –289；

惠　施：约 –383 或 –370 至 –309 或 –310；

公孙龙：–325 或 –284 至 –259 或 –250；

荀　子：–335 或 –325 或 –313 或 –307 或 –298 至 –238；

戴　侗：1225或1226至1310或1311或1313。

3. 本附录所用符号的含义：

– 表示“公元前”；

C表示“世纪”。

附录四

西方语言学简史表

学派	时　间	代表人物或学派	主要贡献
语文学	–6C 至 –5C	（印度）波尼尼	《梵语语法》（八章书）
	–5C 至 –3C 古希腊语法	苏格拉底、柏拉图	对话集，区分名词 / 动词、元音 / 辅音，自然派
		亚里士多德	修辞学、诗学、形式逻辑，惯例派
		芝诺（–315）创斯多葛派	形义二分（能指和所指）、词类划分，自然派
		斯拉克斯（–100）	《语法科学》（总结亚历山大派的语法研究）
	–2C 至 6C 古罗马语法	瓦罗（–116 至 –27）	《论拉丁语》：词源学、形态学、句法学
		普里西安（6C）	《语法惯例》：语音学、形态学
	5C 至 15C 中世纪语法	（英）比德、阿尔昆等	拉丁语法
		冰岛语法的佚名作者	《首篇语法专论》（已用音位概念）
		摩迪斯泰学派（13C 至 14C）	思辨语法（基于亚氏哲学），惯例观兼自然
	文艺复兴至 18C		除古希腊和拉丁语法外，研究其他语言
		(法)拉梅	著希腊 / 拉丁 / 法语语法（现代结构主义的先驱）
		（英）威尔金斯、哈利斯、托柯、伯尼特	哲学语言（普遍语法）
		（法）波尔 – 罗瓦雅尔	普遍唯理语法(基于笛卡儿哲学)
		（法）赫尔德、卢梭	语言的起源

（续表）

学派	时　间	代表人物或学派	主要贡献
历史比较L	18C末至19C 新语法学派	（英）琼斯	发现梵语与欧洲语法的关系（1786）
		（丹）拉斯克	历史L创始人之一
		（德）格里姆、（丹）维尔纳	格里姆定律(1822)，维尔纳定律（1875）
		（德）施莱格尔兄弟	研究梵语，比较其与欧洲语言
		（德）施莱歇尔	语言谱系树型图(十大语系)
		（德）洪堡特	普通L奠基人，《人类语言结构的差异》语言类型学：屈折、孤立、黏着
		（德）奥斯特霍夫、布鲁格曼、莱斯琴	通过词义和形式的比较溯源，语音规律无例外，方言、借词
布拉格	1920/30s至50s	马泰休斯、特鲁别茨柯依、雅各布森	系统观、结构—功能观；音位学；二项对立；功能句法观；区别性特征
哥本哈根		叶尔姆斯列夫	语符学：发展索氏符号系统理论
美国结构主义		博厄斯、萨丕尔、沃尔夫、布龙菲尔德	创建美国结构主义、分布理论、语言决定论：行为主义、语音学、音位学、词形学
后布		霍凯特、派克、兰姆	分别提出：新实证主义、法位学、层次语法
（系统）功能L	1950s至今	马林诺夫斯基、弗斯、韩礼德、马内丁	吸收索绪尔、布拉格学派、沃尔夫等观点，语境观、系统观、功能观
TG	1950s至今	乔姆斯基	笛＋形；天赋、自治、模块、普遍、形式LAD、语言能力和语言运用
认知L	1970s至今	雷可夫、约翰逊、蓝纳格、泰勒、德文等	体验哲学、批TG、认知语义学、认知语法学、隐喻、语法化、像似性等

注：本附录中所用符号的含义：

– 表示“公元前”；

C 表示“世纪”；

L 表示“语言学”；

s 表示“年代”。

附录五

对比研究需要前沿理论，理论创新促进对比研究

——认知对比语言学初探

一、从哲学发展简史看当今理论前沿：体验人本观

西方哲学主要以“形而上学”为主线，旨在建立人类知识大厦的基础，探究宇宙万物大系统背后具有普遍性、必然性、超验性的绝对真理，以形成一个统一的科学体系，这就是亚里士多德所说的“第一哲学”。实现这一目标的路径主要有二：基于感性的经验论和基于理性的唯理论。图 1 第一个方框为长达 2000 多年的客观主义形而上哲学简纲，包括三个转向：毕因论、认识论、语言论。按照 Lakoff 和 Johnson（1980，1999）的观点，它们都属于“客观主义哲学”，因为都坚持“寻求本质”的立场，认为世界中存在一个客观的、绝对的真理，待哲学家找到后，便可用以解释人世间的一切现象。

语言论又可分“理想语言学派（即语义学）”和“日常语言学派（语用学）”

两大流派，由于后者已关注符号的使用人和语境，逐步摆脱了客观主义哲学论的束缚，开始转向人文主义，因此图 1 中将“语用学”置于括号中。

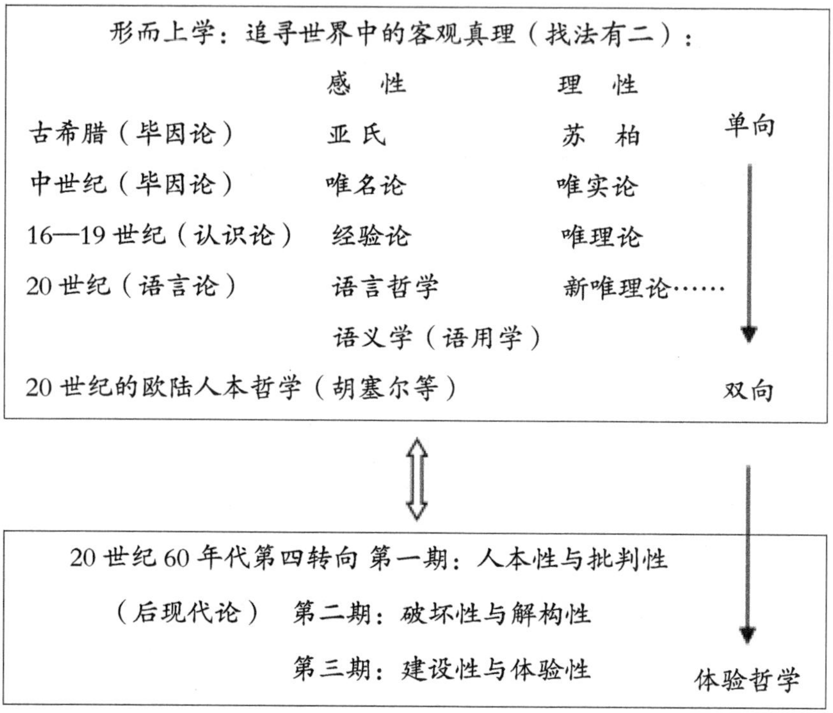

图 1　西方哲学简史

图 1 中第二个方框即为“哲学的第四转向（后现代论）（王寅，2012a），针锋相对地提出了“非客观主义哲学”，否定客观世界存在绝对真理，哲学不是自然之镜。胡塞尔虽已提出了很多人本思想，但仍坚持形而上学立场，因此将其划归客观主义（Lakoff and Johnson，1980：195），作为过渡人物。而他的弟子海德格尔常被视为人本哲学的首倡者，继承了胡氏现象学“关注人的因素”的观点，将其发展为“存在主义”，海氏的弟子伽达默尔又进一步提出“解释学”，德里达、哈贝马斯等则大力倡导“主体间性（Intersubjectivity）”和“共识真理观（Consensus Theory of

Truth）”，逐步将问题导向了另一个极端——激进人本观。这一后现代幽灵，在众多后现代论者（如萨特、利科、巴尔特、利奥塔、福柯、克里斯蒂瓦等）的推动下，迅速传遍全世界（王治河，2006；高宣扬，2010；赵一凡，2007），从而出现了后现代第二期，其典型特征为“破坏性、解构性、颠覆性”。

以维特根斯坦后期（1953）和美国的 Quine（奎因，1960）、Rorty（罗蒂，1979）、Griffin（格里芬，1993）等为代表的第三期后现代哲学家们认为，我们不仅要破坏一个旧世界，而且要建设一个新世界，因而出现了“建设性后现代哲学”。Lakoff 和 Johnson 当属其中，因为“体验哲学（Embodied Philosophy）”就是在批判流行了 2000 多年传统客观主义和欧陆激进人本观的基础上建构而成的，既具有破坏性，也具有建设性。

值得注意的是，图 1 右侧的两个箭头，突显地标出了哲学研究不断进步的历程。所谓“单向”，是指西方传统形而上哲学常循“从感性到理性”或“从理性到感性（唯理论）”的单向研究进路，即要么持感性决定理性的立场，要么持理性决定感性的观点，从而出现了认识偏差。20 世纪 70—80 年代出现了“主客互动（皮亚杰）”，“主主互动（哈贝马斯：主体间性）”的“双向法”，但仍有缺陷。我们基于此提出了“主客主多重互动理解模型（SOS）”“体验人本观”，意在尝试改进这些研究进路（王寅，2009，2012b）。换句话说，SOS 多重互动、体验人本则代表着哲学界当前研究的主流方向之一。

二、从语言学发展简史看当今理论前沿：CL

Robins（罗宾斯，1967：103）早就指出：

Philosophy in its widest sense had been the cradle of linguistics.（哲学，从最宽泛的意义来说，是语言学的摇篮）

古希腊哲学家曾将很多学科，如逻辑学、修辞学、物理学等都归结于哲学（爱智求真、抽象思辨）之中，语言学从一开始就与哲学唇齿相依，难怪很多语言学家都要从哲学角度来升华语言研究（潘文国，1997：2）。从表 1 可见，西方主流语言学派都有其相对应的哲学基础。

西方语言学史上共出现过 5 种主要语言学流派，到 20 世纪末又出现了 CL，它们的主要特征、哲学基础以及对语言性质的描写大不相同，也形成了相对应的语言教学法，现简述如下表（参见 Robins，1967）。

表 1　西方语言学简史

年　代	语言理论	所受学科及理论影响	主要特征	其　他
–4C 至 19C	传统语文学	传统哲学观、文化观	静止规定型 语言工具观	表达性、工具性 语法翻译法
19C	历史比较语言学	实证主义、进化论，机械物理论	发展比较型 生物机体观	语法翻译法
20C 初至 20C 60s	结构主义语言学	分析哲学、行为主义，物理、化学分析方法	严谨描写型 系统结构观	符号性、系统性、任意性、结构句型
20C 50s/60s 至今	（系统）功能语言学	受社会学、行为主义影响	交际功能型 社会现象观	社会性、交际性、功能性、情景 / 功能
1957 至今	转换生成学派	混合哲学（笛卡儿哲学 + 形式主义），心智主义	智慧演绎型 天赋形式观	先天性、心智性、自治性、生成性
20C 80s 至今	认知语言学	体验哲学：心智—建构主义	互动归纳型 认知建构观	体验性、认知性、像似性、认知教学

注：– 表示“公元前”，C 表示“世纪”，s 表示“年代”。

我们知道，Robins 的 *A Short History of Linguistics*（《语言学简史》）出版于 1967 年（后于 1976 年、1979 年、1990 年、1997 年多次印刷），后来在 1997 年版本的 269 页指出，认知语法主张将词汇、词法和句法视为一个象征单位的连续体（Symbolic Unit），用于建构概念内容，这显然是 Langacker 认知语法的核心观点，也是当今构式语法的根基。那时 CL 尚未普及[①]，但 Robins 已敏锐地认知到 CL 的先进性和发展前景。但是，他将蒙塔古句法学和语义学也归结为 CL，这是 Langacker、Lakoff 等学者所不能接受的。

我们知道，雷科夫早在 1975 年夏季在柏克莱校园举办的认知科学研讨会上聆听了四位著名学者（Kay、Rosch、Talmy、Fillmore）的发言后，最终促使他放弃了 TG（转换生成语法）以及自己的生成语义学，正式提出“认知语义学”这一全新研究方向（该文后收录在他 1987 年专著中），从而吹响了进军 CL 的号角。Lakoff 和 Johnson（1980，1999）、Lakoff（1987）、Johnson（1987）、Langacker（1897，1991）等深入批判了索绪尔的结构主义和乔姆斯基的 TG，且在此基础上创建了 CL，终于使得落后于文学和翻译学（这两个学科早已运用后现代理论）的语言学研究迎头赶上，摆脱了客观主义语言学理论的束缚，迈入后现代思潮的新时代，开创了在后现代哲学视野下研究语言的新方向。不管雷科夫和约翰逊，以及其他学者是否认识到这一点，这都是一个不争的事实。

中国学者奉行“与时俱进、继承发展”之国策，于 20 世纪末 21 世纪初迅速引进并发展了 CL 的理论和方法，运用后现代哲学的“体验人本观”重新审视语言，发表和出版了大量论文和专著，在吸收和消化国外前沿理论的同时也在有所反思和发展。笔者于 2012 年在《外国语》（第 6 期）

---

① 我们常将 Lakoff 于 1975 年提出的“认知语义学”作为 CL 的开始年代，将 Langacker 于 1987 年、1991 年出版的《认知语法基础（上下卷）》作为“认知语法”正式诞生的年代。直至 1989 年 Dirven 才在德国的 Duisburg 正式成立国际认知语言学协会。因此，我们常笼统地说，CL 诞生于 20 世纪末。

以《后现代哲学视野下的语言学前沿——体验人本观与CL》为题，针对“零位人本观、传统人本观、理性人本观、语用人本观、激进人本观、悲观人本观”之不足，提出并详述了“体验人本观”，强调了两大原则：

（1）互动体验；

（2）人本认知。

我们认为，人类的概念和语言来自对现实世界的互动体验和人本认知，这就是CL的核心原则“现实—认知—语言”。我国已于多年前成立了中国认知语言学研究会，且于2011年在西安举办了第11届CL国际研究会，国内外学者济济一堂，同台共议。值得注意的是，国内学者也提出了很多新观点，有力地推动着全球范围内的CL研究。因此，我国的语言学工作者不仅亦已融入这一世界人文科研主流之中，而且为其做出了自己的贡献，使得我国的CL与西方语言学前沿接上了轨，出现了“中西合作研究，携手共进，共同推进世界非物质文化的进步”的大好局面。

从上可见，不论是从当今哲学大力倡导后现代论、人本主义的角度来看，还是从语言学发展潮流来看，强调从人的认知角度研究语言的CL亦已成为国内外语言学的主流，毋庸置疑！

三、基于学术前沿，对比汉英语言

（一）基于CL的认知对比语言学

我们认为，汉英对比研究也需要前卫理论，只有在新理论的指导下，才能将汉英对比推向新阶段。基于后现代哲学的“体验人本观”及CL的核心原则，我们必然要得出“语言乃唯人参之的结果”这一观点，因此语言对比研究也必须从人的角度（生活经验、认知方式）才能对其做出合理解释。当前亦已流行的“基于用法的模型（Usage-based Model）”也正是这一立场的产物，这也是我们提出“语言体认性”的出发点。若将 CL 与对比语言学（许余龙，2002）结合起来，就可形成一门新兴的 CL 分支学科——认知对比语言学（Cognitive Contrastive Linguistics），同时，它也是对比语言学的一个新发展。

正如上文所述，CL（包括认知语义学、认知语法、构式语法等）的基本原理“现实—认知—语言”，旨在强调语言不是与世界直接建立联系的，其间必有一个“认知”环节，这个环节意在突显“人本作用”，这就是我们多年来在论述语言体验性时所强调的一个关键出发点，语言是人们在对现实世界进行互动体验和认知加工的基础上形成的，语言表达中处处预示着人的因素，闪烁着“识解”的智慧。例如，同样一个事物若从不同角度来认识它，就能发现它的不同特征，也就会赋予其不同的名称，如“地瓜”，为何会有那么多的名称，皆因认知角度或方式不同所致。同样，一个事件若从不同维度来观察它，自然会有不同的结果，“远近高低各不同”说的就是这个道理，CL 所强调的“语言表达是人识解之产物”正道出了这一基本立场。那么在汉英对比研究时，重点就该寻找出隐藏于两语言同类表达背后的认知机制之同与异。因此，认知对比语言学可从图 2 这两套核心原则说起：

英语：现实——认知——语言

⇕

汉语：现实——认知——语言

图 2　基于认知语言学的英汉对比原则

即汉英界基于同样的核心原则，形成了各自的语言体系和表达方法。在此理论指导下，汉英语对比研究的核心就在于，寻找和对比两界语言表达背后的认知机制，在体验人本观的统摄下，将语言表层现象的分析导向深层的认知层面，走向了通过对比语言现象，透析两界心理机制的研究方向，这必将是21世纪汉英对比研究的主要方法之一。

我们曾基于“体验人本观”提出“体验普遍观”的假设，认为不同语言之间之所以存在相同的表达形式，是因为全人类共有一个相同或相似的现实世界，且全人类有几乎相同的身体器官和构造，基于这两个要素所形成的概念和语言也就必然要有部分相同之处。但全世界各语言也存在很大的差异，这是因为各民族的人本认知和加工方式有所不同而致。这就是我们在前面提到的两点：互动体验和认知加工，用前者解释语言中的普遍性，用后者分析语言中的差异性。这就是说，语言中既有客观性，也有主观性，客观性可以导致语言间的共享部分，主观性则产生了各语言之特殊内容。

（二）以汉英语一词两反义为例

1.概述

汉英两语言中都存在“一词两反义”的现象，这就是我们常说的双价词（Ambivalent Word）、自身反义（auto-antonym，antilogy）、语义对立词（Semantic Opposite Word）、同词反义（Word with Opposite Meaning）。CL认为，一个词大多有多种意义，它们常以一个意义为基础，通过隐转喻延伸出其他若干意义，从而形成了一个具有语义链特征的多义范畴（Lakoff and Johnson，1980，1999；Taylor，1989），多义词现象产生自辐射性范畴，其间各意义当具有“家族相似性”关系。如英语中：

fireman：可表示“烧火工人”，又可表示“消防队员”；

innocent：可表示“单纯无辜的”，又可表示“愚钝的”。

汉语中历来也就有“贵贱不嫌同号，美恶不嫌同名”的“义兼正反”说法，如：

“乱”：同时兼有“治”和“乱”两个相反的意义；

“负”：可表示“依靠，仗恃；违背，背弃”之义；

“天真”：可表示“心地单纯、性情直率；头脑简单，容易上当受骗”两反义。

据我国著名训诂学家王宁（1996：122）统计，汉语中有近百个这类词。

迄今为止，关于一词两反义的研究主要有以下两个方面：

（1）汉语界大多学者将其视为训诂学中的“反训现象”；

（2）伍铁平（1999）主要从语言模糊性论述了此现象。

2. 论点：基于 CL 建构对立图式模型

语言学类（包括认知对比语言学）的论文也是一种政论文体，当包括两大内容：

（1）论点；

（2）论据。

我们必须牢记这一点。我的硕士生陈娇（2009）在分析前人研究一词两反义之不足的基础上，将 CL 中的 ECM（事件域认知模型）和 CRP（认知参照点）整合成“对立图式（Opposite Schema）”。该论点既是汉英两界心智中内嵌“对立统一”辩证法原则的具体体现，也是两语言形成一词两反义的认知机制。

ECM 认为，一个人（或物）与一个动作合理搭配便可形成一个命题，表示一个事件，在下图中表现为最外围的虚线方框，包括参与人 C，以及细化动作 D_2，即依据参照点 R 发现两个目标物 T_1 和 T_2。

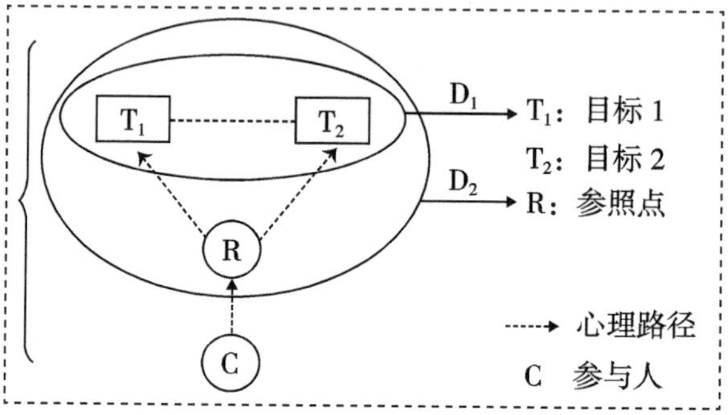

图 3 对立图式

这也完全符合对立统一的辩证法原则。如想到“上”，就会预设一个“下”；谈到“东”，常会以“西”为背景。基于同一个参照点，向不同方向发展则可获得两个截然相反的概念。此乃常见现象，如在商贸交易中，想到“买”，就会以“卖”为前提；说到“售出”，就会以“购入”为前提。它们体现了一个行为的两个不同方向。如汉语中的“介”字，可表示“大 / 小”两反义概念，英语中“dust”可表示“掸去灰 / 撒上灰”之义。

该“对立图式”还进一步细化了 ECM 中的参照点模型，现将其分为三个层次：

第一层次：仅反映一个动作的始末关系，即一个词既可表示 T_1（开始），又可表示 T_2（结束），不必考虑其他因素，这就是图 3 中 D_1 这一椭圆的含义。如汉语中“在”：始 / 终；“徂”：始 / 逝；英语中“go”：出现 / 消失；“late”：最新的 / 末期的。

第二层次：必须考虑参照点 R，沿其向外延伸出两个不同的目标物 T_1 和 T_2，即图 3 中的 D_2 所表示的大圆圈，如汉语中“借、贷、赋”，英语中“lease、rent、bribery”等可同时表示“出 / 入”二义。

第三层次：不仅要考虑参照点 R，还要涉及主体 C，如“褒贬”和“肯否”都要涉及主体的判断或立场，如“厉”：劝勉 / 损害；“臭”：香味 / 不好闻的味；“ambition”：抱负 / 野心；“abyss”：崇高 / 混沌。

从理论上区分出这三个层次，便可以其为理论框架来对汉英语中一词两反义进行分类。根据对封闭语料的调查和分析，两语言中这类词可细分为五小类：（1）始末；（2）施受；（3）反向；（4）褒贬；（5）肯否。

第（1）为“始末类”，即同一个词既可表示“开始”，也意为“结束”，如上文所举汉英语例词。它们便可划归图 3 中的第一层次 D_1，因其只反映了一个事件过程的开始与结束。

第（2）“施受类”和第（3）“反向类”，则要明显考虑到参照点 R，基于同一个参照点，向相反方向延伸出了两个意义相反的概念。

第（4）“褒贬类”和第（5）“肯否类”，则反映了人主体的立场和态度，自然就要涉及“概念化主体 C”了。

3. 论据：数据调查与分析

陈娇花了 3 个月时间，选用《古今汉语词典》（2004）［并辅以《现代汉语规范词典》（2004）和《牛津高阶汉英双解词典》（1994）两本词典］，从 13000 个汉字中按照同一字词下各义项之间是否具有两反义关系穷尽性逐条搜索，共得 335 例[①]，从 57100 个英语单词中共找出 267 例，以此分别建立了汉英语义对立词封闭语料。这本身就对学界做出了一个小贡献，因为语言学家们一般尚不知道汉英两语言中这类词究竟有多少，现在算是

① 尽管现代汉语主要以“双音节词”为主，本文主要研究单字层面的词。英语中很多短语也有两反义，本文也未收录在内。注意：中文例词包括古汉语用法。

有了一个初步的答案。①

（1）五类关系的分布及分析

根据对立图式模型中的三个层次，以此封闭语料为论据进行穷尽性分类对比研究，可得下表。

表 2　汉英语一词两反义五小类分布

语义域	义项关系	汉　语	英　语	对立性
D_1	始　末	21（6.27%）	26（9.74%）	T_1 / T_2
D_2	施　受	52（15.52%）	14（5.24%）	$R \rightarrow T_1 / T_2$
	反　向	7（2.09%）	19（7.12%）	
D_3	褒　贬	100（29.85%）	126（47.19%）	$C \rightarrow R/ T_1/T_2$
	肯　否	135（40.3%）	82（30.71%）	
DE	全部	335	267	OS

从表 2 明显可见，汉英两语言中一词两反义在三个层次（D_1，D_2，D_3）上的比例呈递增分布，即 D_3（70.15%；77.9%）> D_2（17.61%；12.36%）> D_1（6.27%；9.74%）。由此可见，兼有“褒贬”和“肯否”二义的词所占比例最高，这也是完全符合 CL 中语言人本性特点，因为论及这两类的词语，必定是“惟人参之”的结果，彰显了人的态度和立场。我们所讨论的“一词两反义”，其中的“反”或“对立”，并非逻辑上的非此即彼，而更多的是感情色彩上的褒贬、态度的肯定与否定，这仅是同一行为或过程中向两个不同方向的延伸而已，这两个概念既互相对立，又紧密依存，缺一不可，处于“对立统一（Opposite Unity）”的辩证关系之中，它们在语言经济性原则的统摄下共用一词，也就在情理之中了。

① 本文所收一词两反义，不包括修辞学中因使用“反讽”等辞格而出现的反义现象，如在“你对我还真好啊！”这一语句中的“好”可有两种相反的含义，需要根据语境和口气才能做出正确判断。这类反讽意义并未作为固定义项收录在词条中，因此不在本文研究之列。

“反向”关系，强调一个动作基于同一参照点可向两个不同方向发展出两个反义概念，如上文所举的dust例，又如skin，既可表示“向上贴皮肤”，也可表示“向下扯皮肤”；英语的比例稍高于汉语（不足3个百分点），但汉英两民族的认知机制却是相同的。

汉语中“施受”两反义关系同用一词的现象比英语的多，高出十多个百分点，这主要有以下两个原因：

第一，汉语中的动态用法比英语多，如“饭做了”相对于主动句“妈妈做饭了”来说，隐现了施事者，将动作的对象（宾语）直接置于句首，使其成为“话题”，然后再对其加以描述。而且在话题和谓语动词之间还不用“被”字，但从语义上来说，“饭”与“做”之间确实具有被动关系。而英语谓语动词前面的名词短语主要是“主语”，不作话题。正因为这类中动态大量出现于汉语表达之中，这就使得动词“做”等若干动词有了“主动”和“被动”这两个相反的含义了，从而使得汉语中“施受同词”现象多于英语。

第二，汉语言并不介意动词的及物性与不及物性之分，常是两者兼而有之。正因为主动和被动无严格区别，从而造成了“做”一词既可用作及物动词，也可用作不及物动词，这也是造成汉语中“施受同词”现象多于英语的一个重要原因。又如“打败”，既可用作及物动词，如“我们打败了敌人”是指我们胜利了，敌人失败了。但它也可用作不及物动词，如“我们打败了”是“我们自己败了”的含义。可见，同一个“打败”之所以具有两反义，是因为它同时具有及物和不及物的意义所致。

一般来说，英语动词要严格区分及物和不及物的，且及物动词必须接宾语句义才完整，否则为病句。因此上述汉语中具有两反义的“打败”，在英语中分别要用不及物动词win[①]表示“获胜”，及物动词defeat表示“打败”。但英语中也有部分动词具有兼类性质，既有及物用法，也有不及物用法，不过它们的意义很少出现反向延伸。

（2）词性分布及分析

现按照词性，将所得语料中的汉英一词两反义统计如表3。

表3　汉英一词两反义的词性分类数据对比

语言	动　词	形容词	名　词	副　词	感叹词	介　词	总数
汉语	227（67.76%）	80（23.88%）	23（6.87%）	2（0.6%）	3（0.9%）		335
英语	102（38.2%）	103（38.58%）	49（18.35%）	8（3%）	1（0.37%）	4（1.5%）	267

第一，汉语和英语中的语义对立词大多出现在动词和形容词当中，名词次之，其他词类很少。这也符合人类的一般认知规律，如上文所述的汉英语都基于对立图式形成了五小类一词两反义（反向、施受、始末、褒贬、肯否），它们所表示的意义大多与动作（D_2）和感情（C）有关，而动词和形容词正有此类功能。动作可根据自身的方向简单地分为“正面或反面、进入或出去、开始或结束”这两类，感情也可根据正反两类大致地分为“褒奖或贬抑、肯定或否定”。

第二，汉英两语言一词两反义中的名词，大多是由动词或形容词转变而来，或与其有关，如表示某种动作或特性的抽象名词，如“华”字，既可表示“光彩”，又可意为“虚华”。“oath”含“咒语 / 誓言”二义；“hegemony”是“领导 / 霸权”兼而有之，它们的实质性内涵相仿，仅在

① “win”虽也能用作及物动词，表示“赢”，但不能接“人”或“球队”，多接“比赛、奖品、要塞”等类名词作宾语。

感情色彩上具有对立性而已。

第三，从表 3 可见，汉语中动词的比例要比英语高得多（227/102，多出一倍多），这也完全符合汉英两语言的总体特点。我们知道，汉语大多用动词表示动作或与其相关的情况，而英语可用其他词类（如名词或介词）表示动作，这也就是为什么表 3 中英语的名词和介词比例比汉语高的原因。

四、结语

很多学者都论述过语言中“一词两反义”现象，特别是汉语界对其研究较多，但大多缺乏理论支撑，特别是前沿理论。本文尝试将 CL 中的 ECM（事件域认知模型）和 CRP（认知参照点）整合成“对立图式（Opposite Schema）”，然后以其作为理论框架，将汉英语言中数百个这类词分为五小类，且运用封闭语料进行初步统计和认知分析，揭示了两语言形成一词两反义的认知机制。这一分析方案也与英汉民族心智中内嵌“对立统一”的辩证法原则相吻合。

笔者认为，这一分析方案比其他研究还是有了较大的进步，因为本文运用了 CL 理论，将其中的观点整合为自己的理论框架，算是一点创新吧！正因为 CL 处于当前语言学最前沿，基于此建立起来的认知对比语言学，自然也就具有了前沿性，且该学科在 21 世纪尚有很大发展空间。

有了论点（理论框架），还要有充分的论据。过往很多研究者喜欢信手拈来，随意举例，因而说服力不强，因为人们也能很容易地举些反例。本文所进行的汉英对比研究，是基于穷尽性调查后建立封闭语料之上的，基于其上的统计和分析也就更具可靠性。

参考文献

[1] JIAO C. The cognitive comparison of the Chinese and English ambivalent words: a theory and application of opposite schema [D]. Chong qing : Sichuan International Studies University, 2009.

[2] JOHNSON M. The body in the mind: the bodily basis of meaning, imagination, and reason [M]. Chicago: The University of Chicago Press, 1987.

[3] LAKOFF G, JOHNSON M. Metaphors we live by [M]. Chicago: The University of Chicago Press, 1980.

[4] LAKOFF G, JOHNSON M. Philosophy in the flesh: the embodied mind and its challenge to western thought [M]. New York: Basic Books, 1999.

[5] LAKOFF G. Women, fire, and dangerous things: what categories reveal about the mind [M]. Chicago: The University of Chicago Press, 1987.

[6] LANGACKER R W. Foundations of cognitive grammar (Vol.I): theoretical prerequisites [M]. Stanford: Stanford University Press, 1987.

[7] LANGACKER R W. Foundations of cognitive grammar (Vol. II): descriptive application [M]. Stanford: Stanford University Press, 1991.

[8] ROBINS R H. A short history of linguistics [M]. London: Longman, 1997.

[9] TAYLOR J. Linguistic categorization: prototypes in linguistic theory [M]. Oxford: OUP, 1989.

[10] 高宣扬. 后现代论 [M]. 北京：中国人民大学出版社，2010.

[11] 格里芬，等. 超越解构：建设性后现代哲学的奠基者 [M]. 鲍世斌，

等译．北京：中央编译出版社，2002.
[12] 蒯因．语词和对象[M]．陈启伟，朱锐，张学广，译．北京：中国人民大学出版社，2005.
[13] 罗蒂．哲学和自然之镜[M]．李幼蒸，译．北京：商务印书馆，2001.
[14] 潘文国．汉英语对比纲要[M]．北京：北京语言大学出版社，1997.
[15] 王宁．训诂学原理[M]．北京：中国国际广播出版社，1996.
[16] 王寅．后现代哲学视野下的语言学前沿——体验人本观与认知语言学[J]．外国语，2012b（6）：17—26.
[17] 王寅．哲学的第四转向：后现代主义[J]．外国语文，2012a（2）：9—15.
[18] 王寅．主客主多重互动理解[J]．哲学动态，2009（10）：84—89.
[19] 王治河．后现代哲学思潮研究（增补本）[M]．北京：北京大学出版社，2006.
[20] 维特根斯坦．哲学研究[M]．李步楼，译．北京：商务印书馆，1996.
[21] 伍铁平．模糊语言学[M]．上海：上海外语教育出版社，1999.
[22] 许余龙．对比语言学[M]．上海：上海外语教育出版社，2002.
[23] 赵一凡．从胡塞尔到德里达——西方文论讲稿[M]．北京：生活·读书·新知三联书店，2007.

（原载《外国语》2015年第5期）

附录六

语言学新增长点思考之五：扎根本土的合璧式创新

——以语言体验性和隐喻认知观为例[1]

一、序言

我国的外国语言学经历了较长时间的建设，特别是改革开放后的三十年，取得了迅猛发展，学科建设渐趋成熟，各路学者快马扬鞭，科研成就硕果累累，从引进舶来品到本土开发，从宏观建构到微观透析，从理论框架到实践运用（包括开发教材，建立各类数据库），出版了大量专著，发表了无数文章，难怪很多研究生要发出感叹，好像该说的都已经快被说完了。

当然，这一感叹就“学无止境”的学理而言是站不住脚的，但其中也反映出一个值得思考的问题：中国的外国语言学下一步研究“路在何

① 本文与王天翼合作而成。

方”？引进介绍不属科研范畴，低层次重复他人成果（俗称“炒冷饭”）难以登堂入室，依靠他人成果作简单应用离“创新”太远。那么，外语界学者下一步该如何拓宽自己的研究领域，扩大自己的知识视野，不断为我们的科研注入新鲜血液，努力寻找新增长点，实现可持续性发展？近年来，很多学者在这方面做出了很好的反思，提出了很有远见的想法，如发展国外前沿理论，加强创新研究（胡壮麟，1999；沈家煊，2007；徐盛桓，2006，2007；钱冠连，2005，2007b[①]），借助语言哲学的老枝生新芽（钱冠连，2007a；王寅，2005），加强跨学科之间的联姻（张后尘，2008；黄国文，2007；赵秋野，2007），深化英汉对比研究（杨自俭，2006；潘文国，2006，2007），等等。我们认为，在“条条大路通罗马”的选择中，还有一条可供我们所选之路：坚持不懈地走“扎根本土的中西合璧式创新”之路。

二、洋为中用和中西合璧

我们所倡导的“扎根本土的中西合璧式创新”主要包括两个层面的内容：“洋为中用”和“中西合璧”。

（一）洋为中用

“洋为中用”是学术引进的第一步，只要能将国外的前沿理论介绍到国内来，能为中国学者所用，就基本做到了这一点，我们认为《国外语言

① 钱先生关于加强建立学派意识的观点首先刊登在《汉语学报》2004 年第 2 期上，后《光明日报》连续发表两文进行响应，又被 2004 年首创的《中国学术年鉴》收录，尤其是后来又被教育部蓝皮书《中国高校哲学社会科学发展报告 2005》所收录。这充分说明这篇论文的分量，值得我们认真学习和深入思考。

学》早期所做的贡献功不可没。有人认为这很简单，照直翻译即可，这显然是门外汉之见。我们倒要为从事引进的学者说句公道话，能将这第一步走好也是一件功夫活，没有一定的语言素质和理论修养，能读懂国外前沿性学科论文谈何容易！这看似简单的翻译“引进活”也不是人人都能干的，弄得不好还可能出现理解上的偏差。[①]我想，汉语界同行是能理解的（其实汉语界也有很多学者从这些人的引进文章中受益匪浅，给汉语理论研究带来了很多新鲜空气）。难怪受后现代哲学思潮影响的翻译界学者提出“翻译是再创作”的观点，这其中也不是一点道理没有。

当然了，我们也注意到，外语界学者们在对国外有关理论的理解上尚存在较大差异：有单纯引进者，也有引进加介绍者；有消化正常者，也有食洋不化者；有深入者，也有浅尝者；有理解者，也有误导者……但不管怎么说，他们都在努力推动着我国的学术繁荣，当可划归“洋为中用”之列。

值得注意的是，不仅外语界学者有引进之功，近年来汉语界也涌现出一批外语水平较高的学者，特别是有国外留学经历的学者，他们也能直接阅读外语原文资料，从中直接吸取营养，结合自己较为雄厚的汉语功底，用其来分析汉语事实或进行汉英对比方面的研究，取得了十分可喜的成就。另外，我国近年来还出现了部分两栖类研究生，即外语界本科生（硕士生）考上汉语界硕士生（博士生），或汉语界本科生（硕士生）考上外语类硕士生（博士生），这也是一支不可忽视的生力军，也为我国语言学的“洋为中用”做出了一份贡献。

① 汉语中有一成语“食古不化”就点明了这一道理，当然了，这里可采用仿拟法将其改说为“食洋不化”更为妥帖（参见潘文国，2007）。

（二）中西合璧

“洋为中用”对我国外语界学者来说并不陌生，此为常规操作，驾轻就熟，大家在这条路上已行进多年。因为所谓的“外国语言学”就是以外国学者关于语言学方面的研究成果为目标，因此“引进”对于这一领域的学者来说，也是不可或缺的一步，或可算作“初级阶段”。但是我们也早已认识到，“纯粹引进”只是第一步，只能算作一种浅层次上的“用”，尚不能视为真正的科研。若能在这个基础上做出一些较为到位、画龙点睛式的点评，才称得上向“科研”迈出了半步。当然，这也是值得称赞的半步，因为能做到这一点也绝非易事，必须具有较好的理论功底和综合能力才能下笔。

引进加评价，离“真正创新”还有一段距离，若从更高层次上理解“应用”，就得“活学活用”，站在西方学者的肩膀上能有所发展，对其做出一定修补，或提出自己的理论模型，这才是可取之举，堪称上策，也只有这样才能接近或达到“中西合璧”的境界。

从上面的分析可见，“洋为中用”与“中西合璧”之间存在一种辩证统一的关系，前者是后者的所需前提和初步基础，后者则是前者的自然发展和必要延伸。可行之举当为，将前者视为起点，经数年苦思后而能实现一个新飞跃，在理论上做到有所发展，在“反思与超越”的过程中大胆尝试，有所进步，且能让其扎根于中国的土壤，这才能达到“合璧式”的效果。

回顾一下外语界大多有成就者，都是在掌握国外有关新理论之后，能将其消化吸收，并以其为基础提出新观点，建立新框架，尝试解决国内相关问题，诸如运用国外有关新观点阐释传统方法所不能解决的现象，提出适合分析汉语事实的方案，解决我国语言教学实践中的问题，等等。

这些学者能够追踪最新动态，瞄准前沿成果，实践着“与时俱进”的思路，国内外语界有成就者当属这一类型，近期出现的一批很有见地的专著和论文，以及质量较高的博士论文，就是实践这一思路的结果，确实为推动我国的语言理论和教学实践做出了重要贡献，这是本文所要强调的“合璧式创新”。

因此，本文所说的“合璧”是指以“扎根本土”为基础的高一层级体现，在避免“食洋不化”“水土不服”，正确理解国外前沿动态的前提下，在理论上有所建树的升华，这是就两者关系的总体论述。在“合璧”的具体研究层面上，我们认为包括以下两个含义：

（1）准确掌握国外前沿理论，有效吸收其精华，并能恰到好处地将其用于分析汉语、英语等事实，进行英汉语言用法的对比研究，并能做到有所发现，提出适合中国国情的语言教学方案。

（2）不能仅停留在掌握国外理论的层面上，还要注重吸取我国先贤的有关成果，对比中西语言理论，实现理论上的贯通和融合。

从国内这些年的研究成果来看，很多学者在第（1）点上下了很多功夫，专著、论文逐年递增，质量也在不断提高，取得了很多令人欣慰的成果。但是，第（2）点的“合璧”形势不容乐观（参见下文）。

（三）中国有无语言学理论之我见

谈到中西语言学理论的合璧问题，这里还涉及一个中国有无语言学理论的问题，这在汉语界也有较长时间的争论（参见何九盈，1995：前言 4）。有人认为“有”（起始于汉代的三大著作：扬雄的《方言》、许慎的《说文解字》、刘熙的《释名》），有人认为“没有”（因其缺乏独特的研究对象，无系统的分析方法，未能形成一个独立的学科体系），各执其词，都有道理。

持后者这种“自我轻蔑论”的学者，或许是站在西方学说的立场上，以“西方中心论”为参照点发出的悲鸣。如仔细阅读王力（1962）《中国语言学史》、何九盈（1995）《中国古代语言学史》、赵振铎（2000）《中国语言学史》、濮之珍（2002）《中国语言学史》、李恕豪（2003）《中国古代语言学简史》等著作就会发现，我国古代学者就语言方面的论述历史悠久，内容广泛，史料翔实，著作丰富，这是不争的事实，但他们的进路、方法等确实不同于西方学者。但不能因为体系不同、内容各别、方法存异，就简单得出结论说我国没有语言学理论。

我们认为，我国不仅有语言学理论，且历史还很悠久，有些古代学者在某一方面的论述还要大大早于西方学者，甚至有些观点即使到了今天也不过时（参见本文第 4 部分）。我们认为较为符合历史事实和国情的说法是，我们所没有的是像西方学者那样建构起来的理论体系和分析方法。天各一方，中西有别，语言结构和表达系统本身存在较大差异，为不同研究目的所建立起来的理论取向当有不同，这也是在情理之中的，符合人们的认知规律，不足为怪。

这里仅举一个汉英“意合法”和“形合法”的例子作为说明。我们知道，这一区分最早是由王力先生（原作 1944，1984：89—90）在《中国语法理论》一书中指出的：

中国的复合句往往是一种“意合法”，在西文称为 Parataxis。因为在平常的语言里不用连词的时候比用连词的时候更多。

而英语的主要特征为“形合法”，即将两个分句联结为一个复合句时，其间一般都要用连接性词语。笔者（1996：51）将其进一步扩展为，在形态变化上需要合乎严格语法规则的现象。[①]因此西方学者在语法体系中早就形成了词法和句法两大板块。而汉语的主要特征是“字无定类”“组句多样”，常靠“词序”和“虚词”等语法手段表示词间关系和语法意义，而不拘泥于具体形态上的要求，也不强求分句在形式上的连接，与英语“形合”要求出现了较大差异，似有“跟着感觉走”之势，这些现象可统称为“意合法”。这样，汉语就与英语在对形态的要求上形成了鲜明对比，我们（1996）以此为依据扩展了传统上“意合法”和“形合法”所含内容。想想汉英两语言存在如此之大的差异，基于其上所建立起来的理论体系和分析方法，倘若一致了，那倒会使人感到奇怪了。

我国古代早就有了自己的语言学和逻辑学等方面的论述，且在很多方面还很深入，但总的来说，在传统“经世致用”的文化取向影响下，在某种程度上忽视了对理论体系的建构，没能形成像西方那样的语言学和逻辑学理论体系。因此，笼统地说我国没有语言学或逻辑学，那是不妥的。

---

① 如英语在行文组句时在具体形式上有这样一些规定：词或词组之间、各种分句之间多用恰当的连接形式才可合用组句。注重主谓（宾）结构在形式上的完整性，凡是句子一般就须有主语（祈使句和省略句除外。其实祈使句的主语多是明显的第二人称），无主句较少。如是及物动词，后就须有个宾语。词性与句法成分之间有较为严格的对应关系，如主语、宾语要用名词短语或相当于名词短语的成分；谓语要用动词短语。主语与谓语在人称和数上须保持形式一致关系。可数名词有复数形式。形容词和副词有比较级和最高级的变化形式。代词有主格、属格、宾格的变化形式。非谓语动词有体、态的变化形式。谓语动词还有时、体、态、式的变化形式。在英语中以动作在时段中的分布方式（一般体、进行体、完成体等），在不同的时间（现在时、过去时等）发生，反映不同的主谓逻辑关系（主动态、被动态），运用不同的语气（陈述式、祈使式、虚拟式）表述，就会采用相对应的谓语形式，这都是注重形态屈折变化语言的典型特征。

三、合璧式创新之再思考

近些年来，在汉语与外语的具体语言事实方面所进行的对比性研究较多，翻开近几十年来我国外语类期刊，此类文章俯拾皆是，类似内容的论文集也很多，但真正能对中西语言理论做出深入对比的尚不多见。虽有些对比语言学专著在这方面进行尝试，但在中西语义理论方面做出尝试者则更少，或尚为空白，急需大力加强。

我们知道，近几十年来汉语界的语义研究进入了一个高潮阶段，仅于20世纪80年代就出版了近30本训诂学专著，这可谓史无前例。在这期间，外语界一批学者也引介了很多西方语义学家的理论，出版和发表了十几本专著和大量文章。但是英汉两界人士尚缺少对话，认真对比中外语义理论的问津者更少，多半还是在各自的学术圈中“画地为牢”“自说自话”。长此以往，在我国出现了一个汉外两界互不往来、无甚交流的尴尬局面，两界人士自守一亩三分地，素来“各行其道”“自有一套”，吕叔湘先生将这种现象称为“两张皮”。

针对这一局面，吕叔湘先生于20世纪70年代末就提出要大力加强两界之间的对话，近年来“灾情”虽有减缓，但效果并不理想。笔者曾于2005年在《中国外语》上以《二山之石，必可攻玉》为题撰文论述了相关问题，潘文国先生（2007）在《关于外国语言学研究的几点思考》一文中做出了精辟透彻的解析，道出了“两张皮”难以消除的原委。我们经过认真学习，仔细思考，现阐发以下几点心得体会。

（1）外语界人士中文不济，更不用说用汉语言学理论武装自己了，这其中既有客观原因，又有主观原因。客观原因是，对于从事外国语言学研究的人士来说，能较好掌握一门外语（听说读写译等能力全面发展谈何容易），阅读原版文献就需花费多年时间，弄懂一种国外理论也颇费精力，此时已无暇顾及汉语界的语言理论。而且外语类本科和研究生教学与培养大纲的设计者，也似乎无此远见（少数对比语言学专业除外），未能考虑汉语语言学理论对学生日后学术生涯的重要性。主观原因是，更多的人对浩如烟海的汉语史料望而生畏，不愿涉足；而且有一部分学生是为“戴学位帽子”而来，并未打算为语言研究和教学贡献毕生精力。

（2）外语界确实存在某些“鹦鹉学舌”的现象，仅只满足于“引进”，错把手段当目标，未打算以引进为手段，并以其为基础达到创新之目的。这就是张后尘先生（2008）所说的“最终目的是为了挖出金矿，而不是为了发明挖出金矿的工具”。更有甚者，有时亦有“学舌走样”的现象，就是上文所说的“食洋不化”，这也难怪汉语界学者要给外语界人士贴上“随波逐流”“拾人牙慧”之类的标签。

（3）国外理论翻新速度过快，用“日新月异”似乎有点夸张，但“应接不暇”还是基本符合事实的。此时，节奏稍慢就可能落伍，即便是一直在苦苦追随，迫使自己逼近前沿的学者，一不留神也会落个“疲于奔命”“与时不能俱进”的下场。而且，在这些国外学者中标新立异者也大有人在，总使人感到他们在“故意挑刺”，“标榜自我”，“为创新而创新”，有“做秀”之嫌，这也自然会使得汉语界学者顿生不愿与其为伍之感。

（4）汉语界人士外语较差，成天钻在古书堆中自得其乐，身陷其中而无法自拔，难以跳出。更多的情况是，一旦陶醉其中，就会深感外语和外国理论解决不了自己的问题。况且，从上文分析可见，汉语属孤立语，以广义的“意合法”为主要特征，是一种较为特殊的语言；西方语言主要是屈折语，以广义的“形合法”为主要特征，两者差异甚大，因此不少汉语界学者认为，基于西方语言建立起来的国外理论再好，当用来分析汉语时总会有“捉襟见肘”“隔靴搔痒”之感，不免会发出“于事无补”“忙而无功”之叹，个别学者自然会滋生出一定的“排外”情绪。

（5）再加之汉语理论所涉范围面大量广，文字学、音韵学、训诂学有约2000年的发展史，资料堆积如山，论著浩如烟海，一人终其一生能弄透冰山之一角，就算很有成就了。模仿西方“葛郎玛”建立起来的汉语语法学才有100多年的历史，其中很多观点分歧较大，莫衷一是。在这样一个庞大而又封闭的体系中就有做不完的学问，外面的世界尽管很精彩，而我亦可独斟自酌，自我陶醉。这不乏为一种可行之路，抓住主要矛盾，其他诸如外语等枝节问题自不在其视野之内。

出自两界各自的客观原因和主观原因，造成了两界之间长期沟通不畅、对话欠缺的现象。在此状况下，两界理论都很精通者就少之又少了，真可谓，人生苦短，难以两全！而在这众多的不能“两全兼备”中，语义理论的对比性研究更是“两张皮”的“重灾区”了，这从近年来英汉对比方面的作品可见一斑。因此，21世纪进行中西语义理论的对比研究刻不容缓，已成当务之急。

我们曾在全国性学术会议上多次疾呼，语言理论研究（包括语义、隐喻等方面）绝不是西方学者的专利，外语界学者切切不可仅将眼睛盯住西方学者的论著，而忘却宝贵又丰富的中华祖先的研究成果。西方语义学家也不可忽视我国学者在语义研究方面的丰硕成果，不将炎黄先贤对语义研究做出的贡献纳入他们的视野，在“全球化”大潮的今天，就不能算作一位真正的语义学家。近年来，我们（2007b）曾在这方面做了点滴尝试，出版了一本小册子——《中西语义理论对比研究初探——基于体验哲学和认知语言学的思考》，这仅只是“初探”而已。我们也在《中国外语》2005年第二期上发表《二山之石，必可攻玉》的文章，强调了中西合璧的研究进路，这都意在引起国内同行的关注。若能以“抛砖”引出众家之“贵玉”，我们便自感心满意足。

四、以语言体验性和隐喻认知观为例的论述

（一）语言体验性

体验哲学和认知语言学的一个核心观点是，人类的范畴、概念、推理和心智，都是基于对客观外界进行互动体验，并经过认知加工之后而形成的，语言符号也是这样，我们常用“现实—认知—语言”这样一个表达式来概括这一基本原则。

在互动体验过程中，人们首先用身体来认识自己所生存的空间（包括地点、方向、运动等），形成了一个空间意象图式结构，以及对应的内在性空间逻辑，再通过人类的理性思维和想象力（主要是隐转喻能力）发展出其他若干新概念（如时间概念、抽象概念等），这一认知过程经过若干年的沉淀和积累后，逐步形成了我们今天的知识体系。语言体验性这一特点可从英语和汉语中找到很多例证，包括语言的各个层面，如语音、词汇、词法、句法、语篇等（本文略）。

国外很多学者对语言体验性做出了有力论证，包括Herder，Malinowski，Bühler，Lyons，Gruber，Jackendoff，Lakoff，Johnson，Langacker等（王寅，2007a：286—294）。由于介词主要用于表示空间关系，它也就成了认知语言学研究的核心对象之一，“介词语义学”应运而生（Zelinsky-Wibbelt，1993）。我们完全可以说，没有哪一个学派对介词的研究成果能超过认知语言学，这是由该学派的基本指导思想所

决定的。[1] 近年来，我们在国内正式提出“语言体验性”的观点，并已发表了十几篇论文，对其进行了多层面、多方位的论述，这当算是对语言众多特征的一个重要补充。

我们据此还提出“体验性普遍观”，人类之所以能获得许多普遍性概念，语言中之所以存在不少普遍现象，是因为，我们面对着一个相同或相似的客观世界，我们有相同的身体结构，其功能也相同，这就决定了我们的思维和认知的基础部分（或许是较大部分）是相通的，否则人类就不能相互沟通。这是对乔姆斯基的“天赋性普遍观”的批判。

根据语言的体验性，以及“现实—认知—语言”这一基本原则，我们自然就能得出“语言具有像似性”这一重要的语言性质。既然语言是互动体验和认知加工的产物，语言就不是天赋的，不是头脑里固有的，它就会像似于“现实”，像似于“认知方式”（尤其以此为主），语言形式（包括语音、语形、结构）与所指意义[2]之间存在像似性关系，这是由认知语言学所坚持的基本原则所决定的。或者说，认知语言学就是要解释语言表达背后的认知机制，发现两者间的像似性关系。

其实，关于语言体验性也不是外国学者的独特新发现，我国古代学者早有论述，最早谈及这一特征的当算《周易·系辞下传》，原文说：

古者包牺氏之王天下也，仰则观象于天，俯则观法于地，观鸟兽之文与地之宜，近取诸身，远取诸物，于是始作八卦，以通神明之德，以类万物之情。

① 我们也可以说，没有哪个学派对连接词的研究成果能超过系统功能语言学，因此该学派主要基于“衔接机制”来论述“语篇连贯”。

② 包括外部意义（含上文表达式中的“现实”）与内部意义（含表达式中的“认知”）。

这段话的意思是，远古时的伏羲氏治理天下，仰头观察天上的现象，低头俯视大地的形态，观察鸟兽身上的纹理和适宜于地上的种种事物，从近处取法人体的形象［据郭沫若解释，《易经》中所用阳爻（—）和阴爻（--）是模仿男女生殖器的符号］，从远处援取万物的形象（如水卦为☵，像似于水流动时的情形，将其竖过来书写，就是汉字的“水”），于是才创制了八卦用来融会贯通神明的德性，以分类比拟万物的情状。按照郭沫若的观点，汉语起始于八卦。这段话就已点明汉语言文字具有“近取诸身，远取诸物”的特征了（详见王寅，2007b：34）。

特别是荀子，在《正名篇》中充分体现出了语言的体验认知观，而并不像国内汉语界部分学者所认为的那样，他是“唯名论”的代表（详见王寅，2007b：99）。刘勰在《文心雕龙》中对语言的这一特征也有很多精彩的论述。另外，还有一大批先贤都持类似的观点，如庄子、公孙龙（参见王宏印，1997）、扬雄、王夫之、程瑶田、段玉裁、王念孙、章太炎、黄侃、陆宗达、王宁、戴浩一等都述及了相同或类似的观点。

近来，戴浩一（1989）也基于人类对空间和时间的认知能力，结合一般交际原则，证明了“汉语结构象征现实”的重要观点。他认为，语言的表层结构不是来自什么深层结构，而是直接来自语义结构（即概念结构），语义结构又直接来自人类的身体经验。他据此提出了用时间顺序原则（时间顺序对汉语语序有直接影响）、整体—部分关系（汉语中常把整体放在部分前面）、空间词语的比喻用法（表示空间的词语可引申来表示其他概念）、突显原则（采取有标记用法突出说话人的兴趣、涉及的焦点）、信息中心原则（句子的前提在前，断言在后，已知信息排在新知信息之前）来论述汉语语法结构。我们也于1990年论述了汉语的句序与时序之间存在较高对应性的现象，这就叫顺序像似性原则，而且指出，英语可根据交际需要运用或不用这一原则，当可称为“蒙太奇式”语言，而汉语主要运用该原则来组句，当属“绘画式”语言，这在某种程度上具有语言类型学上的意义。

（二）隐喻认知论

自 Lakoff 和 Johnson 于 1980 年出版了《我们赖以生存的隐喻》一书以来，越来越多学者接受如下观点：隐喻不再像亚里士多德所认为的那样仅是一种修辞手段，而是一种认知方式，它在本质上是一种思维现象，人类在认识新兴事物、建构概念体系以及语言表达中，一定要 to say one thing in terms of another（用一件事体来喻说另外一件事体），别无它选，这就是两位教授取这一书名的含义之所在。这一隐喻观就叫“概念隐喻论”（或叫“隐喻认知论”），已成为当今认知语言学的一个核心内容。

正如“语言体验性”不是西方学者的特有专利一样，隐喻认知论也绝非西方学者的独特领地。在中西语义理论对比过程中，我们也发现我国古代学者不仅早已认识到隐喻对于语言表达的重要性，而且谈及隐喻与思维的关系。《诗经》中常用的“赋、比、兴”三种表达手段，后两种就大致相当于隐喻。孔子也提出了“能近取譬”“引譬连类”的观点。有学者也将“兴”理解为“引譬连类”，认为它不只是一种修辞技巧，而更接近于一种类比联想、思维推理的方法，只要两种事物之间在某一方面具有相似性，便可将它们同化为一类现象，这种触类旁通式的思维方式和表达技巧得到了孔子的充分肯定，并将“引譬连类”视作思维的典范，这可谓隐喻认知论的先声。

另外，先秦时期的墨子、庄子、惠施、荀子等也有类似的论述，都认为要用知道的事体来喻说不知道的事体，隐喻的作用是为了使对方明白，易于理解，这是对譬喻功能最概括的解释。两汉时期的郑众、郑玄、刘安、董仲舒、王充等对之亦有论述。王逸还曾对《离骚》中的隐喻进行了归纳。魏晋南北朝时期的代表人物为刘勰，他在《文心雕龙·比兴》中对隐喻作了较为全面的研究。唐宋时期的皎然、朱熹也认识到了隐喻的重要性。特别是陈骙在《文则》中较为详细地论述了譬喻，并最早以《诗经》为语料对象进行了统计分析，将其分为十大类型。元明清时期的戴侗从理论上对隐喻进行了总结，在实践上进行了运用。明清时期还出现了汇编隐喻的专书，如徐元大的《喻林》、吕佩芬的《经言明喻编》，都对各类隐喻进行了较为详尽的收集、整理、归纳和分类。

特别值得一提的是，我国汉语界的张明冈于1985年也谈到隐喻的认知功能。曹先擢、苏培成于1999年编撰出版了《汉字形义分析字典》，共收常用字7000多个，较为详细地注明了多义字意义引申的隐喻性途径，这就类似于西方认知语言学家对多义词“OVER”“ON”意义链扩展途径的论述。但到目前为止，西方还没有编出一本类似的词典。这都说明我国学者在语义学某些方面的研究并不比西方学者落后，其中不乏精彩论述，有些地方甚至超过他们。

但我国汉语界这方面的发展整体尚不平衡，有人开拓，有人守成，各有风格。如孔子等先贤所论及的隐喻认知观未能得到延续和发展，很多学者还是将隐喻视为一种修辞手段，如在1999年出版的《辞海》中对隐喻的定义还为：

比喻的一种，本体和喻体的关系比之明喻更为紧切。

这一定义与1989年、1979年版的完全相同，还局限于传统的“修辞观”[①]，仅多了一个本体与喻体之间可表示偏正关系的例子，这确实令人感到有点遗憾。

五、结语

通过初步对比可见，中西方的学者虽出自不同的社会背景和政治环境，研究进路各有所长，所用语言也千差万别，但很多思想却有相通之处。当我们站在当代人类认识发展的高度来回顾往昔，观察历史，审时度势，我们完全可以超越时空限制，运用对比的方法将全人类有关的同类观点、相关理论进行综合研究。此时若要考虑时间因素的话，那就是西方思想中很多精彩观点在我们老祖宗的文本里早有表述，正是这些闪亮的思想火花构成了中国国学的精华部分，也是世界文化宝库中的一个重要组成部分。当然了，我国古代学者有关语义的论述与西方学者的有关观点，出自不同的生活环境和历史背景，各路学者所考察的对象各有所重，研究目的也存在不少差异，时间也相差多年，立论基础和论述内容有很多不同，但这并不是说两者就不可相互比较，如当前哲学界所进行的庄子与海德格尔的对比研究就是一个很好的例证。

通过上述对比我们自然就能发现，我国古代学者的语义研究，特别在体认观、概念隐喻等方面，确实要早于很多西方学者，且不乏精彩之处。我们所得出的这一结论，并不是要刻意抬高我国古代学者的贡献，无端抒发民族自豪感，而是重在以史料为根据，以文本为基础，分层次分对象地

① 这一观点反映在语言教学大纲或教学实践中，更倾向于将其归入修辞学，属于语言能力之一种，因而并没有将其视为语言教学中的一项重要内容来认真考虑。目前受到隐喻认知理论的影响，国内外已有不少学者提出在教学中要注意培养学生的“隐喻能力”，并将这种能力单独列出来，与语言能力、交际能力并列为三大能力（参见王寅，2007a），这就将隐喻上升到“认知”这一高度来认识。

进行对比，因此得出上述有关结论是有根有据的，具有较大的说服力。这一事实也说明，外语界语言学者的眼光不能仅盯住西方，而忘却宝贵的本土文化。正如荀子所言：

不闻先王之遗言，不知学问之大也。（《荀子·劝学》）

英汉两界学者应当站在世界范围的高度，携手并进，兼收并蓄，理清思路，放眼全球，纵观古今，互补长短，为在语义研究中实现真正“扎根本土的合璧式创新”的理想局面做出我们应尽的努力，彻底摆脱“中不通西，外不兼中”的分封割据现象。

我国很多学者在这方面做出了很多贡献，可喜可贺！只有坚持走“洋为中用”和“中西合璧”之路，才能使我们站在时代的前沿，肩负强烈的责任感，一方面深入挖掘中华文化之深刻内涵，扬我之长，另一方面也全面考察西方语义理论中合理内核。我们坚信，两条腿走路总比一条腿会走得更稳，走得更快，走得更好。我们也希望汉语界同仁能够更多地关心和支持我们的学习和研究，加强两界的有效交流和真正沟通，确实能使我国的语言理论，特别是语义研究，真正走上洋为中用、中西结合的道路。

这话说起来似乎十分容易，但真正落到实处，则需付出艰辛的劳动，“坐得板凳冷，少闻窗外事，耐得清平乐，方能悟真谛”。另外，长期在一种理论框架中研究的学者确实难以跳出其划定的雷池，“理论定势”与“兼听则明”时常难以两全，这也需要一种开拓精神，需要摆正“千人诺诺”与“一士谔谔”之间的落脚点，掌控“顺着说”和“接着说”之间的辩证法（徐盛桓，2007），注意吸收各类新思想，不断强化创新性思考，广纳百家之言，兼听不同见解，才能真正做到“与时俱进”。

参考文献

[1] LAKOFF G，JOHNSON M. Metaphors we live by [M]. Chicago：The University of Chicago Press，1980.

[2] ZELINSKY-WIBBELT C. The semantics of prepositions：from mental processing to natural language processing [C]. Berlin，Boston：De Gruyter Mouton，1993.

[3] 戴浩一，叶蜚声. 以认知为基础的汉语功能语法刍议（下）[J]. 当代语言学，1991（1）：25—33.

[4] 何九盈. 中国古代语言学史 [M]. 广州：广东教育出版社，1995.

[5] 胡壮麟. 科学理论新发现与语言学新思维——兼评 Goatly 协和语法[J]. 外语教学与研究，1999（4）：1—6，77.

[6] 黄国文. 关于“外国语言学及应用语言学”的思考 [J]. 外语与外语教学，2007（4）：4—7.

[7] 李恕豪. 中国古代语言学简史 [M]. 成都：巴蜀书社，2003.

[8] 潘文国，谭惠敏. 对比语言学：历史与哲学思考 [M]. 上海：上海教育出版社，2006.

[9] 潘文国. 关于外国语言学研究的几点思考 [J]. 外语与外语教学，2007（4）：1—3，7.

[10] 濮之珍. 中国语言学史 [M]. 上海：上海古籍出版社，2002.

[11] 钱冠连. 西语哲在中国：一种可能的发展之路 [J]. 外语学刊，2007a（1）：1—10.

[12] 钱冠连. 以学派意识看外语研究：学派问题上的心理障碍 [J]. 中国外语，2007b（1）：28—30.

[13] 钱冠连. 语言：人类最后的家园——人类基本生存状态的哲学与语用学研究 [M]. 北京：商务印书馆，2005.

[14] 沈家煊. 关于外语界做研究的几点想法 [J]. 中国外语，2007（1）：

19—20.

［15］王宏印. 白话解读公孙龙子［M］. 西安：三秦出版社，1997.

［16］王力. 王力文集（第一卷：中国语法理论）［M］. 济南：山东教育出版社，1984.

［17］王力. 中国语言学史［M］. 太原：山西人民出版社，1980.

［18］王寅. 二山之石，必可攻玉——认知语言学中的 ICM 理论在语义分析中的应用［J］. 中国外语，2005（2）：32—36.

［19］王寅. 认知语言学［M］. 上海：上海外语教育出版社，2007a.

［20］王寅. 英汉语言宏观结构区别特征［J］. 外国语，1990（6）：38—42，26.

［21］王寅. 英汉语言区别特征研究［M］. 北京：新华出版社，1996.

［22］王寅. 中西语义理论对比研究初探：基于体验哲学和认知语言学的思考［M］. 北京：高等教育出版社，2007b.

［23］徐盛桓. “照着讲”和“接着讲”——当代语言学研究自主创新问题的思考［J］. 中国外语，2007（1）：7—12.

［24］徐盛桓. 思维方式与创新——创新共斟酌之二［J］. 中国外语，2006（1）：4—5.

［25］杨自俭. 学会·学风·学理·学问·学派·学人——中国英汉语比较研究会第六次全国学术研讨会暨学会成立十周年庆典［C］. 杨自俭. 英汉语比较与翻译（6）. 上海：上海外语教育出版社，2006：1—12.

［26］张后尘. 语言学研究与现代科学发展［J］. 中国外语，2008（1）：23—26.

［27］赵秋野. 俄罗斯心理语言学研究创新的启示［J］. 外语学刊，2007（1）：45—50.

［28］赵振铎. 中国语言学史［M］. 石家庄：河北教育出版社，2000.

附录七

中西学者对体验哲学的论述对比初探

一、序言

自从开始讨论语言的起源，人们就一直在不停地问自己：人类的语言是从哪里来的？是从天上掉下来的吗？是人的头脑里固有的吗？认知语言学（CL）的回答是，它既不是天上掉下来的（这就批判了上帝创造语言的观点），也不是人的头脑里固有的（这就批判了语言天赋论）。语言是人们通过自己的感觉器官在对现实世界进行身体经验（即体验）的基础上，经过认知加工而逐步形成的，是主客观互动的结果。CL 一方面认为人类的认知和语言具有体验性，另一方面又强调主客观互动，认知和语言具有一定的主观性，概念的隐喻性就包含了这一层含义。本文主要围绕中西学者对体验性和隐喻性的认识进行初步对比。

二、中西学者对体验性的论述对比

（一）西方学者的论述

雷科夫和约翰逊（Lakoff and Johnson，1980，1987，1999）提出体验哲学（Embodied Philosophy），并将其视为认知语言学（Cognitive Linguistics，简称 CL）的理论基础，其主要观点是范畴、概念、推理、心智和意义等是基于身体经验形成的（即为体验的结果），其最基本形式主要依赖于对身体部位、空间关系、力量运动的感知。语言符号也是这样，遵循着“现实—认知—语言”的进展程序，在很多情况下是有理可据的，CL 就是要解释语言符号背后的像似性认知机制。而语言的体验性这一特征在大多语言学著作中都没提到和论述过，更谈不到将其视为语言的一条根本特征了。笔者根据体验哲学和 CL 的基本原则，强调语言具有体验性这一根本特征。

赫尔德（Herder，1772）早在名著《论语言的起源》中就从人类的体验和认知角度阐述了语言的起源问题，强调了语言的体验性。语言的体验观也符合“劳动产生语言”的观点（高名凯，1984：7—11），劳动可被视为体验之一种。这也与唯物主义的基本观点吻合，承认存在决定意识和意义。马克思（1845）、恩格斯（1892）、列宁（1908）对其都有重要论述，唯物主义者强调物质的第一性，认为意识来源于物质性的客观外界，实践出真知，这是从总体角度而言的，其中实际上也包含了意识来源于体验和空间的思想，但他们没有对这一观点进行详细论述。

马林诺夫斯基（Malinowski，1935，参见 Halliday and Hasan，1985：7）指出：

> 所有词汇的所有意义最终是来自身体经验。

韩礼德和哈桑（Halliday and Hasan，1985：47）强调语篇与语境之间的辩证关系，语境可以创造语篇，语篇也可创造语境。他们（1985：69）还说，学习建构语篇是一个关于社会经验的问题，这里实际上也反映出他们已认识到语言建构与体验观之间的内在联系。库克（Cook，1994：19，14–15），拉乌（Gisa Rauh，1978），蒙达达（Mondada，1996：571），季（Gee，1999：6，34）等学者也都论述了语言与社会实践之间的密切关系。但是真正从理论上对语言体验性做出透彻论述的当算雷科夫和约翰逊的体验哲学，他们（1999）建构了体验哲学，强调了心智的体验性，并将其列为三条原则之首。他们（2002：249，245）后来又反复强调了这一根本原则：

> 从最深层的意义上来说，心智是体验的，意义是体验的，思维是体验的，这是体验哲学的核心。

他们以及其他认知语言学家运用体验原则深入论述了概念结构、语言构造的形成，这才逐步使得人们认识到语言体验性这一重要特征（参见有关论文和著作，本文略）。

（二）中国学者的论述

关于体验哲学和认知语言学中提到的一些基本观点，以及“现实”“认知”“语言”三者间关系，我国古代哲人早有论述，与西方的语言体验观存在共通之处。

公孙龙（前320—前250）在《名实论》中指出：“审其名实，慎其所谓。”要求人们明察名实关系，慎重对待称谓问题。他认为名实关系的实质在于如何“称谓”（“夫名实，谓也”），其认识论基础是“知”，须对名实关系做出正确的判断。只有深入认识事物的本质并据此考察其名与实是否相符，才能实现用正确的名来呼应或对应于各自不同的事物的实。对客观事物的区分，复见于命名本身的相互区分，即“唯乎其彼此”（王宏印，1997：94）。公孙龙在这里强调了人们须在认识事物本质的基础上来理解名与实之间的关系，即须将物纳入“认知”中来加以理解，也就是当今 CL 所说的在事物与名称之间存在认知这一中介。

荀况（约前 313—238）在《正名》中较为完整地阐述了语言认知观，当今认知语言学的基本观点与此十分接近，这比西方的 CL 早了约 2300 年，比洛克（Locke）的观点也早了近 2000 年。

刘歆和扬雄在《论〈方言〉》一书中，认为一切命名应当皆有验证，“非徒无主而生是也”。刘勰（约 465—约 532）在《文心雕龙》中指出：

仰观吐曜，俯察含章，高卑定位，故两仪既生矣。惟人参之，性灵所钟，是谓三才。

从他对“人”通过对天和地的“观”与“察”形成“两仪”的论述可见，他在 1500 年前就道出了“空间”和“人”是人们形成概念的基础这一道理，体验哲学和当今 CL 与此观点相同。他还提出了“心生而言立”的观点，现实先作用于心智，由心智再产生语言，并认为认知（或思维）是主导的，语言是从属的，这一观点正是今天认知语言学所主张的基本观点。

明末清初的王夫之（1619—1692）将符号视为：

对象的表征，人心的产物。（《遗书》二十五）

这“人心的产物”就是从程颐的“义理”继承下来的，与“心生而言立”的观点相仿。后来，章太炎在《语言缘起说》中提出：

（1）物之得名大都由于触受。

（2）诸言语皆有根。

在此，他一方面强调了语言中的词语起名与人们的身体经验密切相关，另一方面又认为应从身体经验角度来论述字词的根源。他还指出文字是先由图画而起，渐渐由繁而简。

黄侃也曾指出：

说文形动字多假物体为象。

即造字的理据必须是现实的、具象的，假借实物来说明空理，是形容词和动词构字的规律。

陆宗达、王宁（1994：9，113）也认为：

词汇，特别是它的意义是一种直接与民族生活、民族心理、民族文化密切相关的语言要素。

词义引申是有规律的，而且具有强烈的民族性，表现出各自民族自身的习惯，这是因为运用两种语言的人见到、听到、接触到的具体事物并不完全一样，不同民族的人观察事物的方法、心理也是不同的，因而，他们捕捉到的事物特点也必然有不同程度的差异。

如汉语中的“眼镜”这一词语，说明了中国人在对该物的体验和认识时主要抓住了“使用场所”这一特征，镜子架在眼睛前。而英语的体验和认识有两种方式：其一抓住了构成材料——glasses，指用两块玻璃做成的物体；另一则侧重其功能——spectacles（词根 spect 意为“看”），并以其为依据取名。同一个物体，由于概念化的方法不同，产生了不同的认知结果，因而在英汉两语言中就有了不同的命名思路和结果。

戴浩一于 1985 年提出了用时间顺序原则（时间顺序对汉语语序有直接影响）、整体–部分关系（汉语中常把整体放在部分前面）、空间词语的比喻用法（表示空间的词语可引申来表示其他概念）等原则来论述汉语语法构造。他于 1987 年在美国俄亥俄州立大学东亚系举办的学术讨论会上首次提出了以认知为基础的汉语功能语法，考察汉语语法如何反映汉语使用者从概念上认知现实世界，并形成了汉语独有的特点，为汉语界从认知功能角度研究语言提出了一个崭新的思路。他的演讲论文于 1989 年正式发表，叶蜚声于 1990 年将其译为汉语，分两期发表在《国外语言学》（1990 年第 4 期和 1991 年第 1 期）上。在论文中，他坚决主张放弃客观主义哲学观，应运用非客观主义哲学观（即体验哲学），从人类对时空的一些基本认知能力出发，结合一般交际原则来论述汉语语言结构是来自对现实的象征这一观点。他认为语言的表层结构直接来自表示语义的结构，而语义结构等于概念结构，概念结构又来自人类的身体经验，感知时空的基本手法，与外界相互作用的人体构造密切相关。他在论文中指出：

人类因自身的生理构造而用特殊的、一贯的方法来感知客体、人、空间、时间和它们的相互关系。人类所生活的物质世界和人体的生理构造施加一定数量的约束于人类的感知和语言。

因此我们应当以人类的基本体验感知能力为基础，尤其是对空间和时间方面的体验感知，来解释汉语的语法结构。这样，语法就不是任意的、自主的、自足的形式系统，它原本就是概念化的现实的符号表达，受语义的直接支配，体现了人们对现实世界的看法。他从体验和认知的角度尝试对汉语语法做出了富有解释力的分析。

笔者（2003，2004）近年来也分别运用体验哲学和认知语言学的基本原则分别从语言的不同层次对语言成因做出了初步论述。

（三）小结

说到“体验”，首先要回答三个问题：用什么体验？首先体验什么？如何体验？回答了这三个问题也就可以基本理解认知和语言的体验性问题了。

（1）我们用什么体验？当然用我们的身体（包括各种感觉器官）。关于这一点，我国学者和西方学者都有明确的论述，特别是通过五官的具体体验，以及基于其上所形成的语言之间的同和异，荀子的论述较西方的学者更为具体和鲜明（参见上文）。

（2）我们首先体验什么？首先体验的是空间，包括地点、方向、运动等。布勒（Bühler，1934）早就阐述了空间对于人类概念形成的重要性（参见 Pütz & Dirven，1996：330）。莱昂斯（Lyons，1977：282，719）也持相同看法。格鲁巴（Gruber，1965）曾指出空间位置和运动概念可用来解释许多其他语义域。杰肯道夫（Jackendoff，1983：188，209）

在这个假设的基础上进一步提出了“主题关系假设（Thematic Relations Hypothesis，TRH）”理论。雷科夫（Lakoff，1987：354）提出了形式空间化假设。我国学者刘勰和戴浩一对其也有较好的论述，特别是刘勰早在1400多年之前就提出了这一观点，这应引起我们的高度注意。另外，许慎（约58—135）在2000多年之前就提出：

近取诸身，远取诸物

这一观点除了“体验”的思想之外，较西方学者还多了一个“参照诸物”的观点。

（3）我们如何体验？主要是通过互动的方式。西方学者对其论述较详，我国学者，如荀况、刘勰等人的论述虽已含有这一概念，但未能将其明说出来，作为一个命题进行专门的深入细述。

根据我们的体会，这三者便是人类概念和语言之始源，也是对上述学者论述的一个基本总结。人类的认识是基于对自身和空间的理解之上，沿着由近到远、由具体到抽象、由身体和空间到其他语义域的道路通过互动等方式逐步发展起来的。

三、中西学者对隐喻的论述对比

（一）西方学者的论述

西方学者对隐喻研究已提出了很多理论：指称说、替代说、转移说、变异说、分类说、互动说、语用说、语义说，以及当代认知科学界提出的认知说（参见王寅，2001：303）。这些理论尝试从不同的角度，运用不同的方法对隐喻做出理论解释，它们可大致分为两大类：

（1）语言说，强调从语言不同层面来认识隐喻，包括修辞说、替代说、转移说、语义说、语用说等。

（2）认知说，强调从人类的思维高度来分析隐喻的认知功能。这方面的论述国内很多学者以及笔者都有较多论述，此处略。

（二）中国学者的论述①

正如语义研究不是西方学者的特权一样（王寅，2000），对隐喻理论的阐释，也绝不仅是西方学者的独有领地，我国古代学者早已认识到隐喻对于语言表达的重要性，也谈及隐喻与思维的关系，他们的有关论述与见解有些要早于西方。何九盈将中国古代语言学大致分为6个时期（先秦、两汉、魏晋南北朝、唐宋、元明、清），本文据此将古代隐喻研究大致划分为5个时期，并在此基础上增加第6个时期：

（1）先秦时期；

（2）两汉时期；

（3）魏晋南北朝时期；

（4）唐宋元时期；

（5）明清时期；

① 关于术语问题，我国古代学者有用“比兴”的，有用“比喻”的，有用“譬”的，也有用“引申”的，它们就大致相当于西方学者所说的“隐喻”。陆宗达、王宁（1994：318）指出，郑玄在注“三礼”时就已经开始分析引申义；徐锴著《说文系统》也用到这个术语；段玉裁一部《说文解字注》，贯穿了本义与引申义的问题；朱骏声在《说文通训定声》里以“转注”囊括引申现象，不乏精辟的分析；而章太炎先生创“转注假借说”，又以“假借”囊括引申，他不但把引申作为词义运动的基本形式来分析，而且把引申理论贯穿到他的字源专著《文始》中去，用引申来解释义通现象；黄季刚先生则把引申提到训诂学的定义中来，给这一问题以更重要的地位。

（6）20 世纪。

四、结语

根据体验哲学可知，概念和理性主要是依据身体经验形成的，意义不可能独立于身体的心智能力，这就批判了唯心观和二元论。体验哲学还认为语言来源于实践，与人类的概念结构和认知方式密切相关，不可能自治，这就批判了语言的天赋观和自治观。语言形式与概念意义之间互为依存，具有大量的像似性，这就不能不对任意说提出质疑（参见许国璋，1988）。

体验哲学、语言认知观、隐喻研究，如同语义理论一样，绝不是西方学者的专利，通过中西学者论述的对比可见，我国古代哲人早就意识到语言与体验之间的关系，隐喻与思维之间的联系，其中有些论述比西方学者要早 2000 多年。因此，英语界的学者不能仅将眼光盯在西方的理论和著作上，而必须研读我国的本土文化，注意中国学者的研究动态，他山之石固可攻玉，但也不可忘却我山之石也可攻玉这一事实。

近来我们十分高兴地看到不少汉语界学者出国留学和从教，运用国外新理论来研究汉语，大大拓宽了研究空间，并出版和发表了不少既有民族性，又有国际性的专著和论文。同时国内还出现了两栖类的研究生，外语专业的学生考上汉语界的研究生，拓宽了两界往来的渠道。我们外语界的学者也希望能有中文专业的学生考上外语界的研究生，以使两界优势互补得到平衡发展。

语言理论研究要走中西结合、洋为中用的道路（参见王寅 2001：88—105），笔者这些年来在这方面做了一点尝试，还很不够。很多学者也在这方面做出了很多贡献，可喜可贺！中西语言理论对比研究是一个大课题，需要大家的共同努力。

参考文献

[1] COOK G. Discourse and Literature：the interplay of form and mind [M]. Oxford：OUP，1994.

[2] GEE J P. An introduction to discourse analysis：theory and method [M]. London：Routledge，1999.

[3] GRUBER J S. Studies in lexical relations [D]. Cambridge：Massachusetts Institute of Technology，1965.

[4] HALLIDAY M A K，HASAN R. Language，context and text：aspects of language in a social-semiotic perspective [M]. Victoria：Deakin University Press，1985.

[5] JACKENDOFF R S. Semantics and cognition [M]. Cambridge，MA：MIT Press，1983.

[6] JOHNSON M，LAKOFF G. Why cognitive linguistics requires embodied realism [J]. Cognitive Linguistics，2002，13（3）：245-263.

[7] LAKOFF G，JOHNSON M. Metaphors we live by [M]. Chicago：The University of Chicago Press，1980.

[8] LAKOFF G，JOHNSON M. Philosophy in the flesh：the embodied mind and its challenge to western thought [M]. New York：Basic Books，1999.

[9] LAKOFF G. Women，fire，and dangerous things：what categories reveal about the mind [M]. Chicago：The University of Chicago Press，1987.

[10] LYONS J. Semantics（Vol.2）[M]. Cambridge：CUP，1977.
[11] MONDADA L. How space structures discourse [C] //PÜTZ M，DIRVEN R（ed.）. The construal of space in language and thought. Berlin/New York：De Gruyter Mouton，1996：571–598.
[12] PÜTZ M，DIRVEN R. The Construal of Space in Language and Thought [M]. Berlin：De Gruyter Mouton，1996.
[13] RAUH G. Linguistische beschreibung deiktischer komplexität in narrativen texten [M]. T ü bingen：TBL–Verlag Narr，1978.
[14] 戴浩一，叶蜚声. 以认知为基础的汉语功能语法刍议（上）[J]. 当代语言学，1990（4）：21—27.
[15] 戴浩一，叶蜚声. 以认知为基础的汉语功能语法刍议（下）[J]. 当代语言学，1991（1）：25—33.
[16] 党怀兴.《六书故》研究 [M]. 西安：陕西师范大学出版社，2000.
[17] 高名凯，石安石. 语言学概论 [M]. 北京：中华书局，1963.
[18] 赫尔德. 论语言的起源 [M]. 姚小平，译. 北京：商务印书馆，1999.
[19] 李湛渠. 中国古代文论浅探 [M]. 南京：江苏古籍出版社，1996.
[20] 列宁. 唯物主义和经验批判主义 [M] // 列宁. 列宁全集（第 18 卷），中共中央马克思、恩格斯、列宁、斯大林著作编译局，编译. 北京：人民出版社，1988.
[21] 陆宗达，王宁. 训诂与训诂学 [M]. 太原：山西教育出版社，1994.
[22] 马克思，恩格斯. 马克思恩格斯全集（第 22 卷）[M]. 中共中央马克思、恩格斯、列宁、斯大林著作编译局，译. 北京：人民出版社，

1965.
[23] 马克思，恩格斯. 马克思恩格斯全集（第3卷）[M]. 中共中央马克思、恩格斯、列宁、斯大林著作编译局，译. 北京：人民出版社，1960.
[24] 王宏印. 白话解读公孙龙子 [M]. 西安：三秦出版社，1997.
[25] 王寅，李弘. 体验哲学和认知语言学对词汇和词法成因的解释 [J]. 外语学刊，2004（2）：1—6，92—112.
[26] 王寅，李弘. 体验哲学和认知语言学对句法成因的解释 [J]. 外语学刊，2003（1）：20—25，112.
[27] 王寅. 语义理论与语言教学 [M]. 上海：上海外语教育出版社，2001.
[28] 王寅. 中西语义理论的对比与翻译理论的建设 [J]. 中国翻译，2000（3）：8—11.
[29] 许国璋. 语言符号的任意性问题——语言哲学探索之一 [J]. 外语教学与研究，1988（3）：2—10，79.
[30] 叶舒宪. 诗经的文化阐释 [M]. 武汉：湖北人民出版社，1994.
[31] 张明冈. 比喻常识 [M]. 北京：北京出版社，1985.

（原载《外语与外语教学》2004年第10期）

附录八

基于ISVO构式和多重传承机制分析汉语特殊句式

一、序言

笔者（1999）曾将英汉两语言的主动句基本句型描写为：

起语（Initial）＋主谓宾（SVO）

该句型可简称为ISVO，且从信息结构和参照点角度论证了句首成分“起语”对于语句表达的重要性和不可忽略性。本文在构式语法理论框架中将其称为“ISVO核心构式”，现以“构式程序分析法”描写及分析如下（“φ”表示可省略的成分）：

起语 ＋ 主语	＋	谓语 ＋ 宾语
Initial ＋ Subject	＋	Verb ＋ Object
IS 话题部分（Thesis）		VO 述题部分（Express）

例如：

[1] 下午	我们	开	小组会。
[2] 没想到	你	也会误	事。
[3] φ	我们	开到了	前线。
[4] 天下	φ	无	难事
[5] φ	φ	只剩下	第九道题了。
[6] 自行车	φ	骑走了	φ。
[7] 一日	φ	φ	三餐。

沈家煊（1999：96）曾指出，语言研究的目的原本是想以简驭繁，用简明的规则说明复杂的现象。本文认为，该核心构式不仅可用以解释语言中常见句型或变体（通过构式中不同成分的结合或省略），还可将其与构式语法中的“多重传承机制”结合起来，统一解释汉语中若干常见疑难构式。

二、起语与主语

（一）起语

吕叔湘（1979：129）在传统语法框架中将句首非主语成分析为“次要成分”，胡裕树（1962：373）认为：

它们附丽于句，不能离句而独立。

可将其析为“句首特殊成分”，是全句的修饰语、提示成分、独立成分，但是，若从语义或信息角度来说，句子开头的成分“起语”，对于一个语句来说不是可有可无的“次要成分”，因为人们说话时总要先确定一个说话起点，然后再以其为基础建构整个语句。“起语”就发挥着这一重要作用，标示着讲话人的认知出发点，为整个句子奠定了一个支撑点。同时，句首成分可使听者或读者十分容易地获得语句的大致内容域，将听话人的注意力聚焦于一个有限的范围之内，从而为双方交际奠定了言谈基础，不至于漫无边际，无所定位。因此，“起语”绝非能以“次要成分”而冠之，它在实际言语交际中起着十分重要的语义和语用功能。

在很多情况下，“起语”和“主语”可以重合，这就是简单的“主谓宾构式（SVO-Construction）”，其中的主语也是起语，例如：

[8] 老张砸碎了瓶子。

[9] 他在看书。

按照ISVO构式分析法，主动句逻辑主语前的成分都可视为起语，而且一个分句的起语（意群单位）可能有两个或两个以上的，如：

[10] 昨天下午，在磁器口码头，李凯遇见了一位多年不见的老同学。

[11] 吝啬、自私、嫉妒，这些都是他的缺点。

例[10]中，在逻辑主语“李凯”前边出现了两个起语，一个为时间短语，一个为地点短语，它们都是认知参照点，为其后的陈述作铺垫。若将这三者分别析为时间主语、地点主语、施事主语，必然要引出若干问题：

它们能在一个层次上吗？究竟哪个为“主”？汉语的主语能无所不包吗？若将汉语主语定位于动作的“施事性”[①] 主体上，就可有效地避免此类麻烦。

在例［11］中，句首同时出现了三个起语，这就是吕叔湘（1990：121）所说的“外位语”，它们与后面的“这些”具有同位关系。

将句子开头成分析为“起语”，可同时兼顾到句法分析中的“话题（Topic）”和“主位（Theme）”问题，关于这三者之间的联系和区别参见笔者（1999）拙文。

（二）主语

由于英语为屈折语，又属“主语突显型语言（Topic-prominent Language）”，而汉语属孤立语，又属“话题突显型语言（Subject-prominent Language）”（Li and Thompson，1976），因此该核心构式中的“主语”在英汉两语言中有不尽相同的含意。

我们知道，英语缺少主语则不成其句（祈使句除外，省略了第二人称），主要用名词词组或与其相当的成分，且还要考虑与谓语动词在人称和数上的一致关系、位移等问题，在某些印欧语言中还要使用标明主语的屈折形式。而汉语的主语不具有这些特点，常被省略，除名词之外还可用数词、动词、形容词、介词短语[②] 等，涵盖面较广，且对谓语动词没有屈折形式上的要求，必须结合结构上的词语顺序和语义上的施受关系来共同确定句子的主语（吕叔湘，1984：466—469）。

可是，什么时候依据“施受”，什么时候可用“语序”，似乎很难说

① 这是就动作动词来说的。本文暂且将判断句的论述对象也析为主语。

② 崔应贤、朱少红（1993）指出，赵元任先生于 20 世纪 70 年代认定介词词组具有充当主语的资格。

得清楚，前者的标准是语义，后者的标准是句法，这是两把不同的尺子，常常不可兼用，很可能成为“两边滑”的一种托词。

构式语法否定句法自治论，强调应依据语义（或逻辑）来分析句法，因此笔者暂将该构式中汉语“主语”限定于学界常说的“逻辑主语”上，具有“施事性（动作的执行者）”①，这样可将逻辑上的非施事性词语都划归为“起语”，有利于消解汉语主语分析太复杂的局面，如很多学者将其细分为“大主语、小主语、双主语”“逻辑主语、语法主语、形式主语”等，还按照意义将其析为“施事主语、原因主语、工具主语、受事主语、客体主语、所处主语、时间主语”等②。

（三）应用

ISVO 核心构式具有较大解释力，可十分方便地分析汉语中的动句，如例［6］，又如：

［12］作业写好了。

［13］照片印好了。

例句中的“作业”和“照片”不是谓语动词“写”和“印”的逻辑主语，将其处理为起语，后面省去主语，则可从语义角度做出更为合理的解读。

---

① 吕叔湘（1984：468）指出，将主语限于施事性“是有很坚强的心理依据的，各种语言的分析法的结果往往大体上和这个相符”。柯姆利（Bernard Comrie，1981）给主语下的定义是：“典型的主语既是主题也是施事。”雷科夫（1977）在运用原型范畴理论论述主语时也强调了主语的“施事性”“控制性”“意愿性”等属性（参见王寅，2007：164）。

② 此处所列主语顺序同时也表明了判定汉语主语的先后次序。

该构式还可用于分析“外位语”，如：

[14] 这些人你可别跟他们往来了。

[15] 青天白日，奴隶亦知其清明。

吕叔湘先生将例中加底线部分析为“外位语”，我们依据核心构式可将其统一视为“起语”，且分别与句中的“他们”和“其”构成同位关系。

除此之外，汉语中还有若干特殊句式，国内外学者虽提出了很多解决途径，但是缺乏统一的思路。本文则尝试运用 ISVO 核心构式为其提供一个统一性处理方案。

三、汉语疑难构式

“汉语是否有语法”曾是汉语界争论的一个焦点，有人认为有，但汉语语言学主体为“文字学、音韵学、训诂学”，凭借古人的睿智，明显的语法规则不至于不被发现，而要等到 1898 年马建忠先生才写出汉语的第一本语法书《马氏文通》？有人认为没有，那么马氏的书又是如何写成的？我们的回答是，汉语有语法，但没有像西方屈折语那样的语法体系。究竟应如何编写汉语语法体系，这仍是汉语研究的热点之一，为众多学者所密切关注。

当然了，“汉语没有语法”给我们的启示是，汉语缺乏形态变化，组词成句的规则不明显。词无定性，只有将其置于具体表达中才有词性，这就是汉语界常说的：

入句有品，出句无品。

且语序高度灵活，任何成分都可省略，但不能就此否定汉语没有语法，任何语言都有组词成句，连句成章的规律，只是我们的语法规则与西方屈折语语法规则不同罢了。马建忠先生首次尝试运用西方葛郎玛体系来分析汉语语法，功不可没，但也产生了很多难以解决的问题，这些年来国内外学者多有论述，如英语的 Sentence 等不等于汉语的“句子”，英语的 Subject 和 Object 等不等于汉语的“主语”和“宾语”，汉语有无词法和句法之别，汉语的时体系统怎样解释，若干特殊句式如何分析，等等。

认知语言学将句法研究归结到“构式语法”上，一反乔姆斯基仅关注普遍语法（Universal Grammar，简称 UG）或核心语法（Core Grammar）的思路，遵循着“普遍性孕育于特殊性之中”的哲学观（毛泽东，1937），将注意力集中在“特殊构式”上，首先分析“边缘性、复杂性、特殊性”的构式，然后再以其为基础反溯和解释概括的、规则的、简单的核心现象，并通过描述特殊构式能被恰当运用的条件，来逼近和描写具有概括性的讲话人的语言能力。这就从理论上和实践上否定了 TG 学派的理论取向，抛弃了转换分析法，将研究范围从“中心”扩展到了“非中心”，以求能解释语言中的所有现象，为语言研究开启了一条全新的进路，这显然比 TG 理论更具解释力。国内一批学者循此思路也尝试分析了汉语中若干特殊表达。诸如陆俭明（2002）分析了“吃他三个苹果”。沈家煊（2006）细述了“王冕死了父亲”这一特殊句式，揭示其背后的生成方式。王寅（2007，2009）以英语“eat+NP”和汉语“吃 + 名”为例阐释了英汉动宾构式的同和异，以及新近大量出现的“副名构式”，解释其后的认知机制。严辰松（2008）分析了汉语中的“年方八十”这一特殊构式。江蓝生（2008）分析了“差点儿 VP ≈ 差点儿没 VP”“难免 VP ≈ 难免不 VP”“VP 之前 ≈ 没 VP 之前”等正反同义构式。他们都遵循着构式语法所倡导的“从特殊现象入手”的研究思路。

笔者近来读到崔应贤、朱少红（1993）题为《主语宾语问题研究概观》的论文，文中列述了汉语常见的8种疑难句式，参见下文例［16］—［23］，它们也是其他许多学者所关注的语言现象，提出了许多解决方案。笔者尝试运用ISVO核心构式，且结合其他构式（如省略构式、倒装构式、同位构式等），运用多重传承机制对其做出统一解释。

现笔者首先根据ISVO构式程序图将它们分为五小类，且作如下解读（“{ }”表示可倒装的成分；“φ”为省略成分）：

类型	I	S	V	（O）
一	［16］这件事，	中国人民的经验	太多了	φ。（O省略构式）
二	［17］这洋八股，	鲁迅	早就反对过	φ。（O倒装构式）
	［18］这本书，	我	很喜欢	它。（同位构式I＝O）
三	［19］台上	{坐着}	{主席团}	φ。（SV倒装构式）
	［20］一条凳子	{坐了}	{三个人}	φ。（同上）
	［21］王冕七岁上	{死了}	{父亲}	φ。（同上）
四	［22］ φ	他	{一口水}	{都没喝}。（VO倒装构式）
五	［23］他的三个孩子（I），	一个在解放军里工作（SV）， 一个是护士（SVO）， 一个在学建筑（SVO）。		

第一小类：例［16］为ISVO核心构式省略O的变体构式，句首的“这件事”是谈话内容，可加上诸如“关于”“至于”“就……而论”“论及”“谈到”等词语，引出一个话题。后面实际上相当于一个判断句，自然也就不用宾语了。

第二小类：例［17］和［18］，它们是ISVO构式的另一变体构式，将逻辑意义上的宾语提到句子主语前作为“起语”，以突显其信息内容，可立即让听话人或读者了解讲话人或作者所述对象。例［17］中的“这洋八股”在逻辑上是“反对”的宾语，现提前作起语，以引人注意，按照认知语言学的“图形—背景（Figure–Ground）”分析法，将其从背景位置提前到图形位置，意在突显该部分的信息。又如：

［24］这烟，你不能抽。

［25］这步棋，不能走。（省去 S）

例［18］中“这本书”原是“喜欢”的宾语，现被提前到句首作起语，原理同上，但与例［17］不同的是，在原宾语的位置上用了一个代词“它”，即一个 ISVO 构式与一个“同位构式”结合使用形成了例［18］。也就是说，它同时传承了三个构式的信息，如图 1。

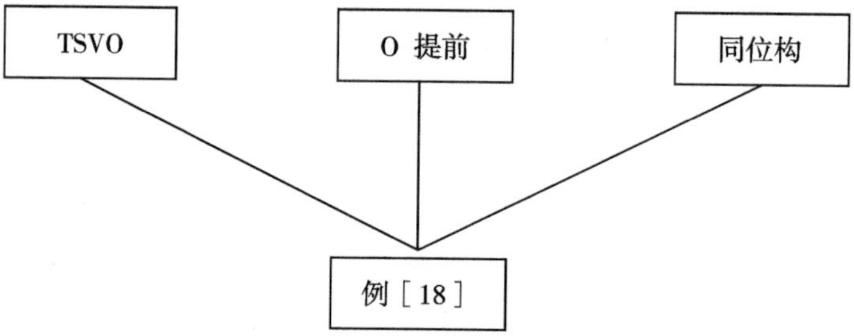

图 1　ISVO 与同位构式等融合图

在同位构式中，一般是先出现“实意名词”，然后再用“代词”，这一顺序信息在例［13］中也被传承下来了。另外，同位构式在运用中还有其他变化形式，如：

［26］一部《水浒传》，他一天就看了半部。

［27］艰难险阻，备尝之矣；民之情伪，尽知之矣。

例［26］中的起语“一部《水浒传》”与“半部”为同位关系，但并不全等，后者仅是前者的一部分。例［27］中套用了两套省略主语的 ISVO 核心构式，即“IVO 构式”，“艰难险阻”和“民之情伪”为起语，分别与句中两个“之”对应同位。

第三小类：例［19］至［21］，这三个句子可划归同一类型，即“起语 + 主谓倒装构式”，且省去了宾语，因为“坐”“死”可用作不及物动词。例［19］，“台上”为起语，交代处所，其后符合逻辑的主谓表达当为“主席团 + 坐着”，但它又传承了主谓倒装构式，将作谓语的“坐着”提前到逻辑主语“主席团”之前，从而出现了例［19］表达式。至于为何要倒装，我们提出如下假设：倒装后可使得“结构匀称”，在动词“坐着”的前面和后面各用一个名词词组，仿拟了常见的 SVO 构式。因此，例［19］同时传承了 4 个构式的信息，如图 2。

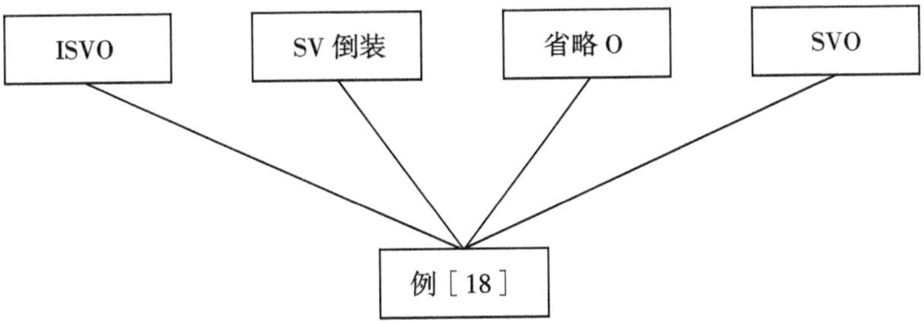

图 2　ISVO 与倒装构式等融合图

本文将 ISVO 视为汉语（也包括英语）的核心构式，因此它就是此类表达的基础。当然了，该构式也包含了 SVO 构式，但本文将 SVO 构式单独列出意在说明主谓倒装的原因，即在套用常见表达式：一个动词前后分别带上一个名词短语。

例［20］和［21］也可作同样解释。例［20］中“一条凳子”为起语，交代位置，后接一个主谓倒装构式。例［21］中“王冕七岁上”可视为起语，表示时间概念（相当于英语的时间状语），后面符合逻辑的表达当为“父亲死了”，但受到传统 SVO 匀称结构的影响（参见上文），实施了主谓倒装。这一分析方案可用于分析汉语中很多特殊表达，又如：

［28］他家倒了一面墙。

［29］李四烂了一筐苹果。

［30］墙上挂着画。

［31］河边长着杨柳树。

［32］茅台酒喝哭了志愿者。

这些都可析为“起语＋主谓倒装构式”。

我们还可进一步从语义角度来分析起语与主语之间的关系，例［28］和［29］为“属格关系”，例［30］和［31］为“存在关系”，它们与前两个例句都可归结为“整体—部分关系”，而例［32］则具有“动宾关系”。

第四小类是 ISVO 构式的另一变体，省略 I，后面的 VO 倒装，例［22］也可表达成：

［33］他都没喝一口水。

此为正常的 SVO 构式，且结合了否定构式，但为了强调宾语信息，讲话人将宾语“一口水”调到了谓语之前。当然，也可将“一口水”调到句首，即置于主语之前，说成：

［34］一口水他都没喝。

这就成了第二小类（如例［17］）。

第五小类为“ISVO 扩展式”，即起语为“他的三个孩子”，意在引出一个话题，后面分别接了三个 SVO 构式（主系表判断句也可析为 SVO）：一个在解放军里工作，一个是护士，一个在学建筑。例［23］已超出单句层面，它是一个句群。据此，句法层面的 ISVO 也可适用于章法层面。又如（摘自《现代商业银行》2010 年第 9 期）：

［35］记得数年前，“非典”肆虐期间，蜗居京郊，好好重温和享受了一把家庭幸福生活，连续几天，一天三餐，准时吃饭，已经是十几年来没有过的事，反倒把胃弄得七上八下不舒服了。

前三个小句（以逗号为准）为一个 IVO 构式，句首两个起语，省去了“蜗居”的主语。此 IVO 构式一起作起语，后面省去主语，接并列谓语“重温”和“享受”，这又是一个 IVO 构式。这两个 IVO 构式又一起作起语，引出后面三个构式“连续几天（倒装 SV），一天三餐（IO 构式，省去 S，也省去 V‘吃’），准时吃饭（VO 构式）”。前面所有信息又是最后两个小句的起语，引出两个 VO 构式，且后一构式通过“把”字将宾语“胃”提前，且接了一个补语“七上八下不舒服”。该句群的构式结构如图 3。

I V O

I V O

I {SV} + IO + VO

I + VO + VO

图 3

另外，一个语段往往是先给出一个话题，相当于“起语”，然后围绕它组织起若干SVO（或ISVO以及其变式）。在更高层次上，一个语篇也可理解为ISVO的扩展式，文章标题或开篇的引言相当于“起语”，其后引出若干语句（SVO或ISVO及其变式）来论述它。这种“多重套叠ISVO核心构式”就是形成各类句群、语段或语篇的认知机制，一方面说明语言具有递归性（Recursiveness），另一方面也说明ISVO及其若干变体和扩展式对于语言各层次都有较好的解释力。同时，这也完全符合构式语法的基本立场，词法、句法、章法是一个连续体（Continuum），其间没有明确的界限，这就意味着不必像TG那样将句法视为一个自治的语言层面单独加以处理，适用于句法层面的分析方法也同样适用于语篇层面。

四、结语

汉语语序配置高度灵活，且任何语法成分都可省略，再加上缺少形态变化，从而出现了汉语看似“没有语法”的现象。我们认为，汉语有语法，但没有像西方“形合”语言那样的语法。

汉语之所以句式多样灵活，主要是因为位置灵活，且省略常见。位置灵活，是为了取得各种语用效果，通过变化的句法位置来突显不同的信息内容，形成不同的衔接和连贯关系；省略常见，是为了满足表达经济性的要求，将那些不影响基本意义的可省成分作省略处理，这正体现了汉语“意合法”的精髓，ISVO核心构式正可用于解读汉语意合法诸多现象。

本文尝试运用ISVO核心构式及其变体（传承了其他构式的信息）来分析汉语诸多特殊构式，以期能为它们提供一个统一的处理方案，这与构式语法的研究目标完全一致。

参考文献

[1] CHARLES L N，THOMPSON S A. Subject and topic：a new typology of language [C] //Charles N Li (Ed.). Subject and topic. New York：Academic Press，1976：457-489.

[2] COMRIE B. Language universals and linguistic typology：syntax and morphology [M]. Chicago：The University of Chicago Press，1981.

[3] LAKOFF G. Linguistic gestalts [C] //BEACH W A，SAMUEL E F，PHILOSOPH S (ed.). Chicago linguistic society. Papers from the thirteenth regional meeting. Chicago：Chicago Linguistic Society，1977：236-287.

[4] 崔应贤，朱少红. 主语宾语问题研究概观 [J]. 河南师范大学学报（哲学社会科学版），1993（3）：60—64.

[5] 胡裕树. 现代汉语 [M]. 上海：上海教育出版社，1962.

[6] 江蓝生. 概念叠加与构式整合——肯定否定不对称的解释 [J]. 中国语文，2008（6）：483—497，575.

[7] 陆俭明. 再谈"吃了他三个苹果"一类结构的性质 [J]. 中国语文，2002（4）：317—325，382.

[8] 吕叔湘，朱德熙. 语法修辞讲话 [M]. 北京：中国青年出版社，1979.

[9] 吕叔湘. 汉语语法论文集 [C]. 北京：商务印书馆，1984.

[10] 吕叔湘. 中国文法要略 [M]. 北京：商务印书馆，1990.

[11] 马建忠. 马氏文通 [M]. 北京：商务印书馆，1998.

[12] 毛泽东. 毛泽东选集（第一卷）[M]. 北京：人民出版社，1991.

[13] 沈家煊. "王冕死了父亲"的生成方式——兼说汉语"糅合"

造句［J］．中国语文，2006（4）：291—300，383.
［14］沈家煊．“在”字句和“给”字句［J］．中国语文，1999（2）：94—102.
［15］王力．王力文集（第一卷：中国语法理论）［M］．济南：山东教育出版社，1984.
［16］王寅．汉语“动名构造”与英语“VN 构造”的对比——一项基于语料库“吃 /eat 构造”的对比研究［J］．外语教学，2007，124（2）：1—6.
［17］王寅．汉语“副名构造”的认知构造语法分析法——基于“压制、突显、传承、整合”的角度［J］．外国语文，2009，25（4）：1—8.
［18］王寅．认知语言学［M］．上海：上海外语教育出版社，2007.
［19］王寅．英汉语言区别特征研究［M］．北京：新华出版社，1996.
［20］王寅．主位、主语和话题的思辨——兼谈英汉核心句型［J］．外语研究，1999（3）：15—19.
［21］严辰松．从“年方八十”说起再谈构式［J］．解放军外国语学院学报，2008（6）：1—5.

附录九

对称认知方式与汉语对称结构

——试论汉语第三大语法手段及其对怪句的解释力

一、客观主义哲学观 vs 非客观主义哲学观

雷科夫和约翰逊（1980，1999）所创建的体验哲学反思了西方流行2000多年的客观主义形而上哲学，批判了传统研究中过分强调人类思维对现实的镜像性、机械性、客观性反映，忽略了“人本精神”。这一客观主义哲学观也直接影响到语言学界，如常说的“语言是对世界的客观描写”，20世纪初逻实论者还提出了“语言与世界同构”的原则。我们曾针对“同构观（Isomorphism）”提出了“拟构观（Paramorphism）”，强调在人的认知世界中既有客观世界的影子，更有人本加工的痕迹，大力强调语言研究中的人本观（王寅，2009）。因此体验哲学和认知语言学（CL）坚守非客观主义哲学，认为在现实和语言中还有一个关键的“人之认知”这一中介环节：现实—认知—语言。

这就是CL的核心原则，可进一步解读为，现实决定认知，认知决定语言，即语言产生自人与客观现实的“互动体验”和“认知加工”，这八个字可合称为“体认”。这既与索绪尔的语言系统先验观相对，也与笛卡尔和乔姆斯基的“语言天赋观”背道。“现实”与“语言”之间必须经过人的“认知加工”这一环节，后者必定要打上“人文”的烙印，这就是我们所说的“非客观主义语言观”，即语言并非客观现实的镜像反映，其中必是“惟人参之”（刘勰语）。人根据自己的理解、需要和方便，既可选用与客观对象相同或相似的方法来形成自己的语言结构和表达（如拟声、象形、语序与时序对应等），也可另求他法。客观现实中的现象和规律须经“人”有选择地映射到语言结构之中。

毛泽东主席曾问李政道博士对称性为什么会这么重要。李博士（1991）答道，静态动态都有对称性，其普遍性远远超过通常的含义，广泛地适用于从我们宇宙的产生到微观亚核反应的一切自然现象。他（1991：2，7，11，18）在书中还指出：

> 自然规律在左右变换下具有对称性是理所当然的。在人类所有智慧的追求中，很少有哪一个能和对称原理的深刻概括性和优美简洁相比。所有物理规律都具有对称性，它导致了守恒律。

魏尔（Weyl）也认为对称是自然世界的固有属性，他（1991：25）在书中引用了科学家耶格的语录：

> 就科学发现而言，要比巴斯德的这个发现（笔者注：指对称原理）具有更深远的意义，就不多见了。

因此我们完全可以说，人类生活在一个充满对称的世界中。

人体结构就是左右对称的佳作，自然界还有大量事物都具该特征。根据 CL 的核心原则，这类现象不可避免地会映射到人类的心智之中，成为一种重要的认知方式，体现在我们生活的方方面面，同时对语言结构和表达也产生了重要影响，现分述如下。

（一）现实

现实指我们的身体和自然世界，其中充满了对称性结构（轴对称图形是其中常见之一，指一个图形沿一条直线对折后两侧的图形能完全重合），大到自然现象、生物体系，小到微观世界、分子结构，大多以对称为基本结构。用斯图尔特（Stewart，2011：1）的话说，对称也是前沿物理学的主角。

对称代表着平衡、均匀、协调、守恒、美感，甚至生命，它是现实世界和人类世界的基本原则之一。在自然现象中，春夏秋冬、昼夜交替、上下左右、前面后面、四面八方，无不以相辅相成的对称格局相伴而存。郭沫若（1979：229）曾说：

> 本来宇宙间的事物没有一样没有节奏，譬如寒往则暑来，暑往则寒来，寒暑相推，四时代序，这便是时令上的节奏；再如高而为山陵，低而为溪谷，陵谷相间，岭脉蜿蜒，这便是地壳的节奏。

我们的身体多呈对称分布状，眼、耳、手、足尽皆如此。左膀右臂、左手右手、左脚右脚、左耳右耳、左眼右眼、两腿站立、前胸后背；大脑以沟回为中轴，两边分布着左半脑和右半脑，这些身体部位均呈轴对称图形分布在身体两边。两边对称了，左右也就平衡了，给人以一种比例和谐、两边协调的感觉，既具有外在的美，也是健康生活的需要。

生物界可分出动物和植物，动物界可分出人类和畜生，人分男女，畜分雌雄，植物的茎和叶大多两边对称或基本对称。生命也是以男女、阴阳、雌雄相交而得以延续，《易经》就依据男女生殖器对应形成了两个符号“阳爻 VS 阴爻”，这就是“太极生两仪”，此后就有了“两仪生四象，四象生八卦”，八八六十四卦可用以解释世界中若干自然现象和社会现象，难怪《易经》不仅是一本算命的书，更重要的是一本哲学书，将其视为学国学首读之书，实至名归。

若一个物种无此特征，就不能准确判断外界事物，谈何生存，甚至可威胁到生命，乃至种群灭绝。如人和动物只有一只眼，不仅视野会变小，对目标的形状、距离都会判不准；若只有一只耳朵，就难以确定声源的方向和位置，人和动物都要凭借两只耳朵来接受信息，以感受到的时间差和强弱差来做出判断；植物的叶子、花朵，几乎都是两边呈轴对称图形，倘若花冠发育失去了对称性，雄蕊就会失去授粉能力，不能传宗接代。

通过生物体和自然界中的对称结构来描述认知方式和语言结构，这与 CL 所坚守的“体认观”完全吻合。

（二）认知

唯物主义认为物质决定精神，认知受制于外界，体验哲学和 CL 继承了这一基本原则，形成了与索绪尔和乔姆斯基唯心观相对的体认观，认为概念来自人与空间的互动。全世界各民族的思想和语言必有共同之处（否则我们就不能相互理解），同就同在全人类面对相同或相似的自然世界，都居住在地球村里，必然能形成共享的认知机制和表达形式，这是由“体”

所决定的；各民族的思想和语言也有差异，异就异在各民族认识世界的方式存有差异，可通过“认”做出解释。这便是文首所说的“体认观”。

既然我们的身体及其生活在其中的自然世界具有若干对称性（包括轴对称），这就导致人类形成了“对称性”认知方式，在我们的思维结构中形成了“对称美”的传统，讲究结构对称，排布均衡。这也完全符合格式塔（完形）心理学机制：相似或相同的部分更容易组成整体，对称的模式是个“好”模式。

这一认知方式影响到诸多学科，如生物学中进一步细分出“辐射性对称、双辐射对称、左右对称”等，在自然科学和数学中概括出“镜像对称、平移对称、转动对称、伸缩对称”等，逻辑学也论述了“对称关系、非对称关系、反对称关系”等（金岳霖，1979；张克定，2006）。它还影响到诸多领域，如建筑、艺术、风俗、产品设计等。世界各民族在建造城池、宫殿、教堂、房屋时，基本原则都是以“方形、对称”为基本格局，如我国的西安、开封、南京、北京等都城，都围在一个方方正正的城墙内，里面的布局以一根中轴线为准，左右盖起了对称性建筑。与此相关的建筑艺术也基本如此，从恢宏耸立的皇宫柱子上所雕刻的龙凤呈祥浮雕，到达官贵人府邸门口所伫立的一对石狮，再到普通百姓居住的宅院，大多奉行着“对称美”的基本格局，所谓“前庭后院、东西厢房、南北院落”等，都是对称性排列结构的产物。

旋转的物体需要稳定性，而中心对称的设计正好可满足这一需求。人类所制作的各类用具，不可避免地要用中心对称的设计方案。汉民族的“对称”审美观还体现在民间风俗礼仪上，不论男婚女嫁、走亲访友，所带礼品的数量都为“双”，成双成对、双喜临门、好事成双。过年时门上贴的是对联，左右各一联，而且要讲究用词对仗、结构工整、平仄押韵，窗花也都取轴对称图形。

（三）语言

CL认为语言是体认（互动体验和认知加工）的产物，这与索氏和乔氏基于唯心论的语言观形成根本区别。通过人与客观世界的互动体验和认知加工而获得的“对称性”认知方式，自然也会影响到语言，且渗透到各个层面。刘勰在《文心雕龙·丽辞》中指出：“造化赋形，支（即‘肢’）体必双，神理为用，事不孤立。夫心生文辞，运裁百虑，高下相须，自然成对。”从身体的对称结构，讲到对称性认知，再说到语言中的对称结构，可谓CL核心原则“现实—认知—语言”之先声，这一“先”就先出1500年。

中华民族历来以“对称”为美，学界常将其视为一种修辞现象，也有学者（参考张国宪，1993；周殿龙，1990；殷志平，1995）提出过可从句法角度认识它的功能，还有学者（刘丹青，1982）认为可将其归为一种语法手段。而我们进而认为，对称不是一般的语法手段，而是一种十分重要的语法手段，不妨视其为位列“语序、虚词”之后的第三种重要手段，应重点强调、认真对待、深入研究。

二、汉语中对称美的具体体现

对称结构指成对或多个平行单位的共现，在汉语的各层面都有体现，如音、字、词、词组、小句、句群、段落、语篇等。由于我们采用的是方块字，可保证形式上的长短一致，方方正正，且还一字一音，使得“对称（同义术语还有对偶、对仗、对举、排比、平行、俳句、骈文等）”特别适合汉语的结构和表达，真可谓俯拾即是，异彩纷呈。用字整齐划一，语音数量相同，句法结构平行，形式上下对齐，语义范畴相类（包括相同、相似、相反、相对等），可使语言结构工整，表达平衡，对称和谐，用戴庆夏等（2003）的话来说，这是东方人的认知心理和哲学追求，体现了汉民族的结构美感和习惯诉求，完全符合格式塔心理学的基本原则，“对称美”应是全世界各民族之共识。现简略分述汉语中对称的结构和表达。

（一）语音

汉语在语音上有声母与韵母的对立，且要讲究“押韵、押调、平仄”。特别是自唐朝后所流行的双音结构，大大有助于形成汉语的对称美，这已成为汉语的主要构词形式。

（二）方块字

汉民族所用的方块字，也受到上文所述的“正方、对称”的基本建筑风格的影响，故以“方正”为主要布局，先设一个方框（看看孩童如何学习描红），然后依据“对称、均匀”的布局写下一笔一画。如“国”，就是一个典型的具有“方框、对称”结构的字，又如回、四、囚、因、园、困、固、圆、图等。汉字中还有很多其他字体呈（基本）对称性，可大致分为三种：

[1] 左右对称：非、草、双、凹、凸、宙、荣、丞……

[2] 上下对称：巨、旧、臣、吕、炎、圭、出、冰……

[3] 左右兼上下：二、十、三、工、口、丰、王、日……

形声字也具有“左右相扶，上下相承，音义兼备（偏旁表义，另部表音）”的特征。

（三）词汇

汉语的双音结构常用“相反、相同（同字叠用）、相类”的意义成分组成词语：

[4] 反义：矛盾、始终、内外、真伪、深浅、呼吸、褒贬

[5] 同义：个个、人人、姗姗、处处、时时、事事、天天

[6] 类义：征战、奔跑、东西、吵闹、嬉戏、纠缠、山峰

汉语还有“四字成语”，短小精悍，生动活泼，独具特色，读起来铿锵有力，朗朗上口，节奏感强，言简意赅，寓意深邃。难怪人们常以掌握成语的多少作为衡量汉语水平的标准之一。在这些成语中大多是两两对称，根据上述几类语义关系[①]，在汉语并列型和交叉型成语构式（沈艳萍，2010）中形成了以下几种组合方式：

[7] 反义＋反义：破旧立新、前仰后合、古往今来、趋利避害、貌合神离、承上启下

[8] 同义＋同义：三三两两、支支吾吾、冒冒失失

[9] 类义＋类义：妖魔鬼怪、仁义道德、断根绝种、帝王将相、刀光剑影、脑满肠肥、能说会道、光宗耀祖、苦大仇深

[10] 同义＋反义、反义＋同义：不男不女、一悲一喜、人来人往、能文能武、大是大非

---

① 笔者将“同义”限于两个形式相同的符号，而“近义”与“类义”难以切分，可暂将它们粗略地合起来举例。

[11] 反义＋类义、类义＋反义：劝善惩恶、颠倒黑白、天长地久、大吆小喝、天高地厚、此起彼伏、上蹿下跳、思来想去、说长道短、改天换地、起死回生、千山万水

汉语的作诗赋对无不讲究个词语对称，古人曾为“推”与“敲”而苦思冥想。《笠翁对韵》有云：

山对地，雨对风，大陆对长空。山花对海树，赤日对苍穹。

这是对称理念的最好例证。

（四）句法

句法层面更是“对称美”大显身手的地方，讲究文字上的对称，结构上的工整。汉语中的各种排比句、骈文、骈体、骈俪、格言、对联、楹联、口号、标语、对句、成语、诗歌、散文等无一不在其列，例如很多成语、谚语、俗语都成对出现：

[12] 前怕狼，后怕虎。

[13] 人不人，鬼不鬼。

[14] 天不怕、地不怕。

[15] 东一榔头，西一棒子。

[16] 上不上，下不下。

[17] 一不做，二不休。

在句义层面上也可按照上文的“同义、类义、反义”分出顺对（同义加强）、逆对（反义联想）等，如：

［18］书山有路勤为径，学海无涯苦作舟。

［19］走不好路怪路赖，睡不着觉怪床歪。

［20］受过寒冬的人一定会加倍体会到太阳的温暖，尝过黄连的人必然会深刻感受到蜂蜜的甜美。

［21］敲门最响的一定是收费的，敲门最轻的一定是推销的。

语言具有线性特征，只能是一个音一个音地向下说，一个结构一个结构地排列。由于汉语中的时序像似性程度较高，因此语序的先后顺序常反映了实际动作的先后顺序，我们不能同时说出两个同时发生的事情。但是，对称的平行结构就可弥补这一缺陷，它可以突破语言的线性原则，通过平行结构来表示语义上的平行和时间上的同步。如：

［22］他俩“你一句、我一句”地聊起天来。

［23］这条街一片“大狗叫，小狗跳”的场景。

例［22］中的“你一句、我一句”并不意味着你说了一句，我接在后面再说一句，而是通过对称构式来表示这两个动作互有交叉，同时进行，不必按照严格意义上的时序像似性来理解它。

（五）语篇

各类文体都乐于采用对称结构来构成语篇，特别是汉语中的“律诗”，更讲究韵律对称、词语对称、结构对称，从而形成了对称美的诗篇（例略）。刘勰在《文心雕龙》中所用句型主要以四六句为主体，他说："四字密而不促，六字格而非缓，或变之以三五，盖应机之权节也。"至于《诗》《颂》大体以四言为正。寻二言肇于黄世（黄帝时代），《竹弹》之谣是也；三言兴于虞时（虞舜时代），《元首》之诗是也；四言广于夏年（夏禹年代），《洛汭之歌》是也；五言见于周代，《行露》之章是也。六言七言，杂出《诗》《骚》；两体之篇（运用两种句子的文体），成于西汉。

从时间维度来看，从甲骨文时代直到今日，对称性结构为汉语的主要特征（钱冠连，1993：341）。

三、"对应 VS 对称"和"ISVO"

英语主要属屈折语（综合语），像其他印欧语言一样，词典上的词语在入句时常有各种曲折形式（尽管有些已衰退），词形经过变化后才能入句表示各种语法关系；而且词类与句法成分讲究对应：名词作主语，动词作谓语，形容词作定语，副词作状语；还要兼顾"主语—谓语"的一致关系，不仅在"人称、数、格"上要求取得一致，而且有"时、体、语、态"的变化形式，用其来反映现实世界中的各种意义，笔者将其统称为"对应关系"。而汉语主要属于孤立语（分析语），词典上的词语可直接入句，无须形态变化，不讲究词类与句法的对应，常具有一对多和多对一的关系（朱德熙，1985），难怪汉语语法中可不讲词法，只讲句法。学界通常认为汉语的语法手段主要有二：词序和虚词。

我们认为，在汉语语法中还有一个十分重要的"对称"现象，即词语入句排列时讲究对称格局，可两两对称，也可在中间摆上一个词（可以是动词、形容词、名词等），其前、其后各接一词（可为各种词类），这样的表达结构显得十分匀称，充分彰显出语言结构的对称美。我们完全可以在CL理论框架中添加一条“对称像似性”原则，既然大家承认对称（或对偶）是最理想的表达形式之一（于广元，2004），那么就应理所当然地接受这条像似性原则。沈家煊（1999，2015）撰写专著论述了语言中的对称和不对称现象。

“对应”与“对称”大不相同，前者适用于描写印欧语言中普遍存在的多种基本现象，特别是词类对应句法，而这种现象在汉语中则不明显。有人主张在这两者之中再增加一个层次，沈家煊（2016：46—50）述及了石定栩的“词汇层面的词类、句法功能层面的词类、句法成分”，郭锐提出了“内在表述功能、表述功能的转化、外在表述功能”，以解决汉语中词类与句法不对应的矛盾。沈先生（2016：4—8）认为这违背了语言理论的简洁性原则，反而使得语法分析复杂化了。为解决这一矛盾，各路学者拟想出很多解决方案，如活用法、兼类法、借用法、转类法、名包动法等。

他（2016：83）十分推崇朱德熙为汉语语法研究所做出的贡献，朱先生为摆脱印欧语法传统的束缚跨出了重要的一步，认定汉语的动词既能作谓语，也能作主宾语，作主宾语时仍是动词，没有发生词类变化，这就否定了“活用法、兼类法”等观点；也没有发生“名词化”现象，这就否定了“借用说、转类法”等观点。沈先生又沿此方向往前跨了一步，认定动词之所以没被名词化，是因为汉语中的动词本来也是一种名词，即动态名词，汉语的名词和动词呈包含格局。

我们沿其思路又提出了一个解释汉语句法更简洁、更方便的方案，整合“主语—谓语”和“话题—述题”两者，再结合上文所论述的“对称原则”，提出了ISVO分析法，不管是具有对应性的语言（如印欧语），还是具有对称性的语言（如汉语），甚至世界上的其他语言，该分析方法都具有较大的解释力。笔者（王寅，1999，2011）据此解释了汉语多种变体和怪句，梅德明等（2011）基于 ISVO 提出将主题视为句法现象，可在此层面讨论主题及其标记的语序类型意义。此处的 I 为 Initial 的缩略语，相当于马建忠和吕叔湘所用的“起语”，SVO 只是暂借印欧语法中的表达法，与原义所表示的“主谓宾”不尽相同，仅用以抽象地表示句中的三类成分，可望解释汉语并没有像西方语法那种“词类—句法”严格的对应关系。

为何要加上“起语 I”，因为传统语法都将“主、谓、宾”析为句子的主要结构，而将出现在句子开头的状语一类的表达视为“次要结构”，但 CL 认为，从语义角度来说，句首成分起“认知参照点”的作用（蓝纳格，1991：170），若无句首成分的引入和铺垫，其后的表达似乎就要落空，会给人以“无从说起”的感觉，如：

［24］1962 年 8 月 5 日凌晨 4 点 25 分在洛杉矶警察局的值班办公室里，电话铃急促地响了起来。

［25］就西沙群岛的主权问题，我国政府早已义正词严地表明了自己的立场。

若无开头的“时空”和“主题”来定位，就不知道后面所述事件发生的时间和地点，便失去了谈话的主题范围。而有了这个落脚点，整个语句就有了一种“时空做实”“范围确定”，不至于被架空的感觉，听话人据此可立即将自己投入那个时间和地点之中，获得相关主题范畴，并以其为参照激活和加工相关信息，这为正确理解其后的句义起着重要的作用。若按照传统语法将句首状语处理为“次要成分”，显然不符合从信息角度来理解句义的语感。有了“起语I”，就可有效地解决传统语法留给我们的困惑。

我们还可将ISVO进一步细析为两组对称部分：IS为“话题T(Topic)”，VO为“述题E(Express)”。T–E不仅是英汉两语言中句子的基本结构，也应当是全世界语言的一条基本共性。但在英语中，T–E被语法化成“主语—谓语(可含宾语)”，相当于亚里士多德所说的“S–P模板”(S为主词，P为谓词)，且将其视为形而上学的一个基本命题(笔者另文论述)。而在汉语中这一语法化现象不明显，有些已明显地被语法化为“主—谓(宾)”结构，有的没有，正如赵元任(1979：44)所说的：

> 主语和谓语的关系可以是动作者和动作的关系，但在汉语里，这种句子(即使把被动的动作也算进去，把“是”也算进去)的比例是不大的，也许比50%大不了多少。因此，在汉语里，把主语、谓语当作话题和说明来看待，较为合适。

笔者曾调查了《红楼梦》120回的标题，发现这两种句法结构的比例与此大致相同。

据此我们认为，语言普遍格式T–E在汉语中没被明显地语法化为“主—谓(宾)”，这就造成了汉语“词类—句法”常不对应。汉民族认为，只要将有关词语填入T–E构式中，不必考虑它们的词类，因为老祖宗从来不是依据词法来造句的，通过“词类—句法”对应关系来建构汉语语法体系是马建忠引进西方葛郎玛的孑遗。例如：

[26] 今天星期六。

[27] 小王黄头发。

有学者主张将上两句中的“星期六”和“黄头发”析为“准谓语性结构”，这还是基于西方印欧语法做出的分析，认为句子的基本结构当为“S–V”。但西方语法的谓语一般用动词，我国就有不少学者根据西方葛郎玛的思路提出“活用、兼类、借用、转类”等观点，认为名词“星期一、黄头发”被活用成或转类为“动词”，活生生地“制造”出了“准谓语性结构”语法范畴。其实，我们没有必要非要这样站在西方语法的角度来分析汉语，两个词组（此处为两个名词）只要并用成句，前言能够搭后语，后语可以接前言，两者就要受到“T–E”构式的压制（Coercion），前者作 T，后者为 E，便能形成句义，表达思想。在汉民族的心理中似乎并未形成一条像西方那样的语法规则：“句子基本结构为主谓宾，用动词来作谓语，用名词作主宾语。”

因此汉民族在语言表达时一直遵循“语义中心”的思路，而没有行进在西方葛郎玛的道路上，只要能说清意义，不惜牺牲“词类—句法”对应关系。因此，汉语语法若不跳出仅据西方“主—谓（宾）”的分析框架就常会陷入窘境。如能从基于信息的“话题—述题”角度来分析其间的关系，结合“ISVO”和“对称美”来解释汉语句法结构，似乎可回避语法分析中的很多矛盾，同时也可实现语法简洁化的目标。这里仍用 SVO，是因为汉语毕竟还有 50% 的主谓句，因此用 ISVO 来解释汉语句法可兼顾赵先生的观点。

我们认为，“T–E”可视为全世界各民族心智中普遍存在的语法构式，它统摄着英语、汉语等语言，只是在具体语言表达时实现“T–E”的方法不尽相同罢了。

四、用对称的 ISVO 统一解释汉语怪句

我们（2011）曾以 ISVO 为基础，结合构式语法中传承与压制来解释汉语怪句，这不失为一种句法分析的简洁方案。本文继而认为，依据 ISVO 切分出的 T–E 本身就是一个对称结构，倘若有些语句缺少起语，此时的 SVO 就以 V（还可用其他词类）为中心，两边各带一个成分（不必考虑词类对应），还是一种对称结构（例略），可用上述的“对称美”做出合理解释。若在汉语句法分析中加入此方案，将有助于进一步跳出印欧语法体系的束缚，不必再依赖什么“名词、动词、主语、谓语、宾语”等来作为语法分析的唯一进路。

有人一看到 SVO，就会想到“主—谓（宾）”分析的老传统，其实我们在上文已强调过这里的 SVO 仅是些十分抽象的符号，与西方葛郎玛不尽相同。它还可代之为：

X Y Z

即以 Y 为中心（可用动词、形容词、名词等），两边各安排一个 X 和 Z（可不必纠结于词类问题），以符合汉语结构“对称美”的需要，而不必像西方语法那样追求三者之间的逻辑关系，“词类—句法”让位于“结构对称”的需要，这样学界争论不休的所谓怪句似乎并不像想象的那样复杂：

	X	Y	Z
[28]	这桌饭	吃	八个人。
[29]	王冕	死了	父亲。

[30]	他家	倒了	一面墙。
[31]	我家	烂了	一筐苹果。
[32]	茅台酒	喝哭了	志愿者。
[33]	台上	坐着	主席团。
[34]	戏台上	放着	鲜花。
[35]	戏台上	演着	京剧。
[36]	床上	躺着	病人。
	……		

若仔细析来，这类表达不合逻辑，怎么按照“主—谓—宾”“施—动—受”也解释不通。国内外很多学者提出若干解决方案，常常只能解决其中的某一部分，按下了葫芦浮起了瓢，适用这个怪句的又不适用另外的怪句。或许用“ISVO”和“XYZ- 对称”可为其提供较为统一的解释方案。至于它们各用什么具体词类来担当，是否一定要用西方语法体系的术语，遵循“词类—句法”对应性，语义应符合逻辑性来建构语法体系，这一仁者智者问题当有新答案。由于我国中学语文教材中多年来一直在用西方葛郎玛的术语，人们早已习以为常，一下子也难以彻底摆脱，用它们来分析汉语语法虽留有很多遗憾，但也有不少帮助，这就是笔者仍沿用 SVO 的原因，但有不同内涵。

正由于汉语不像西方语言那样，词形无变化，词类与句法成分不对应，也不特别依赖严密的逻辑关系来行文造句，但接受了类推和仿拟的方法，按照“对称美”来建构语言各层次的表达。汉语界一般将对称结构视为修辞现象，时下也有学者述及对称结构的句法功能，但鲜见将其上升到认知方式来认识，也未认真地将其归为语法手段。我们认为，“对称”不仅是修辞方法，它像隐喻一样，更是各民族的一种常见的、主要的认知方式，还是一种语法手段，在汉语中还很重要，可位列“语序、虚词”之后的第三。据此，采用抽象的“ISVO”或“XYZ- 对称”句法结构，讲究个平衡，而不必纠结于印欧语中那种对应原则，这样就能摆脱过往从语义（施—动—受）或句法（主—谓—宾）来建构汉语语法体系的窘境，简洁而又方便地解释汉语句法研究中的很多难题。

至于语句的意义，人们凭借自己的知识结构和认知模型，一般不会产生太大的误解，这可交由 CL 中的 ICM（理想化认知模型）和 ECM（事件域认知模型）作保证。如例［28］，不可能是“饭”吃“人”，而只能是“人”吃“饭”，这是生活经验。

五、结语

自 1898 年西方葛郎玛通过《马氏文通》传入我国后，学界出现了很多借鉴国外语言学理论研究汉语语法的成果，在一定的范围内解释了部分现象，为推动和促进现汉语法研究起到了积极作用，但也有各自的局限，它们不能包打天下（陆俭明，2009）。他（2007）还指出，我们应继续坚持多元论，善于吸取各家之言，为我所用。当代亦已成为主流之一的认知语言学也为汉语语法研究提供了很多有益的分析方案。

认知语言学的核心原则为“现实—认知—语言”，当人类体验到自己身体左右对称，发现外部世界充满对称现象时，逐步形成了各民族的对称性认知方式，然后该方式被映射至语法结构（即语法化），便出现了世界语言中若干对称表达，这就涌现（Emerge）出了“T-E（ISVO）”和“XYZ- 对称”的抽象构式。英语将这种对称构式进一步语法化为“主—谓（宾）”，而汉语未能彻底如此而为，仅有一半语法化为“主—谓（宾）”。

可见，对称原则不仅可解释汉语各层面的很多现象，且还可十分简单而又方便地解释汉语怪句，为此笔者主张将其视为汉语除语序和虚词之外的“第三大”语言手段。同时，它还具有较大的普遍性，可适用于除英汉之外的其他语言。

体认观认为，“体”指身体与世界的互动形成了我们的认知方式和语言结构，身体和自然界中的对称性，使全人类形成了对称认知方式，它直接影响到语言的结构和表达；“认”强调人的主观能动性，是人们的思维方式和语言表达具有民族性的原因。当然，语言中也存在若干非对称现象（其实这也可置于对称性中加以统一论述①），且各语言中的对称与非对称的情况分布很不均匀（参见沈家煊，1999，2015），这可通过“认”做出合理解释。

朱德熙（1985：iii）指出，我国的汉语语法研究从一开始就受到印欧语法的深刻影响，国人常站在西方语法的立场做研究，很多争论都由于受此影响以致看不清汉语语法的真面目引起的。要是我们能摆脱印欧语的干扰，用朴素的眼光看汉语，有许多争论本来是不会发生的。重视汉民族的对称认知方式，将对称结构视为汉句分析的第三重要手段，似乎有利于摆脱印欧语法的束缚，且简洁、朴素。

① 魏尔（1991：9）指出，与东方艺术形成对照的西方艺术，如同生活本身一样，倾向于降低、放宽、修改，甚至破坏严格的对称性。但不对称只在罕见的情况下才等于没有对称。即使在不对称的图象中，人们仍感觉到对称是一个准则，以此准则人们在一种要实现不匀称性质的推动力的支配下再偏离开它。这都可用“认”来统一解释东西方在认识和运用对称性原则上的差异。魏尔似乎在说，西方人更倾向于实践对称性的多元化，但我们认为，东方人在这方面并不低于西方人。中国很多现代建筑、服装设计、工艺美术品等也大量出现了不对称风格。

参考文献

[1] LANGACKER R W. Foundations of cognitive grammar（Vol.II）: descriptive application [M]. Stanford: Stanford University Press, 1991.
[2] 戴庆厦，孙艳. 四音格词在汉藏语研究中的价值 [J]. 汉语学习，2003（6）：1—5.
[3] 郭沫若. 文艺论集 [M]. 北京：人民文学出版社，1979.
[4] 金岳霖. 形式逻辑 [M]. 北京：人民出版社，1979.
[5] 李政道. 对称、不对称和粒子世界 [M]. 吴元芳，译. 北京：科学出版社，1991.
[6] 刘丹青. 对称格式的语法功能及其表达作用 [C] // 北京市语言学会. 语文知识丛刊（第三辑）. 北京：地震出版社，1982：109—114.
[7] 刘勰. 文心雕龙 [M]. 郭晋稀，注译. 长沙：岳麓书社，2004.
[8] 陆俭明. 当代语法理论和现代汉语语法研究之管见 [J]. 山西大学学报（哲学社会科学版），2007（3）：97—104.
[9] 陆俭明. 当代语言学理论与汉语教学 [J]. 世界汉语教学，2009（3）：391—398.
[10] 梅德明，韩巍峰. 主题—主语之辩 [J]. 外国语文，2011（3）：63—69.
[11] 钱冠连. 美学语言学——语言美和言语美 [M]. 深圳：海天出版社，1993.
[12] 沈家煊. 不对称与标记论 [M]. 北京：商务印书馆，2015.
[13] 沈家煊. 名词与动词 [M]. 北京：商务印书馆，2016.
[14] 沈艳萍. 基于多重压传模型的汉语成语离合构式研究 [D]. 四川：

四川外语学院，2010.
[15] 斯图尔特. 对称的历史 [M]. 王天龙，译. 上海：上海人民出版社，2011.
[16] 王寅. 基于 ISVO 构式和多重传承机制的汉语特殊句式分析 [J]. 外语教学，2011 (5) ：8—11，34.
[17] 王寅. 主客主多重互动理解 [J]. 哲学动态，2009 (10) 84—89.
[18] 王寅. 主位、主语和话题的思辨——兼谈英汉核心句型 [J]. 外语研究，1999 (3) ：15—19.
[19] 魏尔. 对称性 [M]. 冯承天，陆继宗，译. 上海：上海翻译出版公司，1991.
[20] 殷志平. 对举短语的结构特点和语义理解 [J]. 南京社会科学，1995 (4) ：68—70.
[21] 于广元. 对偶的认知解释 [J]. 扬州大学学报 (人文社会科学版) ，2004 (5) ：58—61.
[22] 张国宪. 论对举格式的句法、语义和语用功能 [J]. 淮北煤炭师范学院学报 (哲学社会科学版) ，1993 (1) ：96—100.
[23] 张克定. 对称结构的认知语用解释 [J]. 外语研究，2006 (6) ：26—30.
[24] 赵元任. 汉语口语语法 [M]. 吕叔湘，译. 北京：商务印书馆，1979.
[25] 周殿龙. 对称规律——解决语法难题的一把钥匙 [J]. 山西师大学报 (社会科学版) ，1990 (1) ：89—92.
[26] 朱德熙. 语法答问 [M]. 北京：商务印书馆，1985.